秘書検定

基礎から学ぶ過去問題集型テキスト

パーフェクトマスター

早稲田教育出版

◎ まえがき ◎

本書は秘書検定準1級を受験するための参考書です。準1級は上級秘書レベルの検定試験ですから，問題形式も内容も難易度が上がります。合格率で説明しますと，一次試験の筆記を合格する割合が全体の約50%。さらに二次の面接試験にも合格できる（準1級合格）人は，全体の約40%ということになります。

受験者の割合は，これから社会に出ようとしている学生（高校，短大・専門学校，大学）の占める割合が全体の5割以上，現役秘書や会社員などの社会人が約4割という状況ですから，秘書検定の受験勉強を通してビジネス社会の知識を学ぼう，就職試験に少しでも有利になるように検定資格を取ろうという意識の学生が多いということがお分かり頂けると思います。

それでは準1級の筆記試験の内容はどのようになっているのでしょうか。それは本書でしっかり学習していただくとして，まず本書の大きな特長を申し上げます。それは過去に出題された検定試験の実問題を多く掲載し，その問題を基に考え方と解き方を説明しているということです。このように過去問題を多く取り入れることで，出題の傾向が分かり解答すべきことも早分かりできるということになります。

もちろん本書で準1級の全てが網羅できるというわけではありません。が，傾向と対策をキャッチするには効果的な参考書であることは間違いありません。

さて，本書の学習で筆記試験をクリアできたとして，次なるゲートは面接試験です。

秘書検定の面接試験はロールプレイング（役割演技）です。面接審査員の前で，秘書になったつもりで演技をする。その合格ポイントは何かと言いますと，社会人として相手に与える印象のよさ，感じのよい人柄ということです。

具体的には「身だしなみ」「表情」「話し方」「言葉遣い」「態度・振る舞い」などの人柄を表す要素が主なチェック項目になります。

本書の最終章で具体的に学んで「よい人柄」を身に付けていただき，準1級試験に合格されることを願っております。

公益財団法人実務技能検定協会　秘書検定部

◎ 目次

◎ 本書で勉強される方へ

◉ 本書の利用について

本書は，「秘書技能審査基準」に基づいて編集されたテキストです。本書をつくるに当たって特に心掛けたことは次の３点です。

①過去問題をできるだけ多く収載すること

②秘書検定の審査基準の範囲内であっても，出題頻度がこれからも少ないと判断した解説はなるべく省く

③各章に具体的な「記述問題対策」をまとめた。解答の書き方の要領をつかめるようにする

ということです。

過去問題については，合計222問を収録しました。毎年発行される「実問題集準１級」の収録数は138問ですから，本書の収録数の多さがご理解いただけると思います。数多くの過去問題を繰り返し解くことがどれほど実力を付けることに効果的かということは，議論を待たないでしょう。

本書は「過去問題集に近いけれど，しっかり基礎から学べるテキスト」といえます。

●本書は第１章から第６章に分かれています。第１章から第５章は秘書検定の審査基準（p.10参照）に沿って章立てしているからです。どの章から始めてもいいのですが，やはり第１章から順番に進まれることをお勧めします。それは，第２章では第１章を基に実際の仕事をどのように行うかを学び，第４章，第５章では，第２章で学んだことを仕事で生かすための具体的な知識を学んでいくからです。

●各項の始めには，その項で学ぶ内容から，過去に出題された代表的な問題を載せました（「**過去問題でポイントチェック**」）。腕試ししてみてください。

●「CHALLENGE　**演習問題**」は，章の途中でこまめに過去問題を解いてみることで，そこまでの理解を確認できるようにしました。ここで失敗したら，もう一度戻って解説を読み直しましょう。

●各章末には更に過去問題をまとめて掲載しました（「**実際に過去問題を解いてみよう**」）。ここでは本番を意識して解いてみましょう。それぞれの問題には正答率によって難易度を★印で表しています。★は一つから五つで，数が多いほど正解者数が少なかった（難しかった）問題です。

●過去問題で選択問題を解く場合は，「**適当**を選びなさい」「不適当を選びなさい」の違いに気を付けて解いてください。

●本書に収載した過去問題の解答のうち，記述形式によるものは，問題の性格上，本書掲載の解答に限定されない「解答例」です。

●選択問題は，２級と比較すると，より複雑な状況設定のものが多くなっています。読み落としをしないよう十分に気を付けましょう。

●記述問題にはシンプルな内容のものが多く，２級までに学習してきたことを設問に応じて簡潔に書き表せるか，不足なく列挙できるかがポイントとなります。知識の整理には，３級・２級を受験したときに使用した参考書に再度目を通しておくのもよいでしょう。

●「箇条書きで書きなさい」と指示されているときは，項目ごとに「１.」「２.」「３.」など番号を付けます。

本書を手に取っていただいたみなさまの合格を，心より願っております。

早稲田教育出版　編集部

◎ 秘書検定受験案内（準１級）

- **試験日**　6月と11月（筆記試験）
- **申込期間**　受験申し込みは，試験日のおよそ2カ月前から1カ月前までです。
- **申込方法**　秘書検定のホームページからお申し込み手続きができます。
または検定協会より取り寄せた願書と受験料を添えて，現金書留で郵送してもお申し込みできます。
学校などを窓口として団体で申し込む方は，必ず先生やご担当者に確認してください。
- **同時受験**　準１級は2級との併願ができ，同日に受験ができます。
- **受験料**　準１級　5,300円　　2級と併願　9,400円
(2021年3月現在，税込み)
- **出題形式**　準１級は1次試験として筆記試験と，その合格者には2次試験として面接試験が行われます(面接試験は別日程になります)。
筆記試験は23問出題され，このうち14問が五つの選択肢から一つの正解を選ぶ択一問題（マークシート方式）で，9問が記述で解答する問題です。記述で解答する問題とは，例えば，○○について順を追って箇条書きで答えなさい，○○について簡単に答えなさい，などです。
面接試験は知識を問うものではなく，あいさつや報告などを行う，ロールプレイング（役割演技）形式です。
- **試験時間**　筆記試験は130分。面接試験は3人一組で約10分程度です。
- **受験資格**　学歴・年齢その他の制限は一切ありません。どなたでも受験することができます。

・出題領域と問題数，合格基準等について

出題領域		選択問題	記述問題	合格基準	合否
理論	1. 必要とされる資質	2問	1問	60%以上	合格　どちらか一方が60%未満のときは不合格です。
	2. 職務知識	2問	1問		
	3. 一般知識	2問	1問		
実技	4. マナー・接遇	5問	3問	60%以上	
	5. 技能	3問	3問		
	合計	23問			

・筆記試験の免除について

筆記試験に合格し，面接試験を受けて不合格になった方は，1年間（次回と次々回）は筆記試験が免除されます。ただし，初回の面接試験を欠席された方には適用されません。

● その他

1. 試験当日　受験票，身分証明書を忘れずに。遅刻しないように会場までの交通機関，所要時間を確認しておきましょう。20分以上遅刻すると受験できません。
2. 途中退場　試験開始から80分経過するとできますが，よく見直しをしましょう。
3. 合否通知　試験日の約2週間後に通知します。
4. CBT試験　3級と2級についてはコンピューターを使用して秘書検定を受験することができますが，準1級は実施しておりません。詳しくは秘書検定のホームページで確認してください。

その他ご不明点は秘書検定ホームページをご覧になるか，下記へお問い合わせください。

公益財団法人 実務技能検定協会
〒169-0075　東京都新宿区高田馬場一丁目4番15号
電話 03(3200)6675　　https://jitsumu-kentei.jp/

秘書技能審査基準 準1級

【一次試験（筆記）】

程度	領域		内容
秘書的業務について理解があり，1級に準じた知識を持つとともに，技能が発揮できる。	Ⅰ 必要とされる資質	(1)秘書的な仕事を行うについて備えるべき要件	① 秘書的な仕事を処理する能力がある。 ② 判断力，記憶力，表現力，行動力がある。 ③ 機密を守れる，機転が利くなどの資質を備えている。
		(2)要求される人柄	① 身だしなみを心得，良識がある。 ② 誠実，明朗，素直などの資質を備えている。
	Ⅱ 職務知識	(1)秘書的な仕事の機能	① 秘書的な仕事の機能を知っている。 ② 上司の機能と秘書的な仕事の機能の関連を知っている。
	Ⅲ 一般知識	(1)社会常識	① 社会常識を備え，時事問題について知識がある。
		(2)経営管理に関する知識	① 経営管理に関する一般的な知識がある。
	Ⅳ マナー・接遇	(1)人間関係	① 人間関係について知識がある。
		(2)マナー	① ビジネスマナー，一般的なマナーを心得ている。
		(3)話し方，接遇	① 状況に応じた言葉遣いができ，適切な敬語，接遇用語が使える。 ② 長い報告，説明，苦情処理，説得ができる。 ③ 真意を捉える聞き方ができる。 ④ 忠告が受けられ，忠告の仕方を理解している。
		(4)交際の業務	① 慶事，弔事の次第とそれに伴う庶務，情報収集とその処理ができる。 ② 贈答のマナーを知っている。 ③ 上司加入の諸会の事務，および寄付などに関する事務が扱える。
	Ⅴ 技能	(1)会議	① 会議に関する知識，および進行，手順についての知識がある。 ② 会議の計画，準備，事後処理ができる。
		(2)文書の作成	① 社内外の文書が作成できる。 ② 会議の簡単な議事録が作成できる。 ③ 折れ線，棒，円などのグラフを書くことができる。
		(3)文書の取り扱い	① 送付方法，受発信事務について知識がある。 ② 秘扱い文書の取り扱いについて知識がある。
		(4)ファイリング	① ファイルの作成，整理，保管ができる。
		(5)資料管理	① 名刺，業務上必要な資料類の整理，保管ができる。 ② 要求された社内外の情報収集，整理，保管ができる。
		(6)スケジュール管理	① 上司のスケジュール管理ができる。
		(7)環境，事務用品の整備	① オフィスの整備，管理，および事務用品の整備，管理が適切にできる。

【二次試験（面接）】

	審査要素	
(1) ロールプレイング	秘書的業務担当者としての，態度，振る舞い，話の仕方，言葉遣い，物腰，身なりなどの適性。	① 一般的なあいさつ（自己紹介）ができる。 ② 上司への報告ができる。 ③ 上司への来客に対応できる。

Perfect Master

第1章

必要とされる資質

上司の業務内容や取り巻く人間関係は複雑です。秘書の仕事は上司の仕事の手助けや身の回りの世話ですが，型通りの対応にとどまらず，いかに機転を利かせるかが日々の課題となります。特に上級秘書には，突発的な事態にも臨機応変に柔軟に対応できる資質と人柄が求められます。上司が何を望んでいるか，どのように動けば上司の手助けになるかを瞬時に判断するには，上司を取り巻く職場内外の人間関係についての心得も必要です。

秘書の資質と人柄

Lesson 1 求められる資質

上司の補佐役である秘書は，どのように動けば会社と上司によい影響を及ぼすかを考えて行動しています。職場のお手本となるような仕事の仕方を実践しましょう。

過去問題でポイントチェック！

POINT CHECK

部長秘書Aは先輩から，秘書が仕事をするときは，ほかとの関係を念頭に置きながらしなければいけないと教えられた。次はそのことを考えたAが，先を読んで行ったことである。次の中から不適当と思われるものを一つ選びなさい。

1）上司がR社に出掛けるときは直帰することが多いので，その日は課員に，急ぐものは早めに指示を仰ぐようにと連絡した。

2）面談の申し込みがあったとき，その日時の前にはいつも長引く会議が予定されていたので，ほかに都合のよい日時はないか尋ねた。

3）緊急の部長会議が行われると聞いたとき，緊急ならZ社との提携についてだろうと推測し，必要と思われる資料をまとめておいた。

4）上司の外出中に，上司が世話になった取引先会長の葬儀の日時の連絡があったので，その日時に予定されている面談の変更を考えておいた。

5）上司の出張中に，業界紙の記者が開発中の新製品の取材を申し込んできたので，反響があった前回同様の扱いなら上司は承諾するはずと言った。

Answer CHECK

新製品をどのように紹介するかは会社の方針によります。開発中なら公表をどのようにするかは分かりません。「前回同様の扱いなら上司は承諾するはず」と言ったのはAの勝手な判断であり，先を読んだ対応とはいえません。開発中の新製品情報は「機密事項」です。上司に確認してから回答するのがよいでしょう。

不適当は5)

「開発中の新製品」には要注意

新製品や新企画の情報のうち，進行中や未発表のものは，全て「機密※事項」です。情報が漏れると，競合他社に先手を打たれる，公表時の話題性が薄まり宣伝効果が下がる，など会社に不利益を与えます。場合によっては，株価の変動など社会的にも重大な影響をもたらします。

※「機密」とは国家や組織（会社など）に関する，きわめて重要な秘密のこと。

❶ 秘書の身だしなみや言動は会社と上司の印象に影響することを心得る

秘書には，電話や来客など，上司の関係者と接する機会が多くあります。秘書の身だしなみやあいさつ，言葉遣いには，仕事への心構えが表れ，上司や会社の評価につながります。

① 洗練された身だしなみ

身だしなみは仕事への心構えや来客へのもてなしの気持ちを表します。清潔感があり，機能的で（仕事がしやすく，立ち居振る舞いに支障がない），調和がとれていること（他の社員や職場の雰囲気と違和感がない）が身だしなみの三原則です。

② 穏やかな表情，立ち居振る舞い

穏やかな表情は職場の雰囲気を和やかにします。上司や客の前に立つときの姿勢やお辞儀などの立ち居振る舞いは，誠意を表します。

③ 快活で落ち着いた調子の話し方と丁寧な言葉遣い

話し方の決め手は声の調子（高さ・速さ・抑揚）です。尊敬語，謙譲語，丁寧語を意識した言葉遣いには品格が表れます。

❷ 機密を守る

秘書は日々，機密に触れる状況で仕事をしています。機密事項には，人事情報・新製品や新企画・財務情報のほか，上司の私事に関することも含まれます。社員には守秘（しゅひ）義務（立場上知り得た機密を守る義務）があります。情報漏えいをした場合は，刑法に触れることもあり，会社から損害賠償請求をされることもあります。何が機密事項であるかを理解し，取り扱い方を心得て，後輩にも適切に指導できるようにしましょう。

＜機密事項とは＞

●業務に関すること

- 発表前の新製品，新企画，それらの研究・実験データ
- 財務情報，合併や業務提携の情報

• 人事情報
• 上司の出張，外出先，面談，接待，その相手に関すること
• 会議の内容，会議の出席メンバー

●上司のプライベートに関すること

• 家族，交友関係
• 自宅住所，個人の携帯電話番号やメールアドレス
• 持病や入院など体調に関すること

① 機密事項はむやみに話さない

情報の多くは人を介して広がります。職場内(廊下・エレベーター内・給湯室など)，通勤時の電車内，プライベート（家族や友人など）で口外しないよう注意します。

② 機密書類の取り扱いを心得ておく

作成，配布，保管，破棄まで細心の注意を払い，会社のルールに沿った行動をします。

③ 機密事項への質問には，「知らない」または「知る立場にない」と答える

人から機密事項を聞かれたら，「申し訳ないが，私は知る立場にないので，分かりかねる」「私は聞いていない」などと答えます。知っているが答えられない，という言い方はしません。

④ 機密事項を守るために，交際範囲を狭めることはしない

「うっかり話してしまいそう」と思い，社内外の交友関係を断つことは不信感につながります。秘書には，業務を円滑に遂行するためにも，また，上司の好印象を保持するためにも，関係する人々との積極的なコミュニケーションが不可欠です。

❸ 研究心や向上心を持つ

職業人として実力を高めるためには，常に学ぶ姿勢を忘れず，向上しようと努力することが必要です。会社内の部署がどのような業務をしているのかを理解し，業界や産業界の動向を知り，さらに国内外の経済や政治，文化に関心を持つようにしましょう。法律や税金・財務に関する知識，ＩＴ技術，語学，環境問題，一般教養の学びも深めましょう。

過去問 brush up

Q 秘書Aの上司（開発部長）は今日，新製品の共同開発のためある会社へ内密に出掛けていて戻らない。そこへ営業部長が上司に聞きたいことがあると言ってきた。このような場合，Aは営業部長にどのように言うのがよいか。次の中から不適当と思われるものを一つ選びなさい。

1）「外出しているが行き先は聞いていない。今日は戻らないということだがどうするか」
2）「外出しているが行き先は言えないので，急ぎの用件なら連絡を取ってみるがどうか」
3）「今日は戻らないと言って外出している。明日上司が出社したらすぐ連絡するのでよいか」
4）「行き先を言わずに外出して今日は戻らない。用件を聞かせてもらえれば明日伝えるがどうか」
5）「上司は外出している。用件によっては課長で分かるかもしれないので用件を聞かせてもらえないか」

A 内密とは知られないように何かをすることです。「行き先は言えない」と言えば内密の用件で外出したと言っているのと同じことになってしまいます。このような言い方は営業部長の興味を引くことになりかねず不適当ということです。

不適当は 2)

機密事項かどうかの判断

機密には，他の誰にも知られてはいけないこと，上司の上役など限られた人以外に知られてはいけないこと，部内に限ること，社内に限ることなど，それぞれ機密の範囲があります。例えば，上司の部下から「部外秘」の内容を尋ねられた場合，部内の人ですから答えてよいのです。断れば，業務に支障を来すことにもなり得ます。機密事項とそうでないものを的確に判断することが重要です。

Lesson 2 求められる人柄

上司の円滑な業務遂行のために，秘書は上司や周囲の人と信頼関係を築く必要があります。信頼を支える秘書に求められる人柄について理解し，相手が求めることを見極めて気を利かせた行動ができるようにしましょう。

過去問題でポイントチェック！
POINT CHECK

秘書Aの上司（G販売部長）が外出中，経理部長が訪れた。上司は外出中と伝えると，「この間G部長からR社との商談のことを聞いたが，うまくいったのかな」と聞かれた。Aは上司から，「予想通りの結果でまとまった」と聞いている。このような場合Aは経理部長にどのように言うのがよいか。次の中から**適当**と思われるものを一つ選びなさい。

1）「上司が戻ったら，結果を経理部長に知らせるよう伝える」と言う。
2）「自分は何も聞いていないので，戻ったら確認して連絡する」と言う。
3）「結果は分かっているが，自分の立場では話すことはできない」と言う。
4）「詳しいことは分からないので，必要なら上司に直接聞いてもらいたい」と言う。
5）「詳しいことは分からないが，予想通りの結果でまとまったと聞いている」と言う。

Answer CHECK

経理部長は，上司から聞いていたR社との商談の結果を心配してAに尋ねています。Aは上司から「予想通りの結果でまとまった」と聞かされているので，経理部長の心配に素直に応える回答をします。

適当は 5）

支障のない情報のやりとり

上司から「内密にしておくように」との指示がなく，経理部長は「G部長から聞いている」という状況なので，Aの知る範囲で返答するのが適当ということです。秘書には上司と関係者とをつなぐ役割があります。この場合は，機密事項には該当せず，上司と経理部長との関係を見極めて対処することが気の利いた答え方といえます。

❶ 秘書に求められる人柄

秘書に求められる基本的な人柄としては，「誠実，素直，謙虚，真面目，明朗」などが挙げられます。上級秘書には，さらに以下のようなことも求められます。

① 予想外の出来事にも冷静で落ち着いた対応ができる。
② 自分に任された仕事は最後までやり抜く責任感がある。
③ 従来のやり方に固執することなく，臨機応変な思考と行動ができる。
④ 他人に対しては寛大であり，相手の意見を聞き，尊重した言動ができる。
⑤ 場の空気を和ませるユーモア（気の利いたしゃれ）やウイット（機知）に富んだ会話ができる。

❷ ミスへの対応

ミスは誰でもし得るものです。その対処にこそ人柄が表れます。秘書がミスをした場合，上司がミスをした場合，後輩がミスをした場合，それぞれに応じた対処方法を心得ておきます。

① 秘書（自分）のミス

原因が何であれ，言い訳をせず，すぐに「申し訳ございませんでした」と素直にわびる。続けて，「今後はこのようなことがないように注意いたします」などと言い，再発防止策を考え実行する。上司の勘違いで注意されたときや，上司の指示ミスが原因の場合も同様に，言い訳をせずにわびる。

② 上司のミス

上司から指示を受けているとき，上司の勘違いや指示ミスに気付いた場合は，話の切りのよいところで，「私の聞き違いかもしれず，申し訳ございません」とわびた後，「確認させていただきたいのですが」などと前置きしてから尋ねる。上司のミスを指摘するような言い方はしない。配慮ある言動をする。
上司が作成した文書などで間違いと思われる字や表現に気付いたときは，上司に確認する。秘書が勝手に訂正してはいけない。ただし，人名や固有名詞の誤記など確認するまでもない明らかなミスは，秘書が直しておく。

③ 後輩のミス

上司からの仕事を任せた後輩がミスしたときは，上司に自分のこととしてわび，反省と再発防止策を述べる。後輩へは指示の出し方に不適切なところがあればわび，原因と再発防止策を一緒に考える。

過去問 brush up

Q 部長秘書Aは部長会議から戻った上司から，「資料のグラフの体裁がよくなかった」と言われた。その資料は，課長の原案通りにAが作成したものである。途中でAはそのことに気付き課長に伝えたが，数字は間違っていないのでそのままでよいと言われていた。このような場合，Aは上司にどのように言うのがよいか。次の中から**適当**と思われるものを一つ選びなさい。

1）最終的な責任は作成した自分にある，迷惑を掛けて申し訳ない，と言う。
2）自分が作成したが原案を直させてもらうことができず申し訳ない，と言う。
3）作成したのは自分だ，行き届かず申し訳ないと謝り，以後注意すると言う。
4）作成中に気付いていたのに課長の同意を得られなかった，力不足で申し訳ない，と言う。
5）申し訳ないと謝り，不備に気付いたが聞き入れてもらえない今回のような場合は，部長に相談するようにしたいがよいかと言う。

A この場合肝心なのは，Aが作成したグラフの体裁が，上司にとってよくなかったということ。課長からよいと言われても結果として見やすい資料を提供できなかったのですから，上司に対しては言い訳せずに謝ります。今後同じ状況が発生したときは，今回のことを課長に伝えて改善するなどの対応をします。

適当は 3）

PLUS UP

部長と課長／二人の上司

秘書は直属の上司につくと同時に，多くの場合，社員として部内の課長などの部下でもあります。上司に対してだけでなく，課長にも礼を尽くします。また，二人の上司の秘書をすることもあります。そのような場合は，公平に接することを特に心掛けます。それぞれの上司の前で他方の人物評価やうわさ話はしてはいけません。

秘書に必要な能力

Lesson 1 的確な判断力

ビジネスの場では，突発的な事態や例外的な状況に直面することがあります。そのようなとき，秘書には的確な判断や速やかな対応が求められます。どのように行動したら上司の業務が円滑に進むか，それを判断するための情報を集め，適切に対応する力が求められます。

過去問題でポイントチェック！
POINT CHECK

営業部の兼務秘書Aの上司（山田部長）は，１時間後に終わる予定の部長会議に出ている。そこへ上司あてに取引先から，「午前中にもらえることになっていた回答はどうなっているか」と電話があった。Aは上司から「電話は取り次がないように」と言われている。このような場合，Aはどのように対応するのがよいか。次の中から不適当と思われるものを一つ選びなさい。

1）「山田は会議中なので，すまないが１時間ほど時間をもらうことはできないか」と尋ねる。
2）「迷惑を掛けてすまない。山田は今席を外しているが，できるだけ早く連絡させてもらう」と言う。
3）「すまないが山田は会議中で，電話は取り次がないことになっている。１時間ほど待てないか」と尋ねる。
4）「すまない。山田は打ち合わせで出ているので，確認してこちらから返事をさせてもらうがよいか」と尋ねる。
5）「それはすまなかった。山田は不在だが１時間後には戻ってくる予定なので，戻ったら連絡するがよいか」と尋ねる。

Answer CHECK

上司からの指示でも，「電話は取り次がないことになっている」と内部の事情をそのまま外部に伝えるのは不適当です。午前中にすることになっている回答を待たせている相手への礼儀も欠いています。

不適当は 3)

上司の意向を考えた仕事の仕方をする

回答の約束が遅れているが，という用件であれば通常は上司に取り次いで指示を仰ぎます。しかし，「電話は取り次がないように」ということですから，上司の意向に沿った対応をすることになります。慌てずに，取引先に失礼のない言い方で対処します。なお，緊急事態など，上司の指示に反しても取り次ぐ場合があります。どのような場合がそれに当たるのかを確認しておきましょう。

❶ 上司の意向には柔軟に対応する

多忙時，考え事をしたいとき，重要会議など，上司が「電話や来客を取り次がないように」と指示することがあります。これを表面的に受け止めて一切取り次がないということでは，秘書としての役割は果たせません。緊急性，上司と相手との関係や所要時間，次のスケジュールなどを考慮して，柔軟に判断し，適切な対応をします。

① 上司に取り次ぐ判断基準

- 状況の重要度および緊急度
- 相手と上司との関係
- いつでも会えるか，そうでないか
- 遠方からの来訪者

② 基本的に取り次ぐ具体例

- 取引先の転任のあいさつ訪問
  （転任のあいさつの特徴　→　予約なしで訪問，短時間で済む，儀礼的である）
- 上司の恩師や故郷の友人の訪問
- 紹介状を持参した客
- 社長など上司の上役からの呼び出し
- 緊急の用事で来た部下
- 家族からの緊急連絡
- 事故や災害といった緊急事態

❷ 瞬時に判断できるために必要なこと

個々の仕事の判断だけではなく，全体の仕事の流れを把握した上で総合的に判断できる力が必要です。上司の業務を理解し，日ごろから以下のような事柄を把握しておきます。

① 上司のスケジュールと機密性，関係者
② 上司の上役，部下が在席，外出，出張かどうか

③ 上司が今どのような仕事をしているか
④ 誰に尋ねれば情報や解決策が得られるか，社内と社外の人脈
⑤ 仕事に要する費用や時間
⑥ どのような行動をすれば最適な結果が得られるか，前例の把握

過去問 brush up

Q 秘書Ａの上司（部長）のところへ，取引先のＫ部長が転任のあいさつに訪れた。同時に上司の親しい友人が，「近くまで来た。昼食を一緒にと思いちょっと寄ってみた」と言って訪れた。上司はＡに何も言わず席を外しているが，特に用事はないはずなのですぐに戻ると思われる。このような場合，Ａはどのように対処すればよいか。次の中から**適当**と思われるものを一つ選びなさい。

1）Ｋ部長は課長に取り次ぎ，友人は応接室に案内して上司が戻るまでＡが相手をする。
2）Ｋ部長と友人それぞれに，「上司は席を外しているがすぐに戻ると思う。どうするか」と尋ねる。
3）Ｋ部長は課長に取り次ぎ，友人には「上司は席を外しているがすぐに戻ると思う。待てるか」と尋ねる。
4）Ｋ部長には「長い間世話になった。上司には後で連絡するよう伝える」と言ってＡが対応し，友人は上司室に通して待ってもらう。
5）Ｋ部長を応接室に案内して「上司はすぐに戻ると思う」と言って待ってもらい，友人には「先客があるが長くはかからないと思う。どうするか」と尋ねる。

転任のあいさつは儀礼的なものですから，上司が不在なら課長に取り次ぎます。また，上司はすぐに戻ってくると思われるので，上司の友人には待てるなら少し待ってもらうのがよいでしょう。

適当は 3)

PLUS UP

転任のあいさつ

転任のあいさつは，特に関係が深い場合などを除き，普通は予約をせずに訪問するものです。上司が在席しているときは取り次ぐのが基本です。会えなければ代理の人が対応するので構いません。

Lesson 2 機転が利く，理解力，洞察力，行動力

機転が利くとは，その場の状況に応じて気遣いや正しい判断ができ，適切で素早い行動がとれるということです。機転を利かせるには，相手の話を聞いて考えを理解すること，言葉の裏に隠れている真意を察知すること，先を読み機敏に行動することが求められます。

過去問題でポイントチェック！
POINT CHECK

部長秘書Aは後輩Bに，気を利かさないと秘書のいる意味がないと話して，自分が行った次のような例を挙げた。中から不適当と思われるものを一つ選びなさい。

1）上司と面談中の来客が帰るころになって雨が降り出したとき，タクシーを呼んでおこうかとメモを入れた。
2）会議が長引き予定より遅れて上司が戻ってきたとき，午後一番に予約客が来訪するので昼食時間は30分だ，と念を押した。
3）上司が6時を過ぎても友人と談笑をしていたとき，このような場合にいつも利用するW亭の空き具合を電話で確認しておいた。
4）商談から戻った上司が考え事をしているところへ，他部署の部長が上司はいるかと言ってきたとき，予定が詰まっているが急ぎかと尋ねた。
5）来客が帰った後，しまった言い忘れたと上司が言ったとき，客は他の部署に行くと言っていたのを思い出し，自分が伝えてこようかと言った。

秘書は上司の身の回りの世話をするのが仕事です。昼食時間が30分しかなければ，30分で済ませられる昼食を用意しようかと尋ねるなどが，気の利いた行動です。時間の念押しは，気を利かせたことにはなりません。

不適当は 2)

上司やお客さまの快適を考えた仕事の仕方をする

状況に応じて，何をすれば上司やお客さまが快く感じるか，相手の立場に立って秘書は動きます。そのためには上司やお客さまが何気なく言った言葉，上司のスケジュール把握など，情報収集が欠かせません。

❶ 機転を利かせるために必要な日常の心掛け

① 日常的な仕事は指示を待たずに行う。
② 指示されたことだけでなく，関連する仕事も行う。
③ 予測できる仕事は，関係者への連絡や資料準備など前もって行う。
④ 上司の行動パターン，仕事の進め方，関心事，人間関係を把握しておく。

❷ 理解力，洞察力，行動力

仕事を円滑に進めるためには，さまざまな能力が求められますが，その中でも特に重要な3つの能力を確認しておきましょう。

① 相手の考えや思いを聞き取る理解力

上司からの指示，お客さまから上司への伝言など，相手の言いたいことを理解しながら聴くことが大切です。誤解や思い込みのないよう，不明点は質問し，復唱確認をして，メモを取りながら正確に理解しましょう。

② 相手の意向を酌み取る洞察力

上司は指示をするとき大まかな用件しか伝えないことがあります。「例の資料はどうなっているかな」「あれはどうなったかな」などのような言い方をすることもあります。観察力や直感を働かせて上司の意図を把握し，必要な確認をした上で適切に対応します。

③ 素早く実行する行動力

指示されたことや機転を利かせて判断したことを，素早く，適切に実行します。迅速で無駄のない洗練された立ち居振る舞いも身に付けておきましょう。

過去問 brush up

Q 秘書Aの上司あてに，取引先のF氏から面会申し込みの電話が入った。そのことを上司に伝えると，「用件は大体分かっているが，今はちょっと断っておいてもらいたい」と言う。このような場合，AはF氏にどのように対応すればよいか。次の中から**適当**と思われるものを一つ選びなさい。

1）「上司は締め切り間近の仕事を抱えて忙しくしており，面談は断るように指示されている」と言う。
2）「上司は予定が詰まっていて面談の時間が取れないが，社内の誰かほかの者ではどうか」と尋ねてみる。
3）「上司は，用件は分かっているそうだが，大変忙しくしているので，またの機会にしてもらいたい意向だ」と言う。
4）「上司は，仕事が立て込んでいてすぐには無理なので，時間が取れそうになったら，こちらから連絡する」と言う。
5）「上司は今，時間の都合がつかないので，代わりに自分が用件を聞いておき，後で上司に伝えるがどうか」と尋ねる。

A 「今はちょっと断っておいて（用件は分かっているので）」ということですから，「時間が取れそうになったら連絡する」と言うのがよいでしょう。今は断る，というときの理由は，一般的には「忙しい」などが使われます。

―― 適当は 4）

機転を利かせて人間関係を良好に保つ

「今は断って…」の上司の真意は，「その用件については今は話せない，対応できない事情がある」などと推察されます。会社として対応を避けたいのですから，代理が話を聞くわけにもいきません。また，「ちょっと」には，やんわりと，とか，波風の立たないように，などの上司の気持ちが表れています。従って，きっぱりとした断り方をしない方がよいことになります。このように，秘書は上司の言葉のニュアンスを理解して状況を判断した上で，上司と相手の関係を良好に保てるよう，機転を利かせた返答をします。

3 秘書の人間関係

Lesson 1 上司への対応

上司は豊かな知識や経験，創造力や行動力を持っています。しかし，気苦労も多く，執務室では，つい本音を漏らしたり，不機嫌になったりということもあるかもしれません。秘書は，上司のプライドを損なうことのないように言動に気を付けるとともに，上司の性格に合わせ，上司の心情を理解して補佐します。

Q 過去問題でポイントチェック！
POINT CHECK

秘書Aは上司から，「営業部から異動してきたFは秘書向きではないと思うが，君はどう思うか」と尋ねられた。このような場合，Aはどのように答えるのがよいか。次の中から不適当と思われるものを一つ選びなさい。

1）「Fのどういう点が秘書向きではないのかを聞かせてもらいたい，指導してみる」と言う。
2）「Fが秘書に向いているかどうかなどは，人によって見方が違ってくるのではないか」と言う。
3）「営業と秘書では仕事の性質が違うので，そこのところから教えていこうと思っている」と言う。
4）「Fが配属になって日が浅いので特に気にしていなかったが，これから気に留めるようにする」と言う。
5）「今までの人も異動してきた当初はそのように感じたので，しばらく様子を見ようと思っている」と言う。

Answer CHECK

上司はFの仕事ぶりに何かしら不満を持っているから尋ねたのだと思われます。それに応えるのがAの役目です。「人によって見方が違う」では，上司の考えを否定することになりますし，上司の不満に応じた改善策になっていません。

不適当は 2)

上司の考えを否定してはいけない

他部署から異動してきたばかりの秘書や新人秘書について，上司が適性に疑問を抱き尋ねてきた場合は，まずは上司が気になっている点を尋ね，今後は特に気を留めて様子を見ると答えます。また，秘書の仕事に早く慣れるよう自分が指導すると答えるのもよいでしょう。

❶ 上司から人物評を求められたとき

上司から，前の上司の仕事の仕方，他部署の課員の人物評などを尋ねられることがあります。「言えない」と拒絶するのではなく，秘書の立場をわきまえた上で謙虚な姿勢で答えるようにしましょう。

① 前の上司や上司の部下，他部署の課員などの人物評を求められたら，よく知っている人の場合はよい面を話すようにする。知らない場合は「よく知らないので分かりかねる」と話す。

② 以前の上司の悪い面を指摘し，秘書に感想を求めてきた場合は，「あまりそのようには感じなかったが」などと言い，悪い方向に話が進展しないようにする。

③ 新人の悪い面を指摘して意見を求めてきた場合は，上司の見解を肯定的に受け止め，新人の悪い面は指導すると答える。

❷ 上司の独り言やつぶやきを耳にしたとき

会議や商談から戻った上司が，内容や相手への不満を秘書に漏らすことがあります。その際は「何かと大変ですね」などとさり気なく応じます。以下のようなことに注意が必要です。

① 上司の言葉に同調して悪口を言ったり，反論したりしてはいけない。

②「具体的に何があったのか」「そのことは～した方がよい」など，立ち入ったことを尋ねたり，状況が分からないまま意見をしたりしてはいけない。

❸ 上司から感謝や労いを言われたとき

秘書を気遣う言動には，素直に答えるようにします。

① 上司から「いつもありがとう」「体調はどうか」と感謝や気遣いの言葉を掛けられたときは，「お気遣いありがとうございます」などと返答する。

② 多忙な業務への労いや感謝の意味で食事などに誘われたら，感謝の意を伝え，肯定的に受ける。

過去問 brush up

Q 秘書Aは上司（部長）から，前に就いていたK部長について，「K部長は気難しいところがあるね。君は前に就いていてどうだった」と話し掛けられた。AもK部長についてそのように感じていた。このような場合，Aは上司にどのように対応するのがよいか。次の中から**適当**と思われるものを一つ選びなさい。

1）「私はあまり気になりませんでしたが」と，その話があまり発展しないような言い方をするのがよい。
2）「K部長に就いているときには，大変気を使いました」と，自分もそのように感じていたことを言うのがよい。
3）「K部長は気難しい面もありますが，そうでない面もあります」と，K部長に気を使った言い方をするのがよい。
4）「気難しい部分があるから成果を挙げられたのではないでしょうか」と，K部長の性格を評価した言い方をするのがよい。
5）「K部長のことは皆さんがそのようにおっしゃっておいでのようですが」と，自分は関係ないという言い方をするのがよい。

A Aも同様に感じていても，話に応じれば，それについて具体的なことを問われるなどで話が発展します。秘書は上司の人物評などをする立場にないので，自分はあまり感じなかったと言って，話があまり発展しないようにするのがよい対応ということです。

適当は 1）

上司から人物評について聞かれたときの注意点

人物評について上司から聞かれたときの注意点としては，前述の「①上司から人物評を求められたとき」で触れた以外に，「上司の意見に反論しない」「うわさなど不確かなことは話さない」などもあります。

Lesson 2 来客や取引先への対応

来客や取引先とは常に良好な関係を保てるように振る舞います。来客への対応の基本は公平さと感じのよさです。不意の来訪者の用件によっては，上司の意向で断ることもありますが，どのような場合でも丁寧さを意識して応対します。

過去問題でポイントチェック！
POINT CHECK

部長秘書Aの上司が出張中に業界紙の記者が訪れた。用件を尋ねると，上司がなるべくかかわりたくないと日ごろ言っていることの取材であった。このような場合上司は出張中と言った後，どのように対応すればよいか。次の中から**適当**と思われるものを一つ選びなさい。

1）自分が代わりに話を聞き上司に伝えると言って，今日は帰ってもらう。
2）取材なら課長が代わりに対応できると思うと言って，課長に取り次ぐ。
3）すまないがそのような取材には応じられないと言って，帰ってもらう。
4）取材なら予約をしてもらいたいと言って，上司が戻る日を教え相手の都合を尋ねる。
5）取材に応じるかどうか分からないが，上司が戻ったころ出直してもらいたいと言う。

Answer CHECK

上司がなるべくかかわりたくないと言っていることの取材です。Aは上司の留守を預かっている秘書ですから，上司の意向を酌んで断っておくのが役目です。取材には応じられないと言って帰ってもらうのが適当ということです。

適当は 3）

上司の不在時の対応方法

秘書は，上司の代行は基本的にはできません。1）のように代わりに話を聞くことは秘書の役割を超えた対応です。2）課長に取り次ぐ，4）予約を受ける，5）出直してもらいたい，などは，「かかわりたくない」と言っている上司の意向に反する行動です。なお，通常の取材申し込みの場合は，取材内容と希望日時を尋ね，「上司に確認してこちらから改めて連絡する」と答えるのが基本です。

❶ 上司の不在時に取引先から商談の結果を聞かれたとき

上司から何か聞かされていたとしても，取引に関することを，秘書の勝手な判断で伝えることはできません。「何も聞いていない。上司が帰社したら，返事を待っていることを伝える」と答えます。

❷ 取引先からの贈り物，会食の招待などを受けたとき

日ごろ世話になっているお礼，迷惑を掛けたなどの理由で贈り物や会食の招待もあります。その場合は以下の対応をします。

① 贈り物をもらったときは，心遣いに礼を言って受け取り，仕事でしていることなので今後，気遣いは不要であると言う。すぐに上司に報告する。

② 会食の招待があったときは，心遣いに礼を言い，仕事でしていることなので気遣いは不要であると言った上で即答せずに上司に報告し，了承を得てから受けるか否かを返答する。招待を受けて会食に行った場合は，翌日上司に報告し，先方には電話やメールで礼を伝える。なお，気心の知れた関係で業務に支障のない招待であれば，秘書の都合で返事をすることもあるが，その場合も，秘書から上司への報告は必要である。

過去問 brush up

Q 秘書Aは，取引先のY部長秘書（K）から電話で，「今週末の土曜日に内輪でゴルフをするが，よかったら参加しないかとY部長が言っている」と言われた。AとKは顔見知りでKも参加するが，Aの上司はゴルフをしないので声を掛けていないということである。このような場合のAの対応について，次の中から不適当と思われるものを一つ選びなさい。

1）Kに，「返事は上司の了解を得てからにしたいので，少し待ってもらいたい」と言う。

2）Kに，「上司にKから誘われたと言って説明をするがよいか」と確認してから上司の許可を得る。

3）上司には声を掛けていないというのだから何かの理由を付けて断り，後でそのことを上司に話しておく。

4）その日は休日で仕事には差し支えがないので参加することにして，後で誘いを受けたことを上司に話しておく。

5）取引先からの誘いを断るのは失礼なので参加することにし，Kに「Y部長から上司に話しておいてくれるよう頼んでもらえないか」と言う。

A その日が休日で仕事に差し支えないなら，参加をAの都合で決めるのはよいでしょう。ただし，Aが誘われたのは上司の秘書だからなので，上司への報告はA本人からしないといけません。それをY部長に頼むようKに言うなどは不適当ということです。

不適当は 5)

同僚と食事をした店で偶然取引先の部長に会い，同席した

終業後に飲食店で秘書が同僚と食事をしたとき，偶然取引先の部長も来店していて，食事をご馳走になってしまった場合も，翌日出社したとき上司に報告します。あくまでも上司を通じた取引先であることを忘れないようにします。

Lesson 3 職場のメンバー，後輩への対応

秘書は，上司の部下や関係者に上司の意向や指示命令を伝えることがあります。上司の言葉が命令口調のときでも，秘書は伝言役としての立場をわきまえた丁寧な言い方で伝えます。
また，後輩指導も秘書の重要な仕事です。秘書業務を，新人だけでなく他部署から異動してきた同僚や転職してきた経験者に教えることもあります。それぞれに対し，どのようなことを指導すれば適切な秘書業務を行えるようになるか，ポイントを押さえて対応します。

過去問題でポイントチェック！
POINT CHECK

部長秘書Aは上司から，「この資料にミスがあったので，作成者に伝えておいてもらいたい」と言って資料を渡された。このような場合，Aは作成者に資料を渡すとき，ミスについてどのように伝えるのがよいか。次の中から**適当**と思われるものを一つ選びなさい。

1）「上司から，資料にミスがあるので注意しておくようにと言われた」と言う。
2）「上司が，資料にミスがあると言っていたので，確認してもらえないか」と言う。
3）「上司が資料のミスに気付いた。すぐに上司のところに謝りに行った方がよい」と言う。
4）上司のことには触れずに，「この資料にミスがあったので，注意してもらいたい」と言う。
5）「上司から，この資料にミスがあると聞いた。今後は上司に渡す前に私が目を通そうか」と言う。

Answer CHECK

上司からミスを伝えておくようにと言われて資料を渡されたので，作成者にミスを確認してもらわないといけません。しかし，Aは注意する立場ではないので，2)のように伝えるのがよいということです。

適当は 2)

必要とされる資質　職務知識　一般知識　マナー・接遇　技能　面接

秘書の立場をわきまえた言葉を選ぶ

「注意」や「指導」,「教える」などは普通，目上の人が目下の人に対して行うことです。従って，上司の部下や関係者に対して秘書が,「注意」しているように聞こえる表現をすると，尊大な物言い，態度を印象付けてしまい，相手を不快にさせてしまいます。

❶ 上司の指示を部下に伝える

秘書が上司に代わり上司の指示を部下に伝えるときは，あくまでも伝言役であることを心得て丁寧に伝えます。上司の立場で指示するような言動は慎みます。

① 秘書が上司の権限を持っているかのように聞こえる言い方をしない。
②「上司が〜と言っていた」「上司から〜と言われた」のような言い方をする。
③ 伝えるときは，丁寧な言葉遣いを用い,「もう一度チェックしてもらえないか」「確認してもらえないか」などのように言う。
④ 指示内容に加えて「私はこう思う」「○○した方がよい」など，秘書の意見や感想は言わない。

❷ 後輩秘書の指導をする

新人秘書には社会人の基本を踏まえた秘書の特性を理解させ，１日も早く上司の補佐役として仕事ができるように指導します。不明な点があれば尋ねるように伝え，安心して仕事ができる環境を整えます。以下の指導内容を心得ておきましょう。

①「外部の人が感じる秘書の印象は上司や会社の印象に影響する」など。秘書の立場や心得を理解させる。
② 上司の人間性を理解して補佐することの重要性を理解させる。
③ 秘書としての基本（あいさつやマナー），求められる能力（機密を守る）を理解させる。

他部署から異動してきた後輩には，今までの仕事との違いについての理解を促し，①〜③を指導します。

他社で秘書経験がある後輩の場合は，以前のやり方も認めつつ，まずはこの会社のやり方に従ってもらいたいと言います。不明な点やよい提案があれば，遠慮せずに言ってもらいたいと伝えます。

過去問 brush up

Q 営業部長秘書Aは上司から，「新人Dは学生のような話し方をしているので指導するように」と言われた。そこでDに注意したところ「課長からは何も言われたことはない」と言って改めようとしない。このようなことにAはどのように対処すればよいか。次の中から不適当と思われるものを一つ選びなさい。

1）部長から指導するように言われているのだから引き続き注意し，そのことを課長に話しておく。
2）Dに「課長から言われていなくても，部長が気にしているのだから改めなければいけない」と言う。
3）課長に「Dの話し方に問題があると部長から言われたが，何かよい指導法はないか」と教えを請う。
4）課長が部下のDの話し方を気にしていないのなら，部長から言われたとしてもよほどのことがない限り注意はしない。
5）Dに「課長から何も言われなくても学生のような話し方を改めないと，社会人としていつまでも認められない」と言う。

A Dの話し方を部長は気にしているので，改めようとしないDをこのまま放っておくわけにはいきません。課長が気にしているか否かに関係なく，話し方を正す手だてを講じなければなりません。よほどのことがない限り注意はしないというのは不適当です。

不適当は 4）

新人,異動者,中途採用者に合わせた指導法

新人の場合には秘書の役割，身だしなみや立ち居振る舞い，言葉遣いなど，社会人の基本から指導をします。異動者には部署により仕事内容が異なること，中途採用者には会社によって補佐の内容も方法も変わることを指導します。そして，自社の秘書にふさわしい印象と仕事の仕方を示し，現状との差を認識させて，改善に導きます。

記述問題対策

「必要とされる資質」の領域では，記述式の問題は１問出題されます。
出題頻度が高いのは，以下の二つのパターンです。

◉ **ポイント（すべき行動や理由）を列挙するもの**
例：「どのようなことをすればよいか。箇条書きで三つ答えなさい」
「理由として考えられることを箇条書きで三つ答えなさい」

◉ **すべき行動，対処などを時系列で挙げるもの**
例：「このよう場合の対処を，順を追って箇条書きで答えなさい」

これらの解答の仕方を例題で見ていきましょう。

Lesson 1 ポイントを列挙する問題

過去問題でポイントチェック！
POINT CHECK

秘書は身だしなみに気を配らないといけないと言われることがあるが，それはなぜか。理由として考えられることを箇条書きで三つ答えなさい。

Answer CHECK

ビジネスの場での身だしなみについてです。周囲の人からどのように見られるかということと，きちんとした仕事をしていくためにこれらは欠かせない，という観点から答えればよいでしょう。

解答例
1. 秘書の印象は上司や会社のイメージに影響するから。
2. 立ち居振る舞いに影響するから。
3. 仕事への心構えの表れだから。

理由を答えるときの文末は「～だから」「～のため」

箇条書きで答える問題では，「三つ答えなさい」「それぞれの場合について二つずつ答えなさい」など，答えの数が指定されていることが多いので，設問を読む際に注意しましょう。理由を答える場合は，文末を「～だから」や「～のため」とします。

◇表現の仕方が解答例と少し違っていても，内容が同じであると判断されれば正解として採点されます。例えば，解答例の２．「立ち居振る舞いに影響するから」は，「身だしなみがよいと動作も自然にきちんとしたものになるから」と書いても正解です。

◇内容が重複しないように注意しましょう。

<よくない例>

１．上司や会社のイメージに影響するから。

２．秘書の身だしなみがよくないと上司もよく思われないから。

この例の２．「上司もよく思われない」は，１．「イメージに影響する」と同じことです。１．が既に解答例の「１．上司や会社のイメージに影響するから」として一つ得点していますので，２．に点数は与えられません。

◇ポイントを挙げる問題では，身だしなみ，仕事の進め方など，３級で学ぶような基本を問われることが多くあります。後輩指導において，基本的なことを漏らさず簡潔に教えることは大切だからです。上級秘書にとっては当たり前の，簡単な内容ですが，箇条書きで過不足なく答えるとなると練習が必要でしょう。この機会に基本事項を改めて見直しておきましょう。

過去問 brush up

Q 秘書Ａは他部署の秘書Ｄから，「次々と仕事の指示を言われると，どのように対処したらよいか分からなくなる」と相談された。このような場合，ＡはＤにどのようなことを言えばよいか。箇条書きで三つ答えなさい。

A 解答例

1. 期限を確認し仕事に優先順位をつけて，計画的に処理するようにしたらどうか。
2. 一人ではできそうもないときは，上司の了承を得て手伝いを頼んだらどうか。
3. 仕事の追加があったら現状を話し，場合によっては期限を延ばせるか聞いてみたらどうか。

一人の仕事の処理量には限りがあります。合理的な処理の仕方として，優先順位をつける，できなければできるように期限を延ばしてもらうなどが答えになります。解答例の他に，「優先順位を自分で判断できないときは，上司や先輩につけてもらったらどうか」などもよいでしょう。

設問をよく読み,キーワードを意識して答える

仕事の処理の仕方を問う問題です。「次々と指示しないようにしてもらえばよい」のような見当違いのことを書かないよう，設問をきちんと理解しましょう。正解のキーワードは，「優先順位をつける」「手伝いを頼む」「期限を延ばせるか尋ねる」など。文は短くて構いません。また，「三つ答えなさい」などと数が指定されているときに，四つ以上の答えが出た場合，「３.」の答えの後に書き添えて構いません。

必要とされる資質　職務知識　一般知識　マナー・接遇　技能　面接

Lesson 2 順を追って答える問題

過去問題でポイントチェック！
POINT CHECK

営業部長秘書Aが，上司の指示で明後日の会議で使う資料を作成していると，本部長が「至急これを清書してもらいたい」と言って原稿を持って来た。本部長秘書は休暇を取っているという。この場合の対処を，順を追って箇条書きで答えなさい。

Answer CHECK

本部長秘書は休暇を取っていて，至急ということ，また会議資料の必要は明後日ですから，すぐに引き受けます。ただし，上司の了承を得て行い，終わったら報告も必要。これらを順を追って答えます。

解答例
1. 本部長の指示を受けて原稿を預かる。
2. 上司に，本部長からの清書のことを話して了承を得て，資料作成を中断する。
3. 清書し終えたら本部長に原稿と清書したものを渡し，上司に報告して資料作成に戻る。

本部長は部長の上役

一般的に，本部長は部長の上役ですから，至急と言われたこのような場合には，本部長の指示を受けます。ただし，Aは部長秘書ですから，上司（部長）への事情説明や報告が必要です。

◇順を追って答える問題では，まず，一連の行動の流れをイメージします。箇条書きの数が指定されていない場合は，準1級では三つを目安に書きます。解答欄をはみ出さなければ四つ，五つ書いても構いませんが，通常，正解のポイントはそんなに多くないことを意識して，簡潔な記述を心掛けましょう。

◇行動の流れを大きく捉えて，ポイントを落とさずに解答します。
例えば，本部長から清書の指示があったケースでは，行動の流れを細かく整理すると
①本部長に快く返事をする → ②原稿を預かる → ③上司に事情を話して了承を得る → ④会議資料の作成を中断する → ⑤清書する → ⑥本部長に原稿と清書を渡す → ⑦上司に報告する → ⑧資料作成に戻る
のようになりますが，項目が多過ぎて解答欄のスペースに収まりません。

この問題の解答の得点ポイントは，
「引き受ける」→「上司の了承を得る」→「報告する」の3点です。
事細かに書き出してしまうと，「上司に報告する」まで行き着かずに解答欄がいっぱいになってしまい，満点が取れないことになります。
一連の行動の流れがイメージできたら，その中から，落としてはいけない大事なポイントを取り上げて箇条書きにしましょう。

過去問 brush up

Q 秘書Aの上司（部長）は，応接室で来客と長時間商談中である。そこで，替えのお茶を出すためAが応接室のドアをノックしようとしたところ，口論にでもなっているのか怒気を帯びた声が聞こえる。このようなことにAはどのように対処したらよいか。順を追って箇条書きで答えなさい。

解答例

1. ノックして応接室に入り，お茶を出しながら中の様子を見る。
2. お茶を出し終えて戻ったら，関係者（課長など）に中の様子を伝えておく。
3. 応接室の近くで待機している。

応接室内の様子が普通ではないという状況です。ちょうど中に入る口実（替えのお茶を出す）があるので，様子を確認することができます。その後，誰かに知らせる，すぐに対応できるよう近くにいる，などが答えになります。

険悪な状況を課長や担当者に知らせる

部長と来客のただならぬ状況に気付いたときの対処のポイントは，
①応接室内の様子を伺う　→　②課長に知らせる　→　③近くで待機する
です。秘書が止めに入ったり事情を尋ねたりなどはしないのが基本です。

Lesson 3 「どのようなことを言って対応すればよいか」を答える問題

過去問題でポイントチェック！
POINT CHECK

部長秘書Aの上司は，「専務と応接室にいるが，私はいないことにしておいてもらいたい。すぐ戻る」と言って席を外した。そこへ他部署のT部長が来て「部長に確認したいことがあるがどこへ行ったのか」とAに尋ねた。このような場合，Aは T部長にどのようなことを言って対応すればよいか答えなさい。

この場合，上司不在については通常の対応で構いませんが，いないことにしておいてもらいたいという指示なので，行き先は知らないことにします。

解答例
「部長はすぐに戻ると言って席を立った。行き先は聞いていない。戻ったらこちらから連絡するがそれでよいか」と言う。

上司の意向に沿いつつ，相手に誠意を示す

上司から「いないことにしておいてもらいたい」と指示されているので，T部長の「どこへ行ったのか」には答えられません。行き先を知っていても「知らない」と言うのが適切な対応です。ただし，T部長も上司に用事があって訪れているので，すぐに戻ることは伝えます。また，こちらから連絡するのでよいかと言うのが誠意ある対応です。

◇「必要とされる資質」（理論の領域）で出題される，「どのようなことを言って対応すればよいか答えなさい」という問題には，実際の言葉ではなく，上の解答例のように，言う内容を挙げる書き方で答えます。

◇「マナー・接遇」（実技の領域）で，「どのようなことを言えばよいか。その『言葉』を書きなさい」と出題される場合は，「申し訳ございません。すぐに戻るとおっしゃって席を外していらっしゃいます。行き先はお聞きしておりません。お戻りになったらこちらからご連絡するということでよろしいでしょうか」などのように話し言葉で答えます。その場合は，敬語などの言葉遣いも採点の対象となります。

1

難易度ランク ★

◎チェック！ □□□

秘書Aは上司から,「急ぎで頼み事があるのでU氏に面会の申し込みをしておくように」と指示された。そこでU氏に連絡すると,「仕事が立て込んでいて予定が立たない」と断られた。上司にこのことを話すと,もう一度連絡してみるようにということである。以前にも同じようなことがあり,U氏は上司を避けている様子である。このような場合,Aは上司にどのように言うのがよいか。次の中から**適当**と思われるものを一つ選びなさい。

1）「U氏は上司と会うことを避けているようなので,頼み事などはしない方がよいのではないか」と言う。
2）「自分は上司の指示通りに伝えたつもりだが,頼み事ならむしろ上司が直接連絡した方がよいように思う」と言う。
3）「U氏が断っているのは忙しいからだけではないようなので,何かほかに事情がないかを考えてから連絡したらどうか」と言う。
4）「そういうことならもう一度連絡してみるが,上司に代わってU氏に説明できるように頼み事の内容を教えてもらいたい」と言う。
5）「急ぎとはいえこちらからの頼み事であるし,U氏は仕事が立て込んでいるということだから,少し間を置いて連絡してもよいか」と言う。

2

難易度ランク ★★★★

◎チェック！ □□□

次は,部長秘書Aが上司不在中の電話に,不在理由をありのまま言わずに対応した例である。中から<u>不適当</u>と思われるものを一つ選びなさい。

1）友人と近くのカフェにいると言われていたとき,本部長からの電話に「ちょっと外に出るとおっしゃっていました」
2）商談でY社に行くが今日は戻らないと言われていたとき,他部署の人からの電話に「外出されていて直帰の予定ですが」
3）風邪をひいたと言って夕方早めに退社したとき,他部署の部長からの電話に「急用ができたとおっしゃって先ほどお帰りになりました」
4）急に常務に呼び出され席を外してしまったとき,時間通りに来た予約客に「前の用談が長引いております。少々お待ち願えませんでしょうか」

5）立ち寄るところがあると言って早めに退社したとき，上司の家人からの電話に「外出されていますが詳しいことはおっしゃっていませんでした」

3

⊙チェック！ □□□

難易度ランク ★★

秘書Aは上司（営業本部長）から，「来月W社の副社長が商談のため来日するので，もてなしなどの心積もりをしておいてもらいたい」と言われた。W社は海外の取引先で，Aは海外からの客への対応は初めてである。そこでAはこのことについて次のように考えた。中から不適当と思われるものを一つ選びなさい。

1）外国人向けの観光，買い物，土産品などの情報を集め，必要に応じて下見をしておこう。
2）接待に同席したときの話題にするため，W社の業績や取引状況などを調べて準備しておこう。
3）副社長の来日期間中に既に入っている上司の予定を，どのようにするか上司に確認しておこう。
4）社内のW社の担当者に副社長の趣味や食べ物の好みなどを尋ねて，もてなし方の案を作っておこう。
5）海外からの客を接待したことのある先輩秘書に，どのようなもてなしをするのが喜ばれるかを聞いておこう。

4

⊙チェック！ □□□

難易度ランク ★★

秘書Aの上司（広報部長）がK部長に代わった。K部長は営業部が長く仕事の違いに戸惑っているようである。このような上司にAはどのように対応するのがよいか。次の中から**適当**と思われるものを一つ選びなさい。

1）前の広報部長に事情を話し，上司（K部長）に自分の経験や仕事の進め方を話してもらえないかと頼む。
2）上司に，広報業務について分からないことは細かいことでも気にせず広報課長に尋ねてはどうかと言う。
3）最初は仕事の違いに戸惑っても部長として異動してきたのだから，何もしないで上司が慣れるのを待つ。

4）広報部の業務については自分の方が知っていることも多いので，上司が気軽に聞けるような雰囲気をつくる。
5）広報部長になってまだ日が浅く分からないことも多いだろうから，折に触れて上司に前の部長の仕事の仕方を話すようにする。

記述問題編

チェック！ □□□

5
難易度ランク ★★★★

秘書Aは，上司と個人的にも親しい取引先の部長から，「いつもスケジュールの調整などで世話になっているので，そのお礼に」と，海外出張の土産を差し出された。このようなことにAはどのように対応すればよいか。箇条書きで二つ答えなさい。

チェック！ □□□

6
難易度ランク ★★

秘書Aは上司から，「G社のT氏に面会したいので連絡を取ってもらいたい。急ぎで頼みたいことがある」と指示された。このような場合，AはT氏の秘書に電話をする前に，上司にどのようなことを確認しておけばよいか。箇条書きで三つ答えなさい。

チェック！ □□□

7
難易度ランク ★★

秘書Aは上司から，「新人のBに，指示の受け方やその後の報告の仕方を具体的に教えておいてもらいたい」と言われた。このような場合，AはBにどのようなことを言えばよいか。箇条書きでそれぞれ二つずつ答えなさい。

① 指示の受け方（「指示を受けるときはメモを取る」以外で）。
② その後の報告の仕方。

チェック！ □□□

8
難易度ランク ★

日常的に秘書が行う仕事を定型化することのメリットを，箇条書きで三つ答えなさい。

■ 解答 ◎ 解説 ■

1 ＝5）
もう一度連絡してみるようにと言われたのだから秘書としては連絡するしかありません。しかし，頼み事で，U氏は予定が立たないと言っていて避けている様子ということですから，すぐに連絡するのは得策ではありません。少し間を置いてよいかと言うのが適当ということです。なお，上司を避けているということではなく単に忙しいという理由の場合は，U氏の秘書に「何とかお願いできないか」と再度頼んでみるのがよいでしょう。

2 ＝3）
不在理由をありのまま言わないのは，言う必要がないとか，言うと差し支えがある場合です。風邪をひいて早めに退社するなどは誰にでもあることで，特別隠すようなことではありません。急用ができたと全く違う理由を言うなどは不適当ということです。なお，2）は，課長など部内の人から尋ねられた場合は，ありのまま言うことになります。

3 ＝2）
この場合Aは接待に同席するかもしれませんが，それはもてなしのためです。また，W社の業績や取引状況などが話題になったとしても，そのような話をしてよい立場にあるのは上司や担当者です。Aが話題にするため調べて準備しておくなどは不適当ということです。

4 ＝4）
新しく来たK部長が仕事の違いに戸惑っているのは当然のこと。K部長が仕事に専念できるよう，戸惑いを解消するのは秘書であるAの仕事。そのためには上司が気軽に聞けるような雰囲気をつくるのがよいということです。

記述問題編

5
1. 心遣いに対して礼を言って受け取る。
2. 海外出張の土産をもらったことを上司に報告する。

この場合の取引先部長の礼というのは，世話になっていることへの感謝ですから，素直に受け取ってよいものです。また，仕事上のことでもらったので，上司に報告しないといけません。解答例の他に，「仕事として行っていることなので，今後心遣いは不要と言う」などもよいでしょう。

6
1. 急ぎとはいつごろまでか。
2. 面会時間はどのくらいか。
3. おおよその用件。

急ぎの面会の申し込みです。日程の調整などに必要なことを答えます。解答例の他に，「日時はT氏の都合に合わせて調整してよいか」などもよいでしょう。

7

① 1. 不明な点や疑問点はその場で指示者に確認する。
2. 重要な箇所や数字は復唱して確認する。

② 1. 仕事が終わったら指示通りにできているか点検し，指示者に終わったことをすぐ報告する。
2. 量が多く日数のかかる仕事の場合は，途中で経過を報告する。

①は解答例の他に，「いつまでにすればよいか期限を確認する」などもよいでしょう。

8

1. 時間を節約できる。
2. 誰でも一定のレベルで仕事ができる。
3. 仕事が立て込んでいるときも，漏れなくできる。

解答例の他に，「業務の引き継ぎを漏れなく効率的にできる」などもよいでしょう。

Perfect Master

第2章

職務知識

前章の「必要とされる資質」で学んだことを基に，上司と秘書の機能や役割の違いを再確認し，越権行為や独断専行をしない仕事の仕方を学びます。上司の意向をよく理解し，日常業務に加え突発的な業務でも，どのように行動すれば秘書の役割を最大限発揮できるかを考えます。

秘書の機能と役割

Lesson 1 上司と秘書の機能と役割の違い

上司はトップマネジメントとして会社経営に携わり，経営管理の機能を果たしています。具体的には組織目標を達成するための経営計画の策定，組織の指揮・命令などを執り行っています。上司が仕事を円滑に遂行するために，秘書には，さまざまな雑務や上司の身の回りの世話を担うことが求められます。

過去問題でポイントチェック！

POINT CHECK

秘書Aの上司は多忙で外出も多いため，書類の処理や決裁が滞ることがあり，部下からの不満が聞こえてきている。次はこのようなことへの対処策としてAが考えたことである。中から不適当と思われるものを一つ選びなさい。

1）社内の回覧文書などは，上司用にコピーを取っておいてすぐ次に回すようにする。
2）スケジュールを組むとき，書類に目を通したり決裁をしたりする時間を取るようにする。
3）上司が執務中に，様子を見ながら書類に目を通してもらいたいとお願いするようにする。
4）Aが見ても差し支えない書類は，内容を見て要所に線を引くなどして上司の負担を軽くするようにする。
5）上司が在席しているときに部下が決裁書類を持ってきたら，上司に直接頼めばすぐに済むと言うようにする。

Answer CHECK

部下が決裁書類を持ってきたら，上司の在否にかかわらず仲介するのが秘書の役目。上司が多忙なら仕事の様子を見ながら間に入れてもらうなどします。直接頼めばすぐに済むと上司の部下に言うなどは，秘書の仕事をしていないのと同じで不適当ということです。

不適当は 5）

書類の動きに気を配る

決裁書類は，上司が多忙なときも，不在のときも，また機密文書でも，秘書が預かって上司に渡すのが基本です。上司が決裁した書類は，秘書が提出者に戻します。秘書が間に入ることによって，書類が他に紛れたり決裁が遅れたりすることを防ぐことができます。しかし，秘書を通さず直接提出されることもあるので，上司の机上の決裁箱は常に気に留めておきます。

❶ 上司の機能は経営管理，秘書の機能は上司の補佐である

秘書は上司が本来の業務に専念できるよう，さまざまな雑用や身の回りの世話を行い，上司の手助けをしています。上司の期待に応えることが,組織の目標達成につながります。

❷ 秘書の役割を果たす基本姿勢

秘書は，上司の性格や仕事の仕方を心得た上で，上司の意向に沿って仕事をします。越権行為（行き過ぎた行動）にならないよう十分に注意します。
上司と周りの人たちとの仕事が円滑に行われるよう仲立ちをすることも，秘書の重要な業務です。機密文書や複雑な内容の伝言を預かることもあります。細心の注意を払い，確実に上司に渡し（伝え）ます。
また，上司から指示された仕事は，上司の期待通りに遂行します。以下の具体的な事例で確認しておきましょう。

① せっかちな上司の場合

◯上司が求める資料をすぐ出せるように整理整頓には特に気を使い，上司が関係している資料の保管場所を確認しておく。

◯指示された仕事は途中経過を報告し，完了したら期限前でもすぐに報告し，次の指示を仰ぐ。

② 秘書の役割を果たし，業務を確実に行う

✕上司不在時に他部署の部長が重要資料を持ってきたとき，機密文書は上司がいるときに持ってきてほしいと言った。

◯重要文書であっても上司不在時は秘書が文書を確実に預かり保管しておく。

✕上司不在時に取引先や他部署から伝言を頼まれたとき，込み入った内容であれば上司に直接伝える方がよいと言った。

◯詳細な内容であっても確実に伝言を受け，伝えるのが秘書の仕事である。

✕ 上司から急ぎの仕事を指示されたとき，「間に合わなかったらどうするか」と尋ねた。

◯間に合わせるのが秘書の役目。「どうすればできるか」具体的な方法を考える。

過去問 brush up

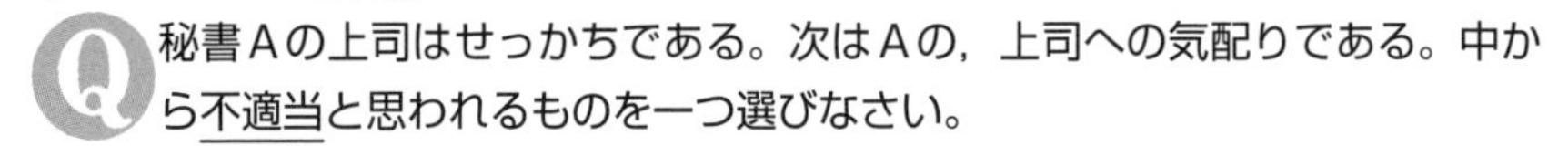

Q 秘書Aの上司はせっかちである。次はAの，上司への気配りである。中から不適当と思われるものを一つ選びなさい。

1）上司の部下に上司の指示を伝えるときは，実際の期限より少し早めに言うようにしている。

2）来客との面談が長引いているときは，指示がなければ替えのお茶は出さないようにしている。

3）スケジュールを決めるときは，予定と予定の間の余裕時間はなるべく少なくするようにしている。

4）上司は，資料探しを指示しても待っていられず自分で探し始めるので，資料整理には特に気を使うようにしている。

5）取引先の都合で保留になっている面談予定などがあれば，返事を催促してスケジュールを早く確定するようにしている。

期限は，事の進行上の要になっていて守ることが前提の社会のルール。上司がせっかちだからといってそれに合わせて変えるようなものではありません。

不適当は 1）

のんびりタイプの上司への気配り

上司がのんびりタイプで時間をあまり気にしないときは以下のようにします。

○ちょっとと言って外出するときでも帰社時間を確認し，次の予定を伝える。

○面談が長引いて次の予定時間が迫っているときは，そのことをメモで知らせる。

○打ち合わせに来た部下には，上司の次の予定を伝える。

○スケジュールは，予定と予定の間に余裕を多めに取る。

Lesson 2 秘書の職務限界と守秘義務

秘書は上司の本来の業務（経営管理など）の代行は基本的にはできません。秘書が代行できるのは，上司の雑務に関することだけと心得ておきます。仕事に慣れてきたとき，上司が留守のとき，緊急の場合など，つい越権行為をしがちになるので注意しましょう。

過去問題でポイントチェック！
POINT CHECK

次は部長秘書Ａが，秘書業務として最近行ったことである。中から不適当と思われるものを一つ選びなさい。

1）上司の不在時に紹介状を持って訪ねてきた客に，後でこちらから連絡すると言って紹介状を預かった。
2）上司の外出中，上司の友人という人が郷里から訪ねてきたので，当地での滞在期間と連絡先を尋ねた。
3）上司が出張に出掛けるところに取引銀行の支店長が着任のあいさつに訪れたとき，戻ったら連絡すると言って名刺を預かった。
4）上司の外出中，Ａの会社のよくないうわさを聞いたと言って雑誌記者が訪れたが，そのような取材には応じられないと断った。
5）上司が業界団体の役員会に出掛けたが，前の予定が長引いたため開始時間に遅れそうだったので，そのことを電話で役員会の担当者に伝えた。

会社のよくないうわさということなら，どのようなことか把握しなくてはなりません。また，記事になれば会社に影響することでもあります。上司が不在だからといってＡの判断で断ってはいけません。課長に知らせるなどの対応が必要です。

不適当は 4）

上司不在時の出来事への対応

「うわさ」も情報です。悪い情報であれば早急な対応が求められる場合もあります。1）紹介状は預かり，後でこちらから連絡するようにします。3）着任のあいさつは課長へ取り次ぐこともありますが，今後も会える機会があるので名刺を預かり，あいさつは上司が後日受けることもあります。

❶ 越権行為とはどのようなことかを理解する

「越権行為」とは，許されている範囲を超えた言動をすることを言います。秘書は上司の補佐役であり，以下のことは越権行為であると覚えておきましょう。

×上司の代理として各種行事や会議に参加する。
×決裁書や稟議書などに押印する。
×上司に代わり転任や着任のあいさつを受ける。
×上司に代わり取引先との商談をする。
×上司に無断でスケジュール決定や変更をする。
×上司の部下に指示命令をする。
×秘書の名前で取引先に贈答をする。

> 多忙な上司から，（用件によっては）不意の来客への対応を代理でするよう指示されたときは，
> ○来客に，上司の代わりに自分が対応することを話し，了承を得てから対応する。
> ○顔見知りの客（普段は上司が対応している客）でも，事情を話し了承を得て，代理として対応するのでよい。

❷ 上司に関する情報

秘書には上司の仕事の細部やプライベート情報を知る機会が多くあります。必要以上に立ち入ったり，差し出がましく意見をしたりしてはいけません。機密事項については「必要とされる資質」の領域（p.13）で学びましたが，上司の日常については特に次のようなことに注意しましょう。

① 上司の仕事の詳細まで知ろうとしない

上司から「出張に行くので準備してもらいたい」と指示されたときは，準備に必要なことだけを確認する。「なぜ行くのか」など理由や目的を尋ねるようなことはしない。

② 上司が離席する際の確認

上司が席を外すときは，次の予定に差し支えないように，戻る時刻を尋ねておけばよい。行き先は立ち入って聞かない。

③ 上司のプライベートの情報は，仕事に必要なことだけ

上司のプライベートは仕事に必要な範囲で知っておく。家族に関することや健康面のことなどは上司が話してくれた範囲に留めておく。

❸ 上司への進言

上司への進言（上位者に意見を述べること）は，原則として求められたとき以外にはしませんが，秘書は以下の場合は進言をすることがあります。覚えておきましょう。

① 健康，食事，服装に関することは秘書が手助けできることを「～いたしましょうか」などの言い方で伝える。上司の行動を指図するようなことを言ってはいけない。

多忙で風邪気味だという上司に対して，

◯「お薬をご用意いたしましょうか」

✕「風邪気味でしたら，今日はお帰りください」

✕「お帰りになったらいかがですか」

午前の予定が長引き昼食時間が短くなったとき，

◯「軽食をご準備いたしましょうか」

✕「１時に来客がありますので，すぐお食事にお出掛けください」

② 上司の勘違いやミスが仕事に悪影響を及ぼしそうなときは，「差し出がましいようですが」などと前置きし，「この部分は～と思うのですが，いかがでしょうか」などと言葉遣いに注意して伝える。

③ 後輩などの人物評価を求められたら，うわさや個人的な感情は差し挟まず，よい面や事実だけを述べるようにする。

過去問 brush up

Q 秘書Aの上司（販売本部長）が出張中，販売部長の秘書が顧客との契約書に押印してもらいたい，と言って来た。販売本部長名で契約した契約書で，契約内容については上司(本部長)の了解を得ているという。本部長印はAが預かっているが，このような場合どのように対応するのがよいか。次の中から不適当と思われるものを一つ選びなさい。

1）上司は出張中と話し，出社する日にちを言って，出直してもらえないかと言う。
2）急ぐなら出張中の上司に連絡を取って，許可が出れば代わりに押すがどうかと言う。
3）上司は出張中なので契約書を預かって押印したら知らせると言って，予定の日時を伝える。
4）上司の了解を得ているというので押すが，出張中の上司に後で確認を取らせてもらうと言う。
5）押すことはできないと事情を話して，販売部長にどのようにすればよいか尋ねてきてもらう。

A 押印するとはその人がそのことを認めたということですから，この場合は販売本部長本人か本部長の意を受けた人しか押印できません。契約内容について了解を得ているということであっても，当事者でないAが押印し，後で確認を取るという対応は不適当です。

不適当は 4)

PLUS UP

上司不在時の押印

決裁文書や契約書への押印は，権限者（上司）が不在の場合，①上司が戻るのを待って押してもらう，②上司に連絡を取って，許可が下りたら押す，③長期出張中などであらかじめ代行者が決められている場合はその人に押してもらう，のいずれかです。

秘書の業務

Lesson 1 定型業務

定型業務（ルーティンワーク）とは，日程管理や来客応対など，日常継続的に行う仕事のことです。仕事の仕方が決まっているものは，上司にいちいち指示を仰ぐようなことはせず，秘書の判断で進めます。ただし，上司の好みや意向に沿ったやり方にします。迷うようなら適宜，上司の指示を仰ぎます。また，新しい上司に就いたときは最初に確認しておくようにしましょう。

過去問題でポイントチェック！

POINT CHECK

秘書Aの上司（販売部長）が出張中，ＮＰＯ法人の理事で上司の知人と名乗るＦ氏が来訪した。用件は寄付の依頼で，上司には先日電話で話してあるという。しかし，Ａはそのことを聞いていないし寄付の窓口は総務部である。このような場合どのように対応したらよいか。次の中から不適当と思われるものを一つ選びなさい。

1）Ｆ氏に，上司は出張中なので，上司が在社しているときに出直してもらえないかと言う。
2）Ｆ氏に，当社の寄付の窓口は総務部なので，上司に頼むより総務部に行った方が話が早いと言う。
3）Ｆ氏に，上司は出張していることと，Ｆ氏来訪のことは聞いていないと言って改めて寄付の内容を尋ねる。
4）Ｆ氏が上司に寄付の依頼をしたことを総務部に伝えて，上司は出張中なので対応してもらえないかと言う。
5）Ｆ氏に，上司は出張中なので，趣意書を預かって上司が出社したらこちらから連絡させてもらいたいと言う。

上司の知人と名乗るF氏が，上司に電話で話してあると言って寄付の依頼に来ています。寄付の窓口が総務部であっても，ただ 2)のように言うのは不適当です。上司に関わりがあることですから，それに応じた対応が必要です。

不適当は 2)

上司不在時の寄付依頼

上司の知人で既に上司が話を聞いているということなので，寄付の窓口は総務部でも，上司を介しての申し込みとして扱います。5）の趣意書は，寄付の趣旨や目的などが書かれたものです。通常，上司不在時の寄付依頼の客には，その人の①所属・名前・連絡先，②上司との関係，③寄付または寄付団体との関係を尋ね，趣意書があれば預かって，後でこちらから連絡すると伝えるのが基本の対応です。上司と関係がない人で紹介者もいない場合は，単に総務部に取り次ぐので構いません。

❶ 定型業務の内容

定型業務を処理するため，事前に仕事の仕方について上司の意向を聞いて進め方を決めておきます。上司に判断を求めるまでもない業務は秘書の判断で進めます。また，判断に迷う場合には，上司の指示を仰ぐようにします。

① 上司の身の回りの世話　（第１章第１節参照）

- 車の手配：出社時と退社時，外出時の配車について，運転手との連絡を密にしておく。
- 食事やお茶の手配：上司の好みやタイミングを心得ておく。
- 健康状態への配慮：定期健康診断の予約をする。主治医や持病，服薬についての情報を差し支えない範囲で上司に尋ねておく。
- 私的な交際に関すること：同窓会や趣味の会など連絡を取り合うメンバーの情報，会費納入などの庶務を確認しておく。

② 日程管理　（第５章第５節参照）

- 業務に必要な日程管理全般：年間スケジュールの把握，面会予約，予定表の作成，予約の変更や調整，上司や関係者との相互確認。

③ 出張事務　（第５章第５節参照）

- 出張の手配：場所・期間・同行者を確認，旅程表の作成，資料の準備，交通手段・宿泊先などの手配，旅費の仮払い。
- 出張中　：定時連絡をする，緊急時に連絡する。
- 出張後　：留守中の報告（来客，電話，連絡など），上司が持ち帰った資料や名刺の整理，出張費用の精算，出張先で世話になった人への礼状，上司が戻ったことを社内の関係者に連絡。

④ 来客接遇　（第４章第４節参照）

- 来客の受付と案内，見送り：予約客と不意の客への対応，上司不在時の対応。
- 来客の接待（お茶出し）　：必要に応じ，昼食などの準備の有無，来客の好みの確認。

⑤電話応対　（第４章第４節参照）

- 上司あての電話への応対：取り次ぎ，不在時の対応。
- 上司への伝言　　　　　：不在時の伝言を確実に伝える。（メモ・口頭）

⑥交際業務　（第４章第５節参照）

- 冠婚葬祭に関する事務：上司参列の準備，代理参列，祝い金や香典の準備。
- 季節の贈答（中元や歳暮など）：品物の選択，送付，送付状の作成。
- 接待の準備：先方の好みを把握，日時･出席者･予算の確認，店（個室や座席の指定）の予約，土産の手配，二次会の予約，送迎車の手配。

⑦会議庶務　（第５章第１節参照）

- 上司が主催する会議：会議開催通知の作成と送付（社内会議は電子メールで通知することが多い），資料作成，会場手配，参加者受付と当日の庶務，当日の食事と茶菓の手配，会場運営，議事録作成。
- 上司がメンバーとなっている会議：出欠の返答，社外会議の際の配車，持ち帰った資料の整理。

⑧文書事務　（第５章第２節参照）

- 社内文書，社外文書の作成：形式に従って作成。
- 社交文書の作成　　　　　：相手との関係を考慮して作成する。
- 文書の受発信：郵便や宅配便の知識。
- 文書や資料の整理・保管

⑨情報管理　（第５章第４節参照）

- 社内外からの情報収集：業界・製品情報，社会の情勢，関係者の人事異動。
- 社外への情報発信　　：新聞やテレビなどのマスコミへの対応。

⑩環境整備　（第５章第６節参照）

- 快適な執務環境整備：上司室，応接室の清掃やレイアウト，整理整頓の知識。

⑪経理事務　（第３章第２節参照）

- 取引先に関する経理事務：会議や会合などの会費の振り込み，経費の仮払いなど。

上司不在時に，取引先や社員から，面談や会議出席などアポイントメントを頼まれたが，その日時は既に家族や友人との予定が入っている。

◯どちらを優先するかは，上司が決めることなので，上司に確認する。
✕他の日にしてもらったり，代理を頼んだり，秘書の判断で調整しておく。

上司が外部の会議に，遅れて出掛けた。会議の開始時間に間に合いそうもない。

◯遅れることを先方の担当者に連絡する。←適切な気遣い
✕会議を先に始めておいてもらうように担当者に頼む。←筋違いの，行き過ぎた対応

過去問 brush up

Q 秘書Aは新しい上司に就くことになった。次はAが，前任秘書から引き継ぎ事項として教えられたことである。中から<u>不適当</u>と思われるものを一つ選びなさい。

1）上司は食後に持病の薬を飲んでいるが，秘書以外には知らせていないので気を使わないといけない。
2）取引先のN氏は不意によく訪れるが，必ず会うとは限らないので在否を聞かれても答えない方がよい。
3）上司は毎年，中元，歳暮は決まった品を贈っているので，発送の手配は特に上司に尋ねずにすればよい。
4）上司にはヘッドハンティングのうわさがあり，秘書にそのことを尋ねてくる人がいると思うが，知らないと答えるのがよい。
5）上司は社用のクレジットカードを持っているが，個人用のカードで経費を支払うこともあるので精算には注意が必要である。

A 毎年決まった品という贈り方はあります。新しい上司がそのような贈り方であれば，Aはそれに従って手配をすればよいことです。ただし，その年の取引などの状況から変更もあり得るので，手配の前に今回もそれでよいかを確認することが必要です。

不適当は 3)

PLUS UP

季節の贈答

中元や歳暮の贈答は定型業務です。重要顧客には秘書が持参することもありますが，多くの場合，店やデパートに品物の配達を依頼します。秘書は発送先リストを作成・更新し，上司に確認してもらいます。お客様情報は，日ごろから営業担当者と連携を取って，取引先の追加や削除などをして，最新にしておきます。あいさつ状（贈答品送付の案内）は秘書が作成し，品物が配達される少し前に届くように送ります。

Lesson 2 非定型業務

非定型業務とは，不意の来客や緊急の仕事，上司の急病や事故への対応など，その都度状況に応じて対応する仕事です。上司に相談して指示を得るのが基本ですが，上司が不在の場合は，上司の代行者に指示を仰ぎます。

過去問題でポイントチェック！
POINT CHECK

営業部長秘書Ａは総務部長秘書から，今日の２時に臨時部長会議が開かれることになったとの連絡を受けた。上司は得意先を訪問中で，帰社は２時 30 分の予定である。その後すぐに上司は営業部の部課長会議に出席することになっている。次はこのことに対してＡが順に行ったことである。中から不適当と思われるものを一つ選びなさい。

1）総務部長秘書に，上司の外出の件と遅れて出席することになるかもしれないことを伝えた。
2）そのとき，臨時部長会議の議題を知っていれば教えてもらいたいと言った。
3）上司の携帯電話に，メールで臨時部長会議についての連絡を入れた。
4）部課長会議のメンバーに，臨時部長会議が行われることになったので部課長会議の開始時間は改めて連絡する，と伝えた。
5）上司から返信がなかったので得意先に連絡を入れ，急な会議が開かれることになったのでと言って上司への取り次ぎを頼んだ。

Answer CHECK

得意先に連絡を入れ上司を呼び出してもらうにしても，急な会議と言えばこちらの内情に得意先は要らぬ憶測をします。対処の仕方として不適当です。

不適当は 5)

臨時会議の開催，関係者への連絡の仕方

臨時部長会議の開催が当日急に決まったということですから，急を要する議題であろうと推測できます。もちろん，上司は予定を調整して出席しなければなりません。営業部の部課長会議は調整可能。この場合に最も重要なことは，上司への連絡です。事情が分かれば，場合によっては上司が帰社予定を早めることも考えられます。上司に直接連絡がつかず，得意先に連絡を入れる場合は，「至急，会社（秘書）へ電話するよう伝えてもらいたい」「電話口に呼び出してもらえるか」などと頼みます。その際，p.57 の解説の通り，理由（こちらの内情）は言いません。

❶ 非定型業務の内容

非定型業務では，冷静な対処が求められます。予期せぬ状況とはいえ，日ごろから，あえて「起こり得る事態」として想定し，いざというときに適切な対応ができるよう，とるべき行動や対処法を確認しておくことが大切です。

① 緊急，重要な用件での不意の来客への対応

用件と所要時間の確認後，上司に取り次ぎ，面会するかどうかの判断を仰ぐ。不意であっても感じのよい応対を心掛ける。

上司不在の場合は，代理の者でよいか，後でこちらから連絡するか，客の意向を聞く。客に聞くまでもなく緊急と判断できる用件のときは，客の了承を得て，上司の代行者（課長など）に取り次ぐ。

② 上司の急な外出・出張

既存の予定を変更して再調整し，上司の留守中の対処について上司の指示を得る。

③ 上司の急病・けが

業務中の急病は主治医と家族に連絡（場合によっては応急手当てや救急車の手配をする），課長に相談して迅速に適切な対応をする。

家族から上司が急病との知らせを受けたら，病状，入院先，見舞いの可否などを尋ね，上司の代行者や秘書課長に伝える。必要に応じて上司の代行者と相談しながら，スケジュールを調整する。

④上司の人事異動

新しい上司の情報（人柄や仕事の進め方など）を，前任秘書などから聞いておき，できるだけ早く上司の意向に沿った補佐ができるようにする。

<着任のあいさつ回りの準備> ① 新しい役職の名刺を用意する。 ② あいさつに出向く取引先のリストを作る。 ③ 同行者や運転手と相談してスケジュール案を作っておく。 ④ 取引先についての情報をまとめておく。

⑤事故や災害

上司の交通事故は会社の担当部署に連絡を入れ，事故の程度によっては家族に連絡する。地震や火事などの災害に遭ったら，来客優先の避難誘導をする。

⑥盗難や不法侵入者

冷静に状況を把握し，すぐに上司や担当者に連絡，相談して指示を得る。

過去問 brush up

Q 部長秘書Aが出社すると，上司が急病で入院したという連絡が上司の家族からあったと伝言を受けた。このような場合Aはどう対応したらよいか。次の中から**適当**と思われるものを一つ選びなさい。

1）上司が入院している間の代行は誰にするかを，課長と相談して決める。
2）上司の家族に連絡して病状などを詳しく尋ね，そのことをメールで社内に知らせる。
3）すぐに病院へ行って見舞い，そのとき上司から今後の仕事の処理について指示を受ける。
4）上司のスケジュールで当面差し支えのありそうな予定について，課長に指示を仰いで処理する。
5）上司が懇意にしている取引先や友人などに上司の入院を知らせ，詳しいことは追って知らせると言う。

Aは部長の秘書なので，部長の入院によって差し支えることについて取りあえずの処理を課長の指示ですることが仕事になります。

適当は 4）

上司の急病への対処（他の選択肢についての解説）

1）上司の代行者は，このような事態に備え，会社や上司の判断で決められているものです。秘書が課長と相談して決めるようなことではありません。
2）上司の病状は，普通，限られた関係者にのみ知らせます。病気は個人的なことですから，メールで社内に知らせるのは不適当です。
3）急病ということですから，治療と安静が第一。すぐに見舞いに行ったりはしません。仕事の指示は，上司の代行者から受けます。
5）上司が懇意にしている人でも，病気は上司の個人的なことなので，上司本人や家族の了承なく秘書が知らせるのは不適当です。また，取引先であれば，今後の取引は，代行者は，など心配を掛けることになりますが，まだこちらが対応できない状況です。現時点で知らせるのは適当ではありません。

3 記述問題対策

「職務知識」の領域では，記述式の問題は１問出題されます。箇条書きで答えるタイプの問題が多く出題されています。確認事項や報告事項など，それぞれ一言でポイントを列挙する問題などでは，「箇条書きで四つ答えなさい」など，四つ以上の答えを求められる場合もあります。また，「○○，○○，○○以外」と，解答の内容に制限がある場合もあります。問題文には必要かつ十分なことが提示されていますので，よく読んで，求められている解答が書けるように練習しましょう。

1 面会（取材）申し込みの受付，確認事項

過去問題でポイントチェック！

POINT CHECK

秘書Ａが上司の外出中に電話を取ると上司の友人という人から上司あてで，「相談したいことがあるので時間を取ってもらえないか。日時はそちらの都合に合わせる」と言う。このような場合，Ａはどのように対応するのがよいか。ポイントを箇条書きで三つ答えなさい。

Answer CHECK

解答例の他に，「差し支えない範囲で用件を尋ねる」などもよいでしょう。

解答例

1. おおよその所要時間を聞く。
2. 上司が戻ったら伝えて連絡させてもらうと言う。
3. 友人の連絡先と連絡してよい時間帯を聞く。

上司不在時の面会申し込み

面会するかどうかは上司が決めることです。従って，この電話では，秘書が勝手に上司の時間を取ることはできません。上司が戻ったら連絡させてもらう，という対応をします。また，上司が判断するために必要な情報と，連絡するのに必要な情報を聞いておく必要があります。なお，通常の面会申し込み受付では，「相手の都合のよい日時を二，三尋ねる」というのもポイントとなりますが，この問題は設問中に「日時はそちらの都合に合わせる」とありますので，これを書いても得点できません。問題文をきちんと読んで，求められている答えを書きましょう。

◇ 面会申し込みには,
① 相手の都合のよい(希望の)日時(を二,三尋ねる)
② おおよその用件
③ 所要時間(あいさつだけの来社なら尋ねない)
④ 来訪する人(来訪者数)
⑤ 相手の連絡先
を尋ねます。上司が在席していれば,電話を保留にして上司に伝え,判断を仰ぎます。上司が不在の場合は,⑥「上司が戻ったらこちらから連絡する」と相手に伝えます。
上司が出張中の場合は,「連絡できるのは○日以降」と伝えることも大切です。

◇ 上記の項目のうちの幾つかが,設問の中に書かれている場合があります。例えば,「○○の件で30分ほど時間をもらいたい」と言われた,ということであれば,②「おおよその用件」,③「所要時間」以外の項目を答えることになります。また,相手が日ごろ取引のある得意先の場合は,⑤「相手の連絡先」は聞くまでもないことなので,他の項目を答えます。設問を読み落とさないように気を付けましょう。

◇ 面会申し込みではなく,上司から「明日の昼近くに○○社の○○氏が来社することになった」と言われ準備を指示される問題では,
① 予定所要時間
② 来社する人数
③ 社内の同席者
④ 昼食の準備
⑤ 必要な資料
⑥ 応接室の希望
を確認します。秘書が確認するのは準備に必要なことに限られますから,「おおよその用件」は聞きません。

過去問 brush up

Aは小企業で社長秘書をしている。社長をはじめ皆が出払っているときにテレビ局から，「御社を企業紹介番組で取り上げたい」と取材依頼の電話があった。このような場合，Aが聞いておかなければならないことを箇条書きで三つ答えなさい（先方の担当者，連絡先，取材の希望日時，返事の期限以外）。

A 解答例

1. 放映予定について。
2. 番組の概要や取材内容について。
3. 事前にすべきことはあるか。

解答例の他に，「その番組で過去に紹介された企業」などもよいでしょう。

マスコミからの取材依頼

テレビの番組に取り上げられるのは会社紹介のよい機会ですから取材は積極的に受けたいところですが，その判断は社長がします。社長の判断材料を漏れなく確認しておくのが秘書の役割です。

Lesson 2 対応しなければいけない人が複数いる問題

過去問題でポイントチェック！

POINT CHECK

総務部長秘書山中Aが昼食から戻ると，上司は，次のようなメモを残して席を外していた。この場合，上司が戻るまでにAが行わなければならないことを箇条書きで三つ答えなさい。

山中さんへ

1．人事部長と打ち合わせをしている。2時ごろ戻る予定。

2．戻ったらすぐに，課長（二人）と打ち合わせをしたい。1時間ほどかかると思う。二人とも今日の午後は，外出などの予定はないと聞いている。資料の用意は不要。

3．夕方のM氏との面談は，明日以降に延期しておいてもらいたい。

メモの1. 2. については，打ち合わせの準備が答えになります。3. については面談を延期することへの対応が答えになります。

解答例

1. 二人の課長に，部長が2時から1時間ほど打ち合わせをしたいと言っていると伝え，その時間を空けておいてくれるように頼む。
2. 会議室を予約する。
3. M氏に電話をして，すまないが面談を明日以降に延期してもらいたいとわび，都合のよい日時を二,三尋ね，後ほど連絡させてもらうと言う。

誰に何を連絡すればよいかを明確に

上司の指示を受け，①二人の課長との打ち合わせ，②M氏との面談の延期，の二つに対応します。
①の準備には，二人の課長への連絡とともに，打ち合わせをする場所の確保も必要です。

◇ M氏との面談の延期について，単に「M氏との面談を延期しておく」では答えになりません。 ここでは，「電話をして」（どのような方法で連絡するか），「すまないが／わびて」（謝る），「明日以降に」（伝達事項を正確に），「都合のよい日時を二，三尋ね」（相手の都合に合わせるが，上司への確認が必要なので即決はできない），「後で連絡させてもらう」のように，必要なポイントを落とさずに書きます。

◇ 複数の人それぞれへの対応が必要な場合は，「・A氏には～」「・B氏には～」など，整理して解答します。

過去問 brush up

Q 秘書Aは出社した上司から，「今朝，運転手が迎えに来たのは７時半近くだった。昨日７時と言ったはずだが」と注意された。Aは上司から７時半と聞いたので，そのまま運転手に電話で伝えていた。今後このようなことをなくすには，上司や運転手に対してどのようにすればよいか。それぞれのポイントを答えなさい。

A 解答例
- 上司から指示されたときは，復唱して確認し，メモをしておく。
- 運転手に伝えるときは，電話でだけでなく，時間を書いたメモを渡す。

問いに応じた答え方をする

「今後このようなことをなくすには」という改善方法が問われているので，「上司には言い訳せずに謝る」「運転手に伝達ミスを謝る」のような答えでは不正解です。また，「上司や運転手に対して～それぞれのポイントを」と，答え方が指定されています。問われていることに適切に答えましょう。

Lesson 3 必要事項を列挙する問題

過去問題でポイントチェック！
POINT CHECK

部長秘書Aは上司から，「来週金曜日の夜，取引先S社の部長と課長を接待したいので，Yレストランに予約を入れてもらいたい」と指示された。このような場合Aは，上司にどのようなことを確認すればよいか。箇条書きで四つ答えなさい。

解答例
1. 上司以外にこちらからの出席者は誰か。
2. 予約は何時からにするか。
3. 料理や飲み物に希望はあるか。
4. 予算はどのくらいか。

Answer CHECK

レストランの予約に必要なことが答えになります。取引先の接待ということなので，解答例の他に，「土産は必要か」「二次会の手配はどうするか」など会食後のことでもよいでしょう。

取引先との会食

会議や商談は食事をしながら行うことがあります。また，日ごろの取引の礼として宴席に招待することもあります。
秘書が店の予約をするに当たっての上司への確認事項
①日時
②場所（店の希望）
③人数（出席者）
④料理や飲み物
⑤予算
⑥席のタイプ（座敷か，椅子席か，個室か）
⑦土産
⑧二次会の手配の有無
⑨帰りの車の手配の有無，など。

◇必要事項を列挙する問題では，レストラン予約や入院見舞いのほか，「出張前に準備すること」(p.54)，「上司が出張から戻ったら行うこと」(p.54)，「新任の上司のあいさつ回りのために準備すること」(p.59)，「取引関係者の異動（栄転）について上司に伝える情報」などが出題されます。「箇条書きで四つ答えなさい」のように解答数が多かったり，「○○，○○以外で」のように制限があったりしますので，問題文をきちんと読みましょう。

過去問 brush up

Q 営業部長秘書Aは上司から，「私の代わりに，けがで入院している課長の見舞いに行ってもらいたい。見舞いの品は任せる」と言われた。このような場合，見舞いから戻って上司に報告することを箇条書きで三つ答えなさい

A 解答例

1. けがの具合
2. 課長からの伝言
3. 見舞いの品とその金額

「見舞い後の報告」について答えます。解答例の他に，1．は「出社の見込み」などもよいでしょう。

入院への見舞い

上司に代わって見舞いに行く場合，事前に行うことは，
①先方の関係者（家族など）に，見舞いに行くことを連絡する（行ってよい病状か尋ねる）
②面会時間を調べる
③見舞いの品を選ぶ
④上司のメッセージを聞く
などです。見舞いの品は病状を考慮して選びます。食べ物はなるべく敬遠します。また香りの強い生花や鉢植えの花は避けます。

病室での注意事項は，
①身だしなみに気を配る（派手な服装や香水は避ける）
②先方の関係者や家族がいたらあいさつする
③病気のことは詳しく尋ねない
④同室の他の患者に配慮した言動をする（声の大きさに気を使う，など）
⑤長居をしない
などです。

1

難易度ランク ★

◉チェック！ □□□

秘書Aは上司が理事をしている事業連合会の事務局から，「今度の理事会の出欠連絡がない。都合で明日の午前中までに出欠を知りたい。通知書は上司に渡してある」という電話を受けた。Aは上司からこのことは聞いていない。上司は出張中で，今晩（金曜日）自宅に戻り月曜日から出社する予定である。このような場合，Aは事務局にどのように対応するのがよいか。次の中から不適当と思われるものを一つ選びなさい。

1）「上司は出張から今晩戻るので，確認して明日の朝連絡させてもらう」と言う。
2）「上司は今週いっぱい出張なので，返事を来週月曜日にさせてもらえないか」と尋ねる。
3）「聞いていなかったのですぐには分からないが，出張先の上司に確認して返事をする」と言う。
4）理事会の日時と場所などを尋ね，上司のスケジュールが空いていれば一応出席と伝えておく。
5）「上司が出席しないと何か差し支えがあるのか」と尋ね，差し支えがあれば出席と伝えておく。

2

難易度ランク ★★★

◉チェック！ □□□

営業部長秘書AはＪ社への出張を終えて戻った上司から，「Ｊ社の販売部長に世話になったので礼状を頼む。これは秘書のＫさんから君へと言付かった」と土産を渡された。このような場合Aは，土産をもらったことにどのように対応するのがよいか。次の中から**適当**と思われるものを一つ選びなさい。

1）Ｋさん宛てに礼状を出し，お返しとして同額ぐらいの品を送る。
2）販売部長に出す上司名の礼状に，AがKさん宛てに書いた礼状を同封する。
3）Ｋさんにはすぐに電話で礼を述べ，その後電話を代わって上司からも礼を述べてもらう。
4）販売部長には上司名で出すが，それとは別にAがＫさん宛てに土産の礼状を出す。
5）販売部長に出す上司名の礼状に追伸として，「Ｋさんによろしくお伝えください」というAの言葉を書き添える。

3 難易度ランク ★★

◉チェック！ □□□

秘書Aは上司から，「最近体調がよくないので面会の負担を減らしてもらいたい」と言われた。そこでAはどのようにしたらよいか次のように考えた。中から不適当と思われるものを一つ選びなさい。

1）代理で済むような用件については，なるべく代理の人に受けてもらうようにしようか。
2）本来は出向く用件でも，上司は体調がよくないと言って，なるべくこちらに来てもらうようにしようか。
3）面会の予約を受けるとき，急ぎや重要な用件以外はできるだけ先の日にちにしてもらうようにしようか。
4）週に何回までという制限や面会を入れない曜日を上司に確認しておいて，それに従って調整するようにしようか。
5）面会に充てる時間は短めに決めておいて，あらかじめ相手にその時間を言ってから予約を受けるようにしようか。

4 難易度ランク ★★★

◉チェック！ □□□

秘書Aの上司のところへ，取引銀行の支店長が着任のあいさつに訪れた。上司は出張に出掛ける矢先で，既に迎えの車が来ている。このような場合，Aはどのように対処すればよいか。次の中から**適当**と思われるものを一つ選びなさい。

1）上司は慌ただしくしているので手短に願いたい，と言って取り次ぐ。
2）上司はこれから出張するところなので戻ったらこちらから連絡する，と言って名刺を預かる。
3）これから出張するところなので無理だと思うが上司に確認してくる，と言って待ってもらう。
4）上司は出張するところなので時間はあまり取れないがよいかと尋ね，よいということなら取り次ぐ。
5）仕事が立て込んでいるので自分から上司に支店長のあいさつのことを伝えるのではどうか，と尋ねる。

◉チェック！ □□□

5 難易度ランク ★★★

秘書Aは上司から，業界団体の記念式典でするあいさつの原稿を清書してもらいたいと言われた。5分程度の内容ということだが，読んでみると5分では終わりそうもない長さである。このような場合，Aはどのように対処するのがよいか。次の中から不適当と思われるものを一つ選びなさい。

1）5分程度ということだったがこのまま清書してよいかと確かめる。
2）まず清書を済ませ渡すときに，この長さでは5分以上はかかると思うと話す。
3）少し削らないと5分は超える長さと思われるが，このまま清書してよいかと尋ねる。
4）上司は自分なりの考えがあって原稿を書いたのだろうから，渡された原稿通りに清書する。
5）清書した後，5分程度で終わるように省けるところに印を付けておき，渡すときそのことを話す。

◉チェック！ □□□

6 難易度ランク ★★★

秘書Aが出社すると上司（山田部長）からメール（枠内）が届いていた。昨日6月10日午後9時に送信されたものである。次はこのメールを読んでAが行ったことである。中から不適当と思われるものを一つ選びなさい。

本部長からの指示で急に出張することになった。 出張は内密にするように。 6月12日は朝から出社する。 留守中よろしく頼む。

1）本部長も出席する部長会議は，担当部長の秘書に理由は言わず欠席するとだけ伝えた。
2）今夜出席予定の業界団体の懇親会には，都合で代理出席してもらいたいと課長に頼んだ。
3）今日決裁をすることになっていた書類は，都合で明日にしてもらいたいと担当者に連絡した。

4）出席予定だった取引先の新商品説明会に出席できなくなったので，資料だけ送ってもらいたいと頼んだ。
5）面会予約のあった客には，来訪を待って急用で会えなくなったとわび，都合のよい日時を二，三聞いた。

記述問題編

7
難易度ランク ★
◉チェック！ □□□

秘書Aは取引先の営業部長秘書から，営業部長が東京本社へ栄転するという話を聞いた。このような場合，このことを上司に報告するために，尋ねておくとよいことを箇条書きで四つ答えなさい。

8
難易度ランク ★★
◉チェック！ □□□

秘書Aが出社すると同僚Bから，急ぎで得意先に送付するものがあるので，手伝ってもらえないかと言われた。上司は出張中で午後に連絡が入ることになっている。Aは特に急ぐ仕事はないので手伝ってもよいと思ったが，このような場合，AはBにどのようなことを確認して手伝うことになるか。箇条書きで二つ答えなさい。

9
難易度ランク ★★
◉チェック！ □□□

営業本部長秘書Aは上司から，「K支店長が来週出張してくるが，翌日の休みを利用して最近人気の観光スポットRタワーを案内しようと思う。簡単でいいので一日のスケジュールと夕食の手配などをしてくれないか」と指示された。上司とK支店長は同期入社で親しい間柄である。このような場合，Aが準備として行うことを具体的に箇条書きで三つ答えなさい。

10
難易度ランク ★★★
◉チェック！ □□□

秘書Aの上司のところに初めて来社するT氏から電話が入った。電車を降りて近くまで来ているのだが，道に迷ってしまったと言う。このような場合Aは，この電話に順にどのようなことを言うのがよいか。箇条書きで三つ答えなさい。

■ 解答 ◎ 解説 ■

1 =5）
上司は事業連合会の理事です。都合で欠席することはあるにしても理事会には本来出席するものです。出席しないと差し支えがあるかと尋ねて出欠を決めるようなことではありません。

2 =4）
J社販売部長への礼状は世話になった上司名で出します。秘書のKさんからもらった土産については礼の内容も相手も違うので，Aが別に礼状を出すのが適当です。

3 =2）
本来は出向く用件とは，相手にお願い事をするなどのことです。体調がよくなくても，それを理由にこちらに来てもらうなどは不適当です。

4 =2）
着任のあいさつの訪問は予約をせずに行い，相手が不都合なら出直すのが普通です。この場合は，上司は出張に出掛ける矢先なので，後でこちらから連絡すると言うのが対処として適当ということです。

5 =5）
上司の原稿が5分では終わりそうもない長さであっても，どこで終わらせるかどこを省くかなどは上司が考えることです。清書が仕事のAが省けるところに印を付けるなどは，出過ぎたことなので不適当です。

6 =5）
面会予約のあった客に急用と言ってわび，都合のよい日時を二,三聞くのは予約変更の適切な仕方です。しかし，それはすぐに電話でしないといけないことです。来訪を待ってするなどは，客に無駄足を踏ませることになるので不適当ということです。

記述問題編

7
1. 栄転先の役職名
2. 転出日
3. 後任者名
4. 後任者のこれまでの所属（役職名）

上司に報告するために尋ねるのは，お祝いをするのに必要なことや，上司の今後の仕事に関係することになります。解答例の他に，「後任者の着任日」などもよいでしょう。

8

1. 自席ですることになるが，それでもよいか。
2. 手伝うのは午前中だけになるかもしれないが，それでもよいか。

AはBの仕事を手伝える状態にありますが，出張中の上司の留守を預かるのが本来の仕事です。来客や電話などがいつあるか分からないので席を外すことはできません。また，上司からの連絡で仕事の指示を受けるかもしれません。そのことを前提として，手伝うに当たっての確認が必要ということです。解答例の他に，「時間はどのくらいか」などもよいでしょう。

9

1. Rタワーの営業時間や混雑状況，周辺の店などを調べる。
2. 交通手段や移動経路を調べ，大まかなスケジュールを組む。
3. 支店長の食事の好みやアレルギーの有無などを上司に尋ね，飲食店の候補を挙げて予約をする。

解答例の他に，「観光ガイドや地図を用意する」などもよいでしょう。

10

1. 周りにどのようなものが見えるか（今どこにいるか）尋ねる。
2. その地点からこちらに来るまでの目印を教える。
3. その地点からこちらまでのおよその時間を言う。

迷っているということなので，現地点の確認とそこからの経路を目印と時間で教えるのが一般的です。解答例の他に，「分からなかったら，また電話してもらいたいと言う」「待っているので気を付けて来るようにと言う」などもよいでしょう。

Perfect Master

第3章

一般知識

上司の指示を正確に理解するためには，会社や経営に関する基本的な知識や社会常識が必要です。また，経済用語や時事用語などは，上司や社内外の人々との会話で日常的に使われます。日ごろから，新聞を読んだりニュースを視聴したりして，知らない言葉や用語はすぐに調べる習慣を付けましょう。

企業の基礎知識

Lesson 1 株式会社についての知識

会社の組織運営については，法律で定められていることの他，会社が独自の社内規定で定めていることがあります。株式会社の組織概要について，改めて基本事項を確認しておきましょう。

過去問題でポイントチェック！

POINT CHECK

次の「　　」内は下のどの用語の説明か。中から**適当**と思われるものを一つ選びなさい。

「その会社の理念や経営方針，行動規範などを述べたもので，経営者や社員の精神的な支柱となる基本方針」

1）定款
2）内規
3）公告
4）約款
5）社是

適当は 5)

「社是（しゃぜ）」を定めるかどうかは会社の自由

「社是」（「社訓」「経営理念」「事業理念」）は，経営者や社員の精神的な支えとなる理念，基本方針です。会社が自由に定めるもので，法律で作成を義務付けられているものではありません。「内規（ないき）」は社内規定のこと。「約款（やっかん）」は旅行約款，保険約款など，定型の契約条項のことです。

❶ 株式会社の概要

株式会社とは，株式を発行して事業に必要な資金を集め，利益を追求する会社のことです。会社の意思決定は株主によって行われます。通常の業務執行は，株主総会で選任された取締役が行います。株主は，株式の持ち分に応じて利益の分配を受けます（配当）。

❷ 会社に関する基本用語

株式	出資者である株主の権利を保証する出資証券。「株」ともいう
株主	会社の出資者として株式を保有している人または法人。株主総会での議決権を持ち，配当を受ける権利，株式を売買する権利などを有する。会社が倒産した場合は，出資した分だけの責任を負えばよく，会社の借金を背負うことはない（有限責任）
筆頭株主	その会社の株式を最も多く所有している株主。会社の意思決定に影響力がある
発起人	株式会社の設立者。会社の組織や運営などに関する基本規則を定めた定款を作成する
定款	目的（事業内容），商号（会社の名称），本店の所在地など，会社の組織や運営，会社活動の目的に関する根本原則を定めたもの。株式会社設立の際には必ず作成し，公証人に認証してもらい登記しなければならない
登記	民法上の権利や事実の存在を公示するために，登記簿（公式の帳簿）に記載すること
上場会社	株式市場（証券取引所）に株式を公開（上場）している会社。上場していない会社は「非上場会社」という
株主総会	株式会社の最高意思決定機関。株主によって構成される。株主は，持ち株数に応じた議決権を有する
取締役会	３人以上の取締役で構成され，会社の業務執行上の意思決定を行う。非上場会社は取締役会を置かなくてもよい
代表取締役	会社を代表する権限を持った取締役。大企業では，代表取締役会長，代表取締役社長，代表取締役副社長など，代表取締役が複数いる場合が多い
監査役	会社の活動が法令に違反していないかをチェックする社内機関。会計処理や財務状況を監査する「会計監査」と，取締役の業務執行を監査する「業務監査」がある
アカウンタビリティー	説明責任。社会に影響力を及ぼす組織で権限を行使する者が，利害関係者や社会に対して報告，説明を行う義務と責任
コーポレート・ガバナンス	企業統治。企業経営を監視する仕組みのこと。社外取締役の設置，社内ルールの明確化などに取り組んで，経営者の不正行為を防止するとともに企業価値を上げる
コンプライアンス	法令遵守。法律や規則を守り，企業としての倫理基準や行動規範を守った経営を行うこと

ディスクロージャー	企業の情報開示
CSR	企業の社会的責任（Corporate Social Responsibility）。企業が，利益を追求するだけでなく，全てのステークホルダーに対する責任を持ってよりよい社会づくりを目指す取り組み
ステークホルダー	利害関係者。消費者，従業員，株主，取引先，地域社会など，企業の活動によって影響（利害）を受ける関係者のこと
CEO	最高経営責任者（Chief Executive Officer）。会社の経営方針や事業計画など経営全般に対して責任を負う。日本の法律では定められていない
COO	最高執行責任者（Chief Operating Officer）。決定した経営方針にのっとって実際に業務を統括し，日々の業務執行の責任を負う。日本の法律では定められていない

過去問 brush up

次は，株式会社の「取締役会」についての説明である。中から**適当**と思われるものを一つ選びなさい。

1）５名以上の重役で構成される，会社の最高議決機関。
2）大口の株主で構成され，取締役の選任や解任を行う機関。
3）管理職全員で構成され，業務の効率的運営を研究する機関。
4）代表取締役以上で構成され，会社運営の基本方針を決定する機関。
5）取締役で構成され，会社の業務執行に関する意思決定を行う機関。

A

適当は 5)

重役とは

代表取締役や取締役，監査役は法で定められた機関（役職）ですが，会長や社長，副社長，専務，常務などは，法で定められた呼称ではなく，会社が決める肩書です。まとめて役員，重役などということもあります。

2 企業組織の活動

Lesson 1 人事・労務についての知識

企業は，人的資源を最大限に活用して利益を追求します。従業員も会社のステークホルダー（利害関係者）ですから，企業は労働に関する法律に従って，従業員の充実した職場生活を保障しなければなりません。企業経営を担う上司を補佐する秘書は，日々，さまざまな人事情報に触れます。

過去問題でポイントチェック！ POINT CHECK

次は，人事に関する用語の説明である。中から不適当と思われるものを一つ選びなさい。

1）「解任」とは，今の任務を辞めさせること。
2）「重任」とは，複数の役職を兼任すること。
3）「留任」とは，今の任務をそのまま続けること。
4）「赴任」とは，新しい勤務地に向かって行くこと。
5）「辞任」とは，自分から申し出て任務を辞めること。

Answer CHECK

「重任」とは，職務の任期満了後，引き続きその職務に就くことです。

不適当は 2)

ここがポイント!

「重任」と「留任」は同じこと

「重任」も「留任」も，今の任務に引き続き就くことです。新たな任務に就くことを「就任」，就任したばかりのことを「新任」，その任務にあることを「在任」，異動で任務が変わることを「転任」，一時離れていた任務や任地に戻ることを「帰任」，複数の任務を担当することを「兼任」といいます。

❶ 人事・労務管理に関する用語

労働基準法（労基法）	労働条件の最低基準（労働時間，休日，休暇，残業手当など）を定めた法律
人事異動	従業員の配置や地位，勤務状態などを変えること
就業規則	従業員の労働条件や服務規律などについて使用者が定めた規則

人事考課	従業員の職務遂行状況や能力を測定，評価すること
ベースアップ	賃金の基準を引き上げること。略して「ベア」ともいう
年功序列	従業員の年齢や勤続年数に応じて地位や賃金が上がること
終身雇用	定年までの長期の雇用関係を前提とした雇用形態のこと
年俸制	１年を単位として報酬を支払う制度のこと
栄転	今よりも高い地位に転任すること。低い地位に転任するのは「左遷」
出向	現在の会社に籍を置いたまま，子会社や関連会社などに異動すること
賞与	夏季，年末などに，給与以外に支給する金銭。ボーナス
免職	職を辞めさせること
嘱託	正式の社員としてではなく，特定の業務に携わる社員
福利厚生	企業が従業員とその家族の生活を充実させるために設ける制度や施設
背任行為	自分の利益のために地位を悪用して，会社などに損害を与えること
ワークシェアリング	労働時間の短縮などにより，より多くの人で仕事の総量を分け合うこと
ワークライフバランス	仕事と生活の調和。やりがいや充実感を持ちながら働き，仕事上の責任を果たすとともに，家庭や地域生活，自己啓発など個人の時間も充実させること
ハローワーク	公共職業安定所の愛称。職業紹介や失業給付などを行う行政機関
テレワーク	情報通信技術（ICT）を活用した，場所や時間に捉われない柔軟な働き方のこと

Lesson 2 企業会計についての知識

企業会計とは，企業の諸活動における取引を記録し，測定，評価，分析，社内外に報告することです。企業は一定期間が終わると会計帳簿を整理して収入と支出を確定し（決算），業績を明らかにします。株主，債権者，税務署などに報告するため，決算時に財務諸表を作成します。

過去問題でポイントチェック！

POINT CHECK

次は用語とその説明の組み合わせである。中から不適当と思われるものを一つ選びなさい。

1）粗利益　＝　売上高から原価を差し引いたもののこと。

2）貸し倒れ　＝　貸付金や売掛金が回収できず損失となること。

3）引当金　＝　利益が出たときに株主の持ち株に引き当てる金額のこと。

4）決算公告　＝　利害関係者や一般の人に会社の財務状況を開示すること。

5）減価償却　＝　固定資産の価値の減少分を決算時に費用として計上すること。

Answer CHECK

「引当金」とは，「退職金」など特定の支出を予定して用意しておく金額のことです。

不適当は 3)

❶ 財務諸表

財務諸表とは，企業が財政や経営状態を利害関係者に報告するための書類の総称です。財務諸表のうち代表的な書類は，貸借対照表，損益計算書，キャッシュフロー計算書です。

- **貸借対照表**……決算時など一時点の企業の財政状況（資産・負債・純資産）を一覧で表示したもの。B/S（ビーエス）（Balance Sheet）ともいう。
- **損益計算書**……決算期などある一定期間の企業の損益を計算して，企業の経営成績（売上・費用・利益など）を示した計算書。P/L（ピーエル）（Profit and Loss Statement）ともいう。

必要とされる資質　職務知識　一般知識　マナー・接遇　技能　面接

・キャッシュフロー計算書……一定の会計期間における企業の資金の流れ（増減）を明らかにした計算書。

❷ 会計・財務・経理の関連用語

決算公告	株式会社が財務状況（前年度の決算の内容）を一般の人に知らせること
連結決算	グループ企業が子会社を含めて，一つにまとめて行う決算
固定資産	１年以上企業に留まっている資産のこと。土地，建物，機械など
流動資産	１年以内に現金化できる資産。現金，預金，売掛金，有価証券など
棚卸し	決算や整理のために商品や製品，原材料などの在庫を調べ，その価値を評価すること
減価償却	建物や機械など固定資産の，使用による価値の減少分を決算時に費用として計上すること
売掛金	商品やサービスを提供したがまだ対価を受け取っていない金額（主たる営業活動以外の未収入金額は「未収金」として計上する）
引当金	退職金など特定の支出を予定して用意しておく金額のこと
損益分岐点	利益の発生と損失の発生の分かれ目となる売上高
粗利益	売上高から原価を差し引いたもののこと
融資	金融機関などが，企業や個人などに対して資金を貸し出すこと
債券	国（国債），地方公共団体（地方債），会社（社債）が資金調達のために発行する有価証券
担保	貸付金などが返済されないときの保証として，借り手から提供される物のこと
債権（者）	貸した金や財産を返してもらう権利（のある人）
債務（者）	借りた金や財産を返す義務（のある人）
負債	借りたままになっているお金などのこと
抵当権	債権者が担保物件を債務者に使用させたまま，債務不履行の場合は優先的に弁済を受けられる権利のこと
不良債権	回収不能となった債権（貸付金）
貸し倒れ	貸付金や売掛金が回収できず損失となること
粉飾決算	利益の操作を行って，決算の実態を正確に示さず，損益や資産を実際よりよく見せること

資金繰り	事業資金のやりくりのこと
減配	株式の配当の額を減らすこと
無配	株式などの配当金がないこと
増資	株式会社が資本金を増やすこと
減資	株式会社が資本金を減らすこと
免責	責任を問われるのを免れること
M&A	合併や買収によって他の会社を支配すること

過去問 brush up

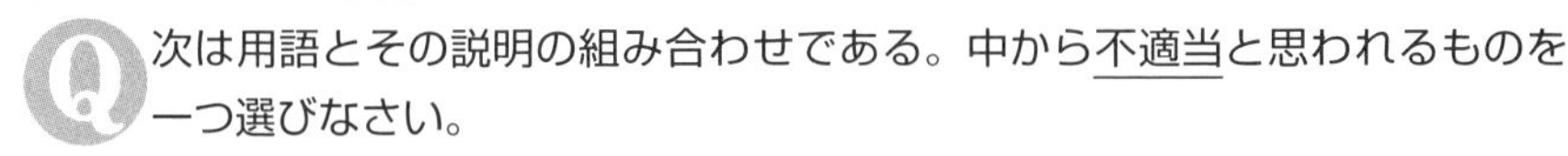
次は用語とその説明の組み合わせである。中から不適当と思われるものを一つ選びなさい。

1）背任　＝　自分の地位を悪用して会社などに損害を与えること。
2）債権者　＝　貸した金や財産を返してもらう権利のある人のこと。
3）登記　＝　権利を確実にするために，登記所の公簿に記載すること。
4）抵当権　＝　株主が会社に対して資産の公開を要求できる権利のこと。
5）担保　＝　貸付金等が返済されないときの保証として，借り手から提供されるもののこと。

「抵当権」とは，債権者が担保物件を債務者に使用させたまま，債務不履行の場合は優先的に弁済を受けられる権利のことです。

不適当は 4）

担保と抵当

「担保」とは，貸付金などが返済されないときの保証として借り手から提供される物のことです。「抵当」は，借り手が使用を続ける担保物件のことです。事業拡大のために銀行から融資を受ける，という例で用語を整理してみましょう。返済ができない状況になったら自社ビルを差し押さえる，という条件での融資の場合，自社ビルを「担保」にした，とも言えますし，借り手はそのビルで事業を続けながら借入金の返済をするので，自社ビルを「抵当」に入れた，とも言えます。そして，そのビルには銀行の「抵当権」が付いているということになるのです。

❸ 手形・小切手

企業では手形や小切手で支払いをすることがあります。手形や小切手に記載する金額は，後で金額を書き換えられないようにしておくことが大切です。そのため，チェックライターを使用して数字を刻印します。また，金額の前後に数字を書き加えられるのを防ぐため，金額の頭には¥，末尾には☆や※などの印を付けます（手書きで記入する場合は，一は壱，二は弐，三は参，十は拾といった漢数字を用い，頭に「金」，末尾に「也」を付けます）。
手形や小切手を作成して発行することを「振り出す」といいます。

① 約束手形

手形の振出人が，一定の期日に一定の場所（銀行）で，一定の金額を受取人に支払うことを約束した証券のことです。当座預金を開設していなければ利用できません。
手形は支払期日以降でなければ現金化できませんが，受取人は手形の割引（銀行に手形を持参して，一定の利息を払う）を行えば，それ以前に現金化することができます。
また，裏書 (うらがき) をすることによって手形の支払期日が来るのを待たずに第三者に支払い手段として手形を渡し，取引を決済することができます。

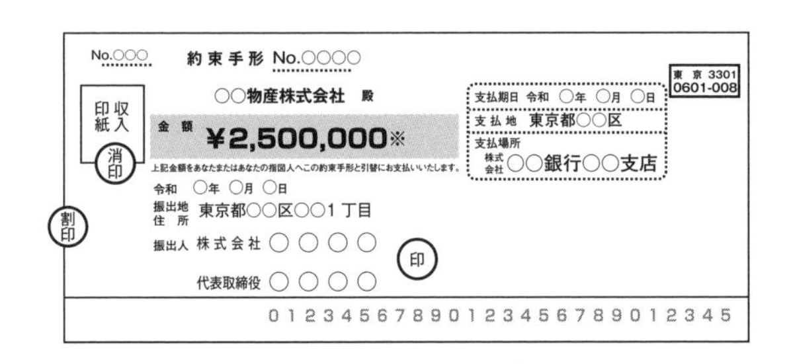

No.○○○　約束手形　No.○○○○

東京 3301
0601-008

収入印紙

消印

割印

○○物産株式会社　殿

金額　¥2,500,000※

上記金額をあなたまたはあなたの指図人へこの約束手形と引替にお支払いいたします。

支払期日　令和　○年　○月　○日
支払地　東京都○○区
支払場所　株式会社　○○銀行○○支店

令和　○年　○月　○日
振出地 住所　東京都○○区○○1丁目
振出人　株式会社　○○○○
代表取締役　○○○○　印

01234567890123456789012345

② 小切手

銀行に当座預金を持つ振出人が，受取人（持参人）への支払いを銀行（支払人）に委託した証券のことです。小切手の受取人は，小切手を支払銀行に持参することですぐに現金化できます。

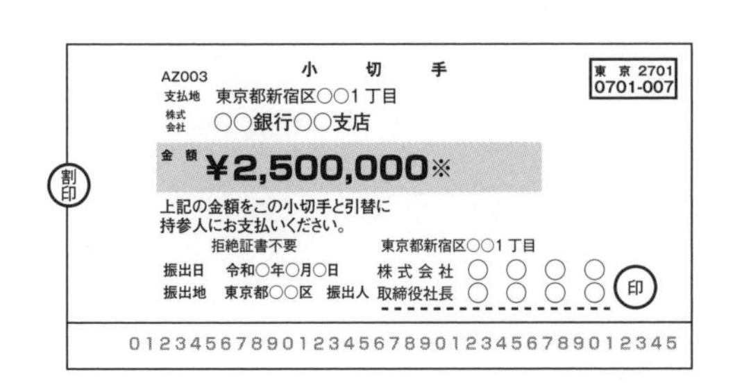

AZ003　小　切　手

東京 2701
0701-007

支払地　東京都新宿区○○1丁目
株式会社　○○銀行○○支店

割印

金額　¥2,500,000※

上記の金額をこの小切手と引替に
持参人にお支払いください。

拒絶証書不要

振出日　令和○年○月○日
振出地　東京都○○区
振出人　東京都新宿区○○1丁目
株式会社　○○○○
取締役社長　○○○○　印

012345678901234567890123456789012345

❹ 手形・小切手の関連用語

手形裏書	手形の所持人が，第三者に権利の譲渡をするために，裏面に所定事項を記入して押印すること
手形割引	手形を支払期日より前に現金化すること。期日までの利息（割引料）を差し引いた金額で銀行が買い取る
不渡り	決済できない手形や小切手のこと。手形・小切手の所持人が手続きをしたにもかかわらず，支払人から支払いを受けられないこと
当座預金	手形や小切手の支払いのための預金（口座）。無利息
有価証券	金銭的価値を持つ証券のことで，手形，小切手，商品券，株券などを指す

Lesson 3 税金の知識

企業には法律上の人格（法人格）があり，個人と同じように所得（利益）に応じて税金（法人税）が課せられます。その他にも，国や地方自治体に対してさまざまな税金を納めています。秘書には，企業に課せられる税金の知識に加え，個人に課せられる税金についての知識，また，印（いん）に関する知識も必要です。

過去問題でポイントチェック！ POINT CHECK

次の用語の説明の中から不適当と思われるものを一つ選びなさい。

1）「可処分所得」とは，所得税を計算するとき課税対象とならない所得のこと。
2）「直接税」とは，納税者と税の負担者が同じである，例えば所得税などのこと。
3）「累進課税」とは，所得金額が大きくなるほど税率が高くなる課税方式のこと。
4）「確定申告」とは，その年に納めるべき所得税を計算して税務署に報告すること。
5）「源泉徴収」とは，給与などを支払うときその金額から所得税などを天引きすること。

Answer CHECK

「可処分所得」とは，個人所得から税金や保険料などを差し引いた後の自由に使える所得のことです。

不適当は 1)

❶ 税金の種類

税金には，国に納める国税と，地方自治体に納める地方税があります。また，税を負担している人と納税者が一致している税金を直接税といい，一致していない税金を間接税といいます。消費税は，税を負担する人（消費者）が商品やサービスの売価に税金分を上乗せして店などに支払います。店（納税義務者）は預かった税金を集計して税務署に納税します。税を負担する人と納税者が別ですから間接税となります。

❷ 税務の関連用語

法人税	法人の所得（利益）に課せられる国税
事業税	事業を営む法人，個人に課せられる地方税
所得税	個人の所得に課せられる国税
住民税	個人，法人に課せられる地方税
固定資産税	土地，家屋に課せられる地方税
印紙税	証書・契約書などを作成する際に課せられる税。購入した収入印紙を書類に貼り，消印することで納税する
消費税	物品やサービスの消費に対して課せられる間接税
関税	国内産業保護のため輸入品に対して課せられる間接税（輸入業者が納付し，税金を売価に上乗せして販売する）
累進課税	課税対象額が大きくなるほど税率が高くなる課税方式
源泉徴収	税務署に代わって企業などが従業員の給料から税金を徴収し（天引き），税務署に納付すること
年末調整	会社などが給与から源泉徴収した所得税額の過不足を年末に精算すること
所得控除	所得税を計算するときに，所得金額から特定の金額を差し引くこと。基礎控除や扶養控除，医療費控除などがある
基礎控除	個人の税金を計算するとき，一律の金額を無条件で差し引くこと。所得税や相続税などに適用されている
確定申告	一定期間の所得の総額と税額を税務署に申告すること

還付金	所得税の支払い過ぎなどの場合に，確定申告により納税者に返還される金銭
可処分所得	個人所得から税金や保険料などを差し引いた後の自由に使える所得のこと
軽減税率	特定の商品（テイクアウト・宅配等の飲食料品と新聞）の消費税率を低くする制度。10%への消費増税の際，低所得者への経済的配慮のため経過措置として導入

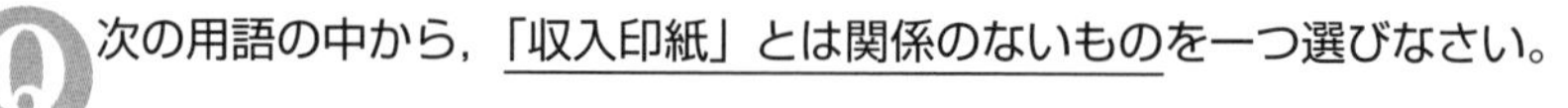

Q 次の用語の中から，「収入印紙」とは関係のないものを一つ選びなさい。

1）税金
2）消印
3）請求書
4）領収書
5）郵便局

A 「収入印紙」とは，国庫収入となる租税や手数料などを徴収するために政府が発行する証票のことです。印紙は郵便局などで販売し，5万円以上の領収書に貼って消印します。選択肢の中で関係ないのは3) 請求書になります。

関係のないものは 3)

PLUS UP

印紙の消印は,印紙税納付の証

課税文書（印紙税が課せられる文書）には，領収書の他，不動産の譲渡などの契約書，約束手形などがあります。書類に貼った印紙と書類とにまたがって押した印（消印）が，納税の証となります。

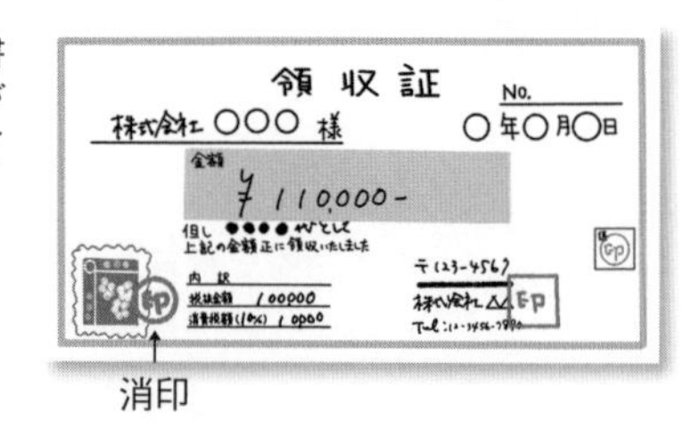

消印

❸ 印に関する用語

実印	個人が市区町村の役所に印鑑登録した印。重要な契約などには実印を押すことを求められる。実印であることを証明するときは，役所が発行する印鑑証明書を添える
認め印	荷物などの受け取りや会社の書類確認など，日常的に使う印
公印	役所や会社などの公的な印。会社の公印は社印という
代表者印	会社が法務局に会社設立登記をするときに登録する会社代表者の正式な印。法的な拘束力を持つ会社実印である
銀行印	銀行などの金融機関に印影を届け出ている印。小切手や手形，預金の引き出しなどに使用する
割り印	契約書の正本と副本，領収書と控えなど，ある文書と他の文書との関連性を証明するため両方の文書にまたがって印鑑を押すこと
契印	契約書が2ページ以上になる場合などに，それが一体の文書であることを証明するため，見開きにした書類のとじ目に印鑑を押すこと（割り印を押す，という言い方をすることもある）
訂正印	文書の一部を訂正するときに押す印。文書の訂正箇所を二重線で消し，それにかかるように印を押す。本人が自ら訂正したものであること示す。契約書などで文書内容を一部訂正したときは，訂正箇所には押さず，欄外に「○文字削除，○文字加入」などと記入して印を押す
捨て印	あらかじめ文書の余白に押しておき，後で誤りに気付いた場合に相手方が訂正印として使えるようにする印。悪用される恐れがあるので，押印には注意が必要である
消印	文書に貼った収入印紙と下の文書にまたがって押す印。消印によって印紙税を納めたことになる。また，印紙の再利用（不正利用）を防ぐ。郵便を送るとき切手に押される印も消印という
封印	重要書類の封筒を勝手に開けられないように，封筒のとじ目に押す印
捺印	印鑑を押すこと。押印，押捺ともいう
印影	印章（はんこ）を紙に押したとき，紙に残る朱肉のあとのこと
合印	別の帳簿や書類と照らし合わせたというしるしに押す印
改印	届け出てある印を別の印に変えること
母印	親指の腹に朱肉を付けて指紋を押捺すること

＊**落款**…書画が完成したとき，作者が署名・捺印すること，また，その署名や印（落款印）を「落款」といいます。会社の役員室などに掲げられる社是・社訓などの書に押されていることも多いでしょう。トップマネジメントにつく秘書には，書画骨董の話題に触れる機会もあります。教養として覚えておきたい用語です。

Lesson **4** # マーケティングについての知識

マーケティングとは，商品（物，サービス）が売り手から消費者に円滑に流れる一連のビジネス活動のことです。

過去問題でポイントチェック！
POINT CHECK

次は用語とその意味の組み合わせである。中から不適当と思われるものを一つ選びなさい。

1）トレードマーク　＝　登録商標
2）ロイヤリティー　＝　特許使用料
3）マーケットシェア　＝　市場占有率
4）コンシューマリズム　＝　消費者主義
5）マーチャンダイジング　＝　市場縮小化

Answer CHECK

「マーチャンダイジング」とは，消費者の欲求に合う商品を，適切な数量・価格で市場に供給する企業活動のことです。

不適当は 5)

❶ マーケティングに関する用語

付加価値	商品やサービスなどに，新たに付け加えられた価値のこと
マーケティングリサーチ	市場調査。新製品開発や販売方策立案のために，アンケートや面接などを実施して消費者ニーズを調べること
マーケットシェア	市場占有率。市場でその商品やサービスが占める割合
セールスプロモーション	販売促進。商品の特性や価格情報などを消費者に伝えたり，景品を付けたりして消費者の購買意欲を呼び起こす活動のこと
アドバタイジング	広告活動
パブリシティ	商品や技術などをメディアに記事として取り上げてもらうこと
マーチャンダイジング	商品計画。消費者のニーズに合う商品を，適切な数量・価格で市場に供給する企業活動のこと

アンテナショップ	消費者動向を探ったり，自社製品や特定地域の産品のＰＲを行ったりするための店舗
コストパフォーマンス	費用対効果。費用対性能。費用に対する満足度の評価のこと
スケールメリット	規模を大きくすることで得られる有利性
プライベートブランド	メーカーでなく，販売業者が商標をつけた商品。ＰＢ
プレミアム	商品につく景品。手数料や割増金などの意味もある
ライフサイクル	商品の寿命。商品が出現してから売れなくなり姿を消すまでの過程
ダイレクトメール	宛て名広告のこと。対象となる相手にはがきや封書で直接情報を届ける広告。ＤＭ
ロイヤリティー	特許権，著作権，商標権などの権利使用料
トレードマーク	商標。他の商品との識別のため，また商品の独自性主張のために付ける記号や図形などのこと
ロジスティクス	原材料調達から販売に至るまでの，顧客のニーズに合わせた物流を計画・実行・管理すること
バナー広告	Web サイト内の広告画像の枠内をクリックすると広告主のサイトに誘導（リンク）される仕組みの広告手法
オープン価格	メーカー側が希望小売価格を定めていない物に，小売業者が付ける販売価格のこと
コンシューマリズム	消費者主義。消費者（コンシューマー）の利益や権利を保護・向上させようとする主張・運動
クライアント	依頼人，顧客，得意先
カスタマー	顧客，得意先，取引先
ＣＳ	顧客満足（Customer Satisfaction）
ＥＣ	電子商取引。Ｅコマース（Electronic Commerce）。インターネット上でモノやサービスを売買すること
ＯＥＭ	受託企業が，納品先の企業名やブランド名で販売される製品を製造すること

Lesson 5 企業に関わる職業

会社では，法務，税務，労務などにおいて，それぞれの分野の専門家に助言や相談，各種手続きの代行などを依頼しています。

過去問題でポイントチェック！
POINT CHECK

次は企業に関わる職業と，それに関係する機関の組み合わせである。中から不適当と思われるものを一つ選びなさい。

1）司法書士 ＝ 登記所
2）公認会計士 ＝ 税務署
3）弁理士 ＝ 福祉事務所
4）行政書士 ＝ 市町村役場
5）社会保険労務士 ＝ 年金事務所

Answer CHECK

「弁理士」とは，特許や実用新案などの申請，出願などの代理をする人のことで，関係する機関は「特許庁」です。

不適当は 3)

❶ 企業に関わる職業

公認会計士	企業などの財務書類の監査や証明などを職業とする人
税理士	納税事務の代行や税務相談などを職業とする人
弁護士	訴訟当事者の依頼を受け，訴訟などやその他一般の法律事務を行うことを職業にしている人
顧問弁護士	企業が，さまざまな訴訟に備えて，また各種法律相談をするため，顧問契約を結んでいる弁護士
弁理士	特許·実用新案·意匠·商標などに関して，出願手続き等の事務·代行を職業とする人
公証人	公正証書の作成など民事に関する事実を公に証明する権限を持つ公務員のこと
行政書士	官公庁に提出する書類の作成や手続きの代行を職業とする人
司法書士	登記や訴訟に関する手続きなど，裁判所や法務局などに提出する書類の作成や手続きを職業とする人
社会保険労務士	社会保険事務の代行や相談・指導を職業とする人

3 社会常識

Lesson 1 社会常識として知っておきたい用語

上司や社内外の人々の話を聞くとき，用語の意味が分からないためにきちんと理解できなかったり，あやふやな受け答えになったりということのないように，用語の意味を確認しておきましょう。

過去問題でポイントチェック！
POINT CHECK

次は用語とその意味（訳語）の組み合わせである。中から不適当と思われるものを一つ選びなさい。

1）ネガティブ　＝　否定的
2）インテンシブ　＝　集中的
3）イノベーティブ　＝　革新的
4）インセンティブ　＝　知性的
5）クリエーティブ　＝　創造的

Answer CHECK

「インセンティブ」とは，意欲を引き出すための刺激のこと。例えば，目的達成のための奨励金，報奨金などのことをいいます。

不適当は 4）

❶ 社会常識として知っておきたい基本用語

国内総生産（GDP）	ある一定期間に国内で生産された財・サービスの合計
基幹産業	鉄鋼や電力など，一国の経済活動の基盤となる重要な産業
地場産業	その土地で古くから発展し，定着している産業
地産地消	地元で採れた生産物を地元で消費すること
金融緩和	日本銀行が，金利を引き下げて資金調達をしやすくしたり，市場への貨幣供給量を増加させたりして，景気を刺激すること
日銀短観	日本銀行が，全国の企業動向を把握し金融政策に役立てるため年４回行う統計調査
内需拡大	個人消費や設備投資，公共投資などの国内需要を増やすこと
先物買い	前もって売買契約をしておいて，現品の受け渡しは一定期間後に行うこと。または，将来性のありそうな事業や品物・人物などを見越して投資すること

貿易収支	輸出入によって生ずる収入と支出
貿易黒字	国際貿易において輸入よりも輸出の方が大きいこと⇔貿易赤字
為替レート	一国の通貨と他国の通貨との交換比率。為替相場
為替差益	円と外貨のレートの差で生じた利益のこと　⇔為替差損
貿易摩擦	輸出入の不均衡によって国家間に生ずる問題
逆輸入	一度輸出した製品を輸入すること。または，海外の生産拠点で現地向けに生産・販売している商品を輸入すること
並行輸入	正規輸入代理店以外から，別のルートで輸入すること
現地法人	企業が海外進出に際し，現地の法律に基づいて設立した法人
知的所有権	知的財産（知的創作活動の成果として得られる，特許・著作・商標・意匠などの無形資産）を保護する権利
限界集落	過疎化・高齢化で 65 歳以上が住民の 50%以上となり，経済的・社会的な共同生活の維持が難しくなっている集落のこと
日本的経営	年功序列，終身雇用と定年制，企業別労働組合，稟議制度など，日本企業の経営上の特質

❷ カタカナ用語（説明文中の⇔は反対の意味の語）

アイテム	項目，品目
アイデンティティー	独自性，個性，自己同一性
アウトソーシング	社外調達，外注。業務の一部を外部に委託すること
アウトライン	大筋，概要　　⇔ディテール（細部，詳細）
アカウント	勘定。ネットワークの利用者を識別する記号や番号
アサイン	仕事を割り当てること，選任すること
アジェンダ	行動計画，検討課題
アセスメント	評価，査定　　　　環境アセスメント：環境影響評価
アップツーデート	最新の情報を取り入れること。最新の状態であること
アテンダント	接客者，随行者，劇場やホテルの案内人 アテンド：付き添って世話をすること，接待すること
アナリスト	分析家，評論家

アビリティー	能力
アメニティー	生活の快適さ
イニシアチブ	主導権，率先すること
イニシャルコスト	初期費用。製造開始までにかかる技術開発費や機械・設備の導入費
イノベーション	技術革新，革新　　イノベーティブ：革新的
インサイダー取引	会社関係者などが未公開情報を利用して株の売買をすること
インセンティブ	奨励金や報奨金など，意欲を起こさせる刺激のこと
インタラクティブ	双方向の
インテンシブ	集中的
インバウンド消費	海外から日本を訪れる外国人観光客によって生み出された国内消費のこと
インフォームドコンセント	患者に説明し同意を得てから治療を進めること
インフラストラクチャー	生産や生活の社会基盤となる構造物や施設
エージェンシー	代理店　　エージェント：代理人
エキスパート	専門家，熟練した人
エグゼクティブ	経営幹部，重役
エコノミスト	経済学者（経済の専門家）
エコロジスト	自然環境の保護を唱える人
エビデンス	証拠，裏付け
オーソライズ	正当と認めること，公認すること
オーソリティー	権威者
オール・オア・ナッシング	全てか無か。妥協を許さない立場や決意
オブジェクション	反対，異議
オプション	自由選択
オンブズマン	行政に対しての監察と苦情処理に携わる専門委員
カウンターパート	交渉や仕事をする際の（対等の立場にある）相手
キーパーソン，キーマン	中心人物，重要人物。ある特定の物事に影響力を持つ人

キックバック	リベート，割戻金。支払い代金の一部を手数料・謝礼などとして支払人に戻すこと
ギブ・アンド・テーク	相手に利益を与え，自分も相手から利益を得ること
キャパシティー	容量，能力
キャピタル・ゲイン	有価証券や土地などの資産の価格上昇から生じる売却益
ギャランティー	保証料，出演料
クーリングオフ	訪問販売など特定の取引について，一定の期間内であれば無条件で契約を解除できる制度
クールジャパン戦略	アニメや漫画，ファッションなど，外国人がかっこいい（クール）と捉える日本の文化やライフスタイルの魅力をアピールする戦略
クラウドファンディング	インターネット上で不特定多数の人から資金提供を募り，資金を集める方法
クリエーティブ	創造的
ケーススタディー	事例研究
コアコンピタンス	企業の中核となる強み，能力のこと。他社を寄せ付けない自社の強さ
コーディネーター	物事の調整役やまとめ役
コネクション	縁故，接続
コミットメント	責任を伴う約束 コミット：責任を持って取り組む，確約する
コミュニティー	地域社会
コラボレーション	共同制作，合作，共同作業
コンシェルジュ	ホテルの接客係で，宿泊客の要望に応じて観光などの相談を受けたり交通の手配をしたりする人
コンセンサス	合意，意見の一致
コンフィデンシャル	機密の，内密の，非公開の
コンペティション	ゴルフコンペなどの競争，競技会。または，仕事の発注の際に複数の業者に提案を求めて競わせ，その中から最良のものを選択すること。コンペ
サジェスチョン	提案，提言，示唆，暗示

サスティナブル	持続可能な。サステナブル，サスティナブル。サスティナビリティ：持続可能性。自然環境・人間社会・経済を，長期にわたって持続させようとする考え方
サブスクリプション	定額制サービス。製品やサービスなどの一定期間の利用に対して，代金を支払う方式
サマリー	要約
サンプリング	標本抽出
シチュエーション	物事が置かれている状態や場面，設定場面，状況，情勢
ジョイントベンチャー	一つの事業を複数の企業などが共同で行うこと
シンクタンク	頭脳集団。さまざまな領域の専門家を集めた研究機関。調査・分析を行い，問題解決や将来予測などの提言をする
スーパーバイザー	監督者
スキーム	計画（やり方），枠組み（仕組み），構想
スキル	技能
スクリーニング	ふるい分け
ストラテジー	戦略
スピンアウト	会社の一部門を切り離し独立させて新会社を作ること。親会社との資本関係が継続する場合はスピンオフ
スペック	性能
スポークスマン	政府や団体の情報や意見を，報道機関に発表する担当者
セーフティーネット	安全網。網の目のように救済策を張ること。個人や企業を経済的破綻のリスクから救済するための社会保障制度
セカンドオピニオン	診断や治療選択などについて，現在受診している担当医とは別に，違う医療機関の医師に求める第二の意見
ゼネラリスト	多方面に知識，技術などを持つ人　⇔スペシャリスト（専門家）
セレクション	選び出すこと，選択，選抜，えりすぐり
ソリューション	問題解決の手段
タイアップ	協力，提携
ダイバーシティー	多様性。人種・国籍・性別などを問わず人材を活用すること
タスク	仕事，作業

タスクフォース	企画，開発などのプロジェクトチーム。社内で，特定の課題を達成するために一時的に設置される組織
タックスヘイブン	租税回避地。課税が著しく軽減，または免除される国や地域
ダメージ	損害
ダンピング	商品を不当な安価で販売すること。不当廉売
ニッチビジネス	隙間産業。市場の中の一部の特定の顧客，特定のニーズに対して商品やサービスを提供するビジネス
デノミネーション	通貨の呼称単位の切り下げや変更のこと
デフォルト	基本的な状態（特段の理由がない場合の状態），初期設定，債務不履行
デフレーション	物価が持続的に下落していく経済現象　⇔インフレーション
デベロッパー	開発業者。住宅開発やリゾート開発などを行う業者
ドラフト	下書き，未完成の企画，草案
ネガティブ	否定的，消極的　⇔ポジティブ（肯定的，積極的）
ネゴシエーション	交渉，折衝
ハイリスク・ハイリターン	損失の危険が大きいほど高い収益が期待できるという投資の原則。大きく儲かる可能性もあるが大きく損をする恐れもあるということ
ハザードマップ	災害のリスク予想地図
バッファ	緩衝，余裕，ゆとり
パテント	特許
パネリスト，パネラー	討論会などで代表発言や問題提起をする人
パラダイムシフト	その時代や分野において当たり前とされてきた常識や前提が大きく変わること
バリアフリー	高齢者や障害者が生活する上で障壁となるものを除去すること
バリエーション	変化，変動
パンデミック	感染症や伝染病が世界的に大流行する状態
ヒートアイランド	都市部の気温が周辺の郊外に比べて高くなる現象

ピクトグラム	絵を使った案内表示
ビジネスモデル	企業が売り上げや利益を生み出すための仕組み
ファクト	事実
ファンクション	機能
フィードバック	行動評価を本人や会社に伝え返すこと。顧客の意見や反応
フィックス	決定，固定
フェイク	にせもの，模造品，まやかし
フェーズ	局面，段階
プライオリティー	優先権，優先順位
ブリーフィング	短い打ち合わせ，簡単な報告会
フレキシブル	融通が利く，柔軟な　　フレキシビリティー：柔軟性
プレゼンテーション	提示，説明。得意先や依頼主などの前で行う，計画やアイディアなどの提示や説明
プロトタイプ	原型，試作品
プロモーター	主催者
ヘッドライン	新聞などの見出し
ベンチャービジネス	新規事業。新技術や高度な知識を軸に，大企業では実施しにくい創造的・革新的な経営を展開する小企業 社内ベンチャー：新規事業の開発を行う社内組織
ペンディング	保留，未決
ポートフォリオ	金融商品の組み合わせ。学習の成果や過程をまとめたもの
ポテンシャル	潜在能力
(ボトル) ネック	作業工程のうち，処理能力が最も低く，全体の進行を滞らせている部分のこと
マイノリティー	少数派　　⇔マジョリティー
メガバンク	合併などにより出現した巨大な銀行グループ。預金残高が莫大な都市銀行
メンタリティー	心理状態
メンテナンス	維持，整備，保守，点検
モチベーション	物事を行う動機や意欲。動機付け

ユーティリティー	有用性。役に立つこと，有益なもの
ユニバーサルデザイン	年齢，性別，人種，障害の有無にかかわらず，より多くの人々が利用しやすい製品，空間，サービスなどのデザイン
ライフライン	都市生活の維持に必要不可欠な，電気，水道，ガス，通信，輸送など
ランニングコスト	運転資金。経営を維持するのに必要な費用
リコール	生産者が欠陥製品を公表し，回収して無料で修理すること
リスクヘッジ	危険回避，危険対策
リスクマネジメント	危機管理。企業に損失をもたらすさまざまな危険を，最小限に抑えるよう管理すること
リストラクチャリング	事業の再構築。不採算部門を縮小・廃止し，時代が要求する新規事業に乗り出すなど事業の再構築を図ること。余剰人員の整理
リセッション	景気後退
リソース	資源
リテラシー	知識や情報を有効活用できる能力
リマインド	思い出させること
レジュメ	要旨，概要（を印刷したもの），履歴書
ワークショップ	参加者が共同で研究や創作を行う集まり。体験型講座

③ 略語

ＡＩ	人工知能
ＡＰＥＣ（エイペック）	アジア太平洋経済協力（会議）
ＡＳＥＡＮ	東南アジア諸国連合
ＥＵ	欧州連合
ＦＴＡ	自由貿易協定
ＦＸ	外国為替証拠金取引。通貨を売買する取引
ＧＡＴＴ	関税及び貿易に関する一般協定

GPS	全地球測位システム
IAEA	国際原子力機関
ICT	情報通信技術
ILO	国際労働機関
IMF	国際通貨基金
IOC	国際オリンピック委員会　JOC：日本オリンピック委員会
ISO	国際標準化機構
IT	情報技術
JETRO（ジェトロ）	日本貿易振興機構
JAS	日本農林規格
JIS	日本産業規格
LCC	格安航空会社
NATO	北大西洋条約機構
NGO	非政府組織
NPO	特定非営利活動（組織），非営利団体
ODA	（発展途上国への）政府開発援助
OECD	経済協力開発機構
OJT	仕事中に実践を通じて行う研修活動
OPEC	石油輸出国機構
PKO	国連平和維持活動
SDGs（エスディージーズ）	持続可能な開発目標
SNS	ソーシャル・ネットワーキング・サービス
TPP	環太平洋経済連携協定
UNESCO	国際連合教育科学文化機関
WHO	世界保健機関
WTO	世界貿易機関

内需	国内需要
公取委	公正取引委員会
社労士	社会保険労務士
地銀	地方銀行
東証	東京証券取引所　　大証：大阪証券取引所
道交法	道路交通法
独禁法	独占禁止法
日商	日本商工会議所
労基法	労働基準法
労災	労働災害
文科省	文部科学省
厚労省	厚生労働省
農水省	農林水産省
経産省	経済産業省
国交省	国土交通省
アポ	アポイントメント
インフラ	インフラストラクチャー
インフレ	インフレーション　　⇔デフレ（=デフレーション）
エコ	エコロジー
キャパ	キャパシティー
コネ	コネクション
コラボ	コラボレーション
コンペ	コンペティション
サブスク	サブスクリプション
デノミ	デノミネーション
ネゴ	ネゴシエーション
ブレスト	ブレーンストーミング
プレゼン	プレゼンテーション
ベア	ベースアップ

メンテ	メンテナンス
リスケ	リスケジュール（スケジュールの組み直し，計画変更）
リストラ	リストラクチャリング

記述問題対策

「一般知識」の領域では，記述式の問題は１問出題されます。
出題頻度が高いのは，「次のそれぞれの説明は何のことを述べているか」という問いに対して，適切な用語を答える形式の問題です。

Lesson 1 漢字で答える問題

過去問題でポイントチェック！

POINT CHECK

次のそれぞれの説明は何のことを言っているか。（　　）内に漢字で答えなさい。

1）証券取引所で株式が売買取引されている会社。
（　　　　　　）

2）会社などの目的，組織，業務についての基本的な規則。
（　　　　　　）

3）従業員の労働条件や服務規律などについて使用者が定めた規則。（　　　　　　）

4）会社などの会計や業務が適正に行われているかどうかを検査する役。（　　　　　　）

Answer CHECK

解答
1）上場会社
2）定款
3）就業規則
4）監査役

漢字の書き間違いは「不正解」

「漢字で答えなさい」という指示がある問題では，漢字の書き間違いも「しゅう業規則」のような「仮名交じり」も得点できません。本書の p.77 ～ 92「会社に関する基本用語」「人事・労務管理に関する用語」「会計・財務・経理の関連用語」「手形・小切手の関連用語」「税務の関連用語」「企業に関わる職業」の項を勉強する際は，右側の説明を読んで理解しながら，左側の用語を書いて覚えましょう。

過去問 brush up

Q 次のそれぞれの説明は何のことを言っているか。□内に漢字を1文字ずつ書き入れて答えなさい。

1）利益の操作を行って決算の実態を正確に示さないこと

＝□□決算

2）課税される額が大きくなるに従って税率を引き上げて課税すること

＝□□課税

3）会社などが賃金を支払うとき，その金額から所得税を天引きすること

＝□□徴収

4）個人所得から税金や保険料などを差し引いた後の自由に使える所得のこと

＝□□□所得

5）株式会社が資金調達のために発行する債券

＝□□

6）商品やサービスを提供したがまだ対価を受け取っていない金額

＝□□金

7）預金者の振り出す手形や小切手によって支払うことができる無利子の預金

＝□□預金

解答　1）粉飾　2）累進　3）源泉　4）可処分　5）社債　6）売掛・未収　7）当座

Lesson **2**

カタカナ用語についての問題

過去問題でポイントチェック！

POINT CHECK

次のそれぞれの説明は何のことを述べているか。その用語を（　　）内にカタカナで答えなさい。

1）商品を不当な安価で販売すること。

（　　　　　　　　　　　　　　）

2）費用に対する満足度の評価。費用対性能比。

（　　　　　　　　　　　　　　）

3）規模が大きくなることによって得られる利点。

（　　　　　　　　　　　　　　）

4）建物や装置などを維持していくための経費。運転資金。

（　　　　　　　　　　　　　　）

Answer CHECK

解答

1）ダンピング

2）コストパフォーマンス

3）スケールメリット

4）ランニングコスト

カタカナで答える問題の表記の仕方

本書の「カタカナ用語」の項だけでなく，「マーケティングに関する用語」やその他の項にあるカタカナ用語も確認しておきましょう。「ギャランティ」など末尾が「～ティ」の用語は「～ティー」と書いても正解です。「イニシアチブ」は「～ティブ」でも正解です。また，「ベースアップ」など，元の英語が複数の単語で出来ている（ベースアップは，base と up から成る和製英語）用語は「ベース・アップ」のように書いても正解です。

過去問 brush up

次の用語の意味（訳語）を漢字で書くとどうなるか。□内に１文字ずつ書き入れなさい。

1）エージェント　＝ □□□

2）イニシアチブ　＝ □□□

3）コンシューマー　＝ □□□

4）セールスプロモーション　＝ □□□□

A　解答　1）代理人　2）主導権　3）消費者　4）販売促進

簡潔な訳語があるカタカナ用語をチェック

カタカナ用語についての問題には，このように言葉の意味を問うものもあります。指定された文字数の訳語で答えますが，「漢字で」と指定がある場合は，漢字に間違いがあると得点できません。例えば，「クライアント」の意味を漢字で問われ解答欄が３マスの場合，「依頼人」「得意先」「取引先」，いずれも正解です。ただし，「お客様」は全て漢字でないので不正解，「顧客」や「客」は字数不足で不正解。問いの指示に従って答えなければなりません。本書の「カタカナ用語」の説明のうち，漢字数文字の訳語があるものを確認しておくとよいでしょう。

Lesson 3 略語についての問題

Q 過去問題でポイントチェック！

POINT CHECK

次の略語を,例）に倣って省略されていない用語にして（　　　）内に答えなさい。

例）コネ（コネクション）

1）ベア　（　　　　　　　　　　　　）

2）コラボ　（　　　　　　　　　　　　）

3）コンペ　（　　　　　　　　　　　　）

4）デノミ　（　　　　　　　　　　　　）

Answer CHECK

解答
1）ベースアップ
2）コラボレーション
3）コンペティション
4）デノミネーション

p.100 の略語は省略前の語を書けるように

略語についての問題の多くは，省略されていない元の用語を答える問題です。漢字表記の言葉については，正確な漢字を書かなければなりません。

過去問 brush up

Q 次の略語を省略されていない語に直して（　　　）内に答えなさい。

1）内需　（　　　　　　　　　　　　）

2）独禁法　（　　　　　　　　　　　　）

3）公取委　（　　　　　　　　　　　　）

A 解答　1）国内需要　2）独占禁止法　3）公正取引委員会

Lesson 4 その他の社会常識についての問題

過去問題でポイントチェック！

POINT CHECK

次は大きさなどについて述べたものである。数字が入った適切な言い方を（　　）内に答えなさい。

1）１坪とは，普通（　　　　）枚分の広さのことである。

2）180mlが１合で，10合入る瓶が，（　　　　）瓶である。

3）２間間口の店などと言うが，（　　　　）は，約1.8mである。

4）一般的な週刊誌（文春や新潮など）１ページの大きさは，（　　　　）判である。

Answer CHECK

解答

1）畳2
2）1升
3）1間
4）B5

用紙の判型は「技能」の領域で確認しておく

普通のコピー機にセットされている用紙は，大きい順に，Ａ３判＞Ｂ４判＞Ａ４判＞Ｂ５判です。Ａ３はＡ４の２倍の大きさ，Ｂ４はＢ５の２倍の大きさです。ビジネスの場では，Ａ４判が使われることが多く，秘書検定の問題用紙も１ページの大きさはＡ４判です。用紙の判型についてはp.265で確認しておきましょう。面積，容積などの単位については，上の問題ができるようにしておけばよいでしょう。

過去 問 brush up

次の語の意味を（　　　）内に答えなさい。。

1）上旬　（　　　　　　　　　　　　　　　　　　　　　　　　）

2）通年　（　　　　　　　　　　　　　　　　　　　　　　　　）

3）四半期　（　　　　　　　　　　　　　　　　　　　　　　　）

4）五十日　（　　　　　　　　　　　　　　　　　　　　　　　）

A 解答例

1）月の最初の10日間のこと。

2）1年間を通じてのこと。年間のこと。

3）1年を四つに分けた3カ月のこと。

4）月のうち五と十の付く日のこと。

期間などを表す言葉を整理して覚える

1）「旬」は，10日という意味の言葉です。月を上旬・中旬・下旬に分ける，ということからも答えを導けます。3）四半期は，会計年度が4月1日から3月31日の場合，4～6月が第1四半期，7～9月が第2四半期，10～12月が第3四半期，1～3月が第4四半期となります。「四半世紀」（25年間）と読み間違えないよう，落ち着いて解答しましょう。4）五十日（ごとおび）は，月のうち五と十の付く日（5，10，15，20，25日と月末日）で，取引の支払いが多く行われるため交通渋滞になったり銀行が混んだりするといわれています。

◇期間を表す，その他の言葉

半期　1年の半分（上半期と下半期）

半世紀　1世紀（100年）の半分。50年

四半世紀　1世紀の4分の1。25年

隔年　　1年おき

過去問 brush up

次のマークについて簡単に説明しなさい。

1）エコマーク

2）ＪＩＳマーク

3）ＪＡＳマーク

解答例

1）環境保全に役立つと認定された商品に付けられるマーク。
資源の再利用によるものなど，環境に優しい商品に付けられるマーク。

2）日本産業規格に合格した製品に付けられるマーク。

3）日本農林規格に合格した農産品などに付けられるマーク。

キーワードを落とさずに

エコマークの説明では「環境保護に役立つ」や「環境に優しい」など，ＪＩＳマークでは「日本産業規格」，ＪＡＳマークでは「日本農林規格」という言葉があれば正解になるでしょう。これらの認証マークについては，「技能」の領域でも出題されています。p.266 を確認しておきましょう。

実際に過去問題を解いてみよう

1

難易度ランク ★★

◉チェック! □□□

次は同じような意味や内容を持つ用語の組み合わせである。中から不適当と思われるものを一つ選びなさい。

1）重役 —— 役員
2）免責 —— 免職
3）社是 —— 社訓
4）就業規則 —— 服務規程
5）配置転換 —— 人事異動

2

難易度ランク ★

◉チェック! □□□

次は用語とその説明の組み合わせである。中から不適当と思われるものを一つ選びなさい。

1）M＆A ＝ 合併や買収によって他の会社を支配すること。
2）粉飾決算 ＝ 会社の損益や資産を実際よりよく見せた決算のこと。
3）連結決算 ＝ 親会社子会社などのグループ全体をまとめてする決算のこと。
4）経営理念 ＝ 企業が社会的責任として地球環境などに貢献できるよう念じること。
5）同族会社 ＝ 株式の大部分を少数の特定株主が所有し実質支配している会社のこと。

3

難易度ランク ★

◉チェック! □□□

次は職業名の説明である。中から不適当と思われるものを一つ選びなさい。

1）「弁理士」とは，特許，意匠などの出願手続き等の代行をする人。
2）「行政書士」とは，官公庁に提出する書類の作成，手続きの代行をする人。
3）「社会保険労務士」とは，社会保険事務の代行や相談，指導などをする人。
4）「公証人」とは，損害賠償などのために損害額の証明，手続きの代行をする人。

5）「司法書士」とは，裁判所や法務局などに提出する書類の作成，手続きの代行をする人。

4

難易度ランク ★★★

◉チェック！

次は用語とその意味の組み合わせである。中から不適当と思われるものを一つ選びなさい。

1）シンクタンク　＝　頭脳集団
2）タックスヘイブン　＝　租税回避地
3）環境アセスメント　＝　環境影響評価
4）オープン価格　＝　競争入札による価格
5）インフラ　＝　生活基盤となる構造物や施設

5

難易度ランク ★★★

◉チェック！

次は関係ある用語の組み合わせである。中から不適当と思われるものを一つ選びなさい。

1）リコール　――　金融緩和
2）デフレ脱却　――　内需拡大
3）クーリングオフ　――　訪問販売
4）インサイダー取引　――　株式売買
5）セーフティーネット　――　社会保険

6

難易度ランク ★★

◉チェック！

次は人に関するカタカナ語とその訳語の組み合わせである。中から不適当と思われるものを一つ選びなさい。

1）ゼネラリスト　＝　経営者
2）コンシューマー　＝　消費者
3）スーパーバイザー　＝　監督者
4）エコノミスト　＝　経済学者
5）コンシェルジュ　＝　相談・案内係

7

◉チェック！ □□□

難易度ランク ★★

次は直接関係のある用語の組み合わせである。中から<u>不適当</u>と思われるものを一つ選びなさい。

1）付加価値 —— 連結決算
2）社会資本 —— 公共施設
3）金融緩和 —— 市中金利
4）抵当物件 —— 固定資産
5）決算公告 —— 財務諸表

8

◉チェック！ □□□

難易度ランク ★

次は用語とそれに関する機関について述べたものである。中から<u>不適当</u>と思われるものを一つ選びなさい。

1）「厚生年金」の取り扱いは，「市区町村役場」が行っている。
2）「上場会社」の株式は，「証券取引所」で売買が行われている。
3）「失業保険」の受給には，「ハローワーク」への申請が必要となる。
4）「登録商標」とは，「特許庁」に登録されて商標権が発生している商標のことである。
5）「確定申告」とは，納税者が１年間の所得と税額を「税務署」に申告することである。

9

◉チェック！ □□□

難易度ランク ★★

次の用語の説明の中から<u>不適当</u>と思われるものを一つ選びなさい。

1）「現地法人」とは，企業が海外で設立した会社のこと。
2）「逆輸入」とは，海外の生産拠点から国内へ製品を輸入すること。
3）「貿易黒字」とは，輸入総額が輸出総額を超えたときやその差額のこと。
4）「貿易収支」とは，一定期間の輸出額と輸入額との関係を表したもののこと。
5）「並行輸入」とは，正規代理店ルートとは別のルートで真正品を輸入すること。

記述問題編

10 難易度ランク★★ チェック！

次のそれぞれの説明は何のことを述べているか。□内に漢字を１文字ずつ書き入れて答えなさい。

1）親会社と子会社を一つにまとめて行う決算のこと。

□□決算

2）決算や整理のために商品や製品，原材料などの在庫を調べること。

□□し

3）企業が財政や経営状態を利害関係者に報告するための書類の総称。

□□□表

4）借入金が返せないときのために，相手に差し出す物件や権利などのこと。

□□

11 難易度ランク★ チェック！

次のそれぞれは何を説明しているか。適切な用語を漢字２文字で答えなさい。

1）株式会社の出資者として株式を所有している人や法人。
2）他の商品との識別のために付ける文字・図形・記号のこと。
3）銀行などが，資金を求めている人や組織に資金を貸し出すこと。
4）会社に籍を置いたままで，子会社などの関連会社に勤務すること。

12 難易度ランク★ チェック！

次は，国家資格を有する人の仕事の説明である。その名称を（　　）内に答えなさい。

1）特許や実用新案などの申請，出願などの代理をする人。

（　　　　　　　）

2）裁判所，法務局などに提出する書類を，代わって作成する人。

（　　　　　　　　　　）

3）企業や個人の財務書類の監査や証明をする人。

（　　　　　　　　　　）

13

◎チェック！ □□□

難易度ランク ★★★

次の用語と最も関係のある用語を下の枠内から選び，その番号を（　　）内に答えなさい（番号は重複しないようにすること）。

1）カスタマー　（　　　）

2）エグゼクティブ　（　　　）

3）ヒートアイランド　（　　　）

4）インフォームドコンセント　（　　　）

1 交通　2 食品　3 環境　4 医療　5 販売　6 教育　7 企業

14

◎チェック！ □□□

難易度ランク ★★★

次のような人を何というか。片仮名で（　　）内に答えなさい。

1）物事に影響力を持つ人のこと。（　　　　　　　　　　）

2）企業や団体などの経営幹部のこと。（　　　　　　　　　　）

3）物事の調整役やまとめ役をする人のこと。

（　　　　　　　　　　）

4）集団や団体の世話をしたり，管理をする人のこと。

（　　　　　　　　　　）

5）討論会などで代表発言をしたり，問題提起する人のこと。

（　　　　　　　　　　）

15

次の略語を，省略されていない語にして（　　）内に答えなさい。

難易度ランク
★★

チェック！

例）アポ（アポイントメント）

1）コネ（　　　　　　　　　　）

2）メンテ（　　　　　　　　　　）

3）キャパ（　　　　　　　　　　）

4）バイオ（　　　　　　　　　　）

5）プレゼン（　　　　　　　　　　）

16

次の用語の略語を下の枠内から選び，その番号を（　　）内に答えなさい。

難易度ランク
★★

チェック！

1）非政府組織（　　　）

2）国際通貨基金（　　　）

3）政府開発援助（　　　）

4）世界保健機関（　　　）

5）民間非営利団体（　　　）

1. IMF　2. NGO　3. NPO　4. ODA　5. WHO

17

難易度ランク ★

◉チェック！ □□□

次のそれぞれは，政府の中央省庁の名称である。□内に適切な漢字を記入しなさい。

1）経済□□省

2）□□労働省

3）□□交通省

4）農林□□省

■ 解答 ◎ 解説 ■

1 ＝2）

「免責」とは責任を問われるのを免れること。「免職」とは職を辞めさせることなので，組み合わせとしては不適当です。

2 ＝4）

「経営理念」とは，この会社はこのような方針で経営をしていくという，経営の精神の規範を述べたもののことです。

3 ＝4）

「公証人」とは，民事に関する公正証書を作成する権限を持つ人のことです。

4 ＝4）

「オープン価格」とは，メーカー側が希望小売価格を定めていない物に，小売業者が付ける販売価格のことです。

5 ＝1）

「リコール」とは，欠陥のある製品などを生産者が回収し，無料で修理などをすること。「金融緩和」とは，中央銀行が金利を引き下げて資金調達をしやすくすることなので，組み合わせとして不適当です。

6 ＝1）

「ゼネラリスト」とは，いろいろな分野の知識や能力を持っている人のこと。経営者のことではないので組み合わせが不適当です。

7 ＝1）

「付加価値」とは，商品やサービスなどに，新たに付け加えられる価値のこと。「連結決算」とは，親会社と子会社をまとめた決算のことです。

8 ＝1）
「厚生年金」の取り扱いは,「年金事務所（日本年金機構）」が行っています。

9 ＝3）
「貿易黒字」とは，輸出額から輸入額を差し引いた額がプラスになることです。

記述問題編

10
1）連結（決算）
2）棚卸（し）
3）財務諸（表）
4）抵当・担保

11
1）株主
2）商標
3）融資
4）出向

12
1）弁理士
2）司法書士
3）公認会計士

13
1）5
2）7
3）3
4）4

14
1）キーパーソン・キーマン
2）エグゼクティブ
3）コーディネーター
4）マネージャー
5）パネリスト・パネラー

15
1）コネクション
2）メンテナンス
3）キャパシティー
4）バイオテクノロジー
5）プレゼンテーション

16
1）2
2）1
3）4
4）5
5）3

17
1）産業
2）厚生
3）国土
4）水産

Perfect Master

第4章

マナー・接遇

本章「マナー・接遇」では,『理論』の領域のうち第1章「必要とされる資質」,第2章「職務知識」で学んだことを実践するために必要な話し方やビジネスマナー，しきたりなどについての実務技能と具体的な知識を学びます。

エグゼクティブの補佐もできる，より高度な知識を得るとともに，後輩指導に必要な基本的な知識も確認しましょう。

人間関係と話し方・聞き方

Lesson 1 職場での人間関係

秘書は，上司だけでなく，社内外のさまざまな人と，よい関係を築いていかなければなりません。よい関係をつくるためには，状況に応じた行動や配慮が必要です。

過去問題でポイントチェック！
POINT CHECK

秘書Aの上司（部長）が異動で代わったが，その上司のことでAは課長から愚痴をこぼされた。今まで任せられていたことにまで口を出してくるので何かとやりにくいということである。このような場合Aはどのようにするのがよいか。次の中から**適当**と思われるものを一つ選びなさい。

1）課長は上司の部下なのだから，上司に部下の声として愚痴をそのまま伝える。
2）課長の不満に気付いてもらうように，上司に前の部長の仕事の仕方を話してみる。
3）このままではよくないと思うので，課長に上司と話し合える場を設けようかと言う。
4）上司に，課長が仕事のことで悩んでいるようなので一度話を聞いてもらえないかと言う。
5）このようなことは二人の間の問題でAが口を挟むことではないので，気にしないでおく。

Answer CHECK

課長が上司に対する不満をAに愚痴としてこぼしたということです。部下が上司の不満を言っても普通はどうにもなりません。従ってAとしては，愚痴は聞くとしても気にしないのがよいということです。

適当は 5）

上司についての愚痴を聞かされたとき

課長など上司の部下が，上司についての愚痴を秘書にこぼすことがあります。これは，秘書にちょっと聞いてもらいたい，自分が苦労していることを分かってもらいたい，という程度のことで，秘書に対処や解決を求めているわけではありません。このような場合は，相手の話を聞くにとどめます。

❶ 愚痴や社交辞令への応答

① 愚痴への対応

愚痴は，自分の苦労を分かってもらいたくて，気を許した相手にふと漏らす不満です。これを秘書が真に受けて解決しようとするのは筋が違います。話を聞くにとどめ，後は気にしないのがよいでしょう。

② 社交辞令への応答

例えば廊下などで会った取引先の人から，「(上司に）今度食事でも，と伝えておいてほしい」と言われた場合は，礼を言って「上司に伝える」と言います。社交辞令かもしれないので，日時は？とか店は？などとは尋ねません。

❷ あいさつの心得

よい人間関係を構築するのに「あいさつ」は欠かすことのできないものです。その日，既にあいさつを交わしている相手でも，廊下などで再び会ったら会釈程度のあいさつをします。

① 相手が無愛想であいさつを返してくれない場合

相手が後輩なら，あいさつの大切さを教えて指導する。また，自分が率先して，お手本になるような明るく親近感の感じられるあいさつを心掛ける。

相手が社外の人や社内の目上の人の場合は，あいさつしてもらおうと働き掛けるのは秘書としての謙虚さに欠ける。このような場合は，まず，明るくあいさつするなど自分のあいさつの仕方を工夫してみる。相手からの返礼がなくても，自分はきちんとあいさつをする。相手からあいさつがないことは気にしないでおく。

② 廊下などで来客や上役（他部署の部長など）と出会ったとき

立ち止まってあいさつするのが基本です。

◆相手が誰かと一緒にいる場合

立ち止まって会釈する。あいさつの言葉は不要。

◆自分が別の客を案内しているとき

案内している客が優先なので，立ち止まらずに会釈する。(立ち止まると，案内されている客も足を止めなければならなくなる)

❸ 他部署の先輩が秘書課に異動してきて自分の下に配属されたとき

- 前の部署の仕事の仕方のよいところは取り入れる。
- 仕事は自分の指示に従ってもらう。
- 細かいことは言わず，分からないことを尋ねてもらう。
- 先輩なので，他の後輩に対する話し方と同じ，というわけにはいかない。
- その先輩から学ぶことがあれば学ぶようにする。

Lesson 2

話し方と聞き方

秘書として相手とよい関係を築くためには，相手と自分の立場の違いを考慮した話し方が求められます。

過去問題でポイントチェック！

POINT CHECK

次は，部長秘書Ａの言葉遣いである。中から不適当と思われるものを一つ選びなさい。

1）専務と打ち合わせ中にかかってきた電話を部長に取り次ぐとき
「Ｙ様からお急ぎのお電話ですが，いかがなさいますか」
2）部長はいるかと専務から内線電話があったとき
「申し訳ありません。部長はただ今外出中でございますが」
3）部長と一緒に訪問先へ出掛ける時間になったとき
「お出掛けのお時間でございます。よろしくお願いいたします」
4）２時少し前に，ちょっと本屋へ行ってくると言った上司に
「２時にＫ様がお見えになりましたら，いかがいたしましょうか」
5）昨日，風邪気味だと言って退社した部長に，朝のあいさつをしたとき
「今日はお休みだと思いました。無理をなさらないでくださいませ」

Answer CHECK

Ａは上司の昨日の体調を心配してこのように言ったのでしょうが，上司は自分の体調のことは考えた上で出勤しています。出勤したのに，「お休みだと思いました」などは，上司に対しての言い方ではありません。

不適当は 5）

自分の立場をわきまえた言動を心掛ける

上司や先輩など目上の人に対しては，指図に聞こえるようなことや，相手への評価や感想に聞こえるような言い方をしてはいけません。

❶ 秘書としての立場をわきまえ，謙虚な物言いをする

社外の人と話すときも，秘書の謙虚な態度を忘れないよう留意します。

① 先日上司が会ったと言っていた人から電話があったとき

○「先日は○○（上司の名）がお世話になりましてありがとうございました」と言う。うわさを聞いているなどの特別なことは言わず，上司が世話になったと一般的な礼を言う程度にとどめる（出過ぎたことは言わない）。

② パーティーなどで会った人から「上司によろしく伝えてくれ」と言われたが，その人の名前を思い出せないとき

○「念のため」と言って連絡先を教えてもらう。

○「以前預かっているかもしれませんが」と言って，名刺をもらう。

○ 自分の名刺を出してあいさつし，相手の名刺をもらう。

○「お名前を失念してしまった」と正直に言って謝り，名前を尋ねる。

×「前回いつ会ったのか教えてもらいたい」と尋ねる。

× 少し待ってもらい，受付に行ってその人の名前を教えてもらう。

❷ 上司への気の利かせ方

① 部内会議が始まる時間になっても，まだ自席にいる上司に

○「会議のお時間になりましたのでお願いいたします」

×「分かっていますか」　×「もう行った方がよい」　×「出席してください」

② 上司が電話で，友人と夕方会う約束をしていたのを耳にしていたが，約束の時間が近づいても上司が出掛ける気配のないとき

○「お出掛けになるご予定がおありだったようですが」とさりげなく言う。
（上司は約束を忘れていると思われる。このままでは待ち合わせに遅れてしまうので，気付くように声を掛けるのが秘書の気遣い。ただし，予定を知ったのはたまたまなので，さりげなく言う）

※料理店の予約の時間を過ぎても面談が続いているようなときは，「店に少し遅れると連絡を入れようか」とメモで上司に尋ねる。（先走って店に連絡したりはしない）

C H A L L E N G E

演習問題

1 山田部長秘書Aは社内の廊下で出会った取引先のW部長から，「部長に，今度食事でもしながらゆっくり話がしたいと伝えておいて」と言われた。このような場合Aはどのように応答するのがよいか。次の中から**適当**と思われるものを一つ選びなさい。

1）「お店はお決まりになっているのでしょうか」
2）「ありがとうございます。そのように山田に伝えます」
3）「山田も喜ぶと思いますが，いつごろになりますでしょうか」
4）「かしこまりました。よろしければ私の方でお店の予約をいたしましょうか」
5）「承知いたしました。お返事はいつまでに差し上げればよろしいでしょうか」

2 秘書A（中村）は上司（山田）の外出中に，S社のKと名乗る人からの電話に出た。K氏は先日上司が社外の会合で親しくなったという人で，Aは上司からK氏の名刺を渡されている。このような場合Aは，上司は留守と言う前にK氏にどのように言うのがよいか。次の中から**適当**と思われるものを一つ選びなさい。

1）「山田が近々またお会いしたいと申しておりました」
2）「先日は山田がお世話になりましてありがとうございました」
3）「先日は山田が親しくしていただいたそうで厚く御礼申し上げます」
4）「山田からおうわさは聞いております。私は山田の秘書の中村と申します」
5）「山田からお名刺を預かりましたので存じております。今後ともよろしくお願いいたします」

3 秘書Aは，上司がQ料理店に電話で「今日の6時に2名」と予約しているのを耳にした。Q料理店は歩いて5分くらいの所だが，上司は6時になっても客と面談中である。Q料理店へはこの客と行くらしく，面談は5時30分には終わる予定になっていた。このようなことにAはどのように対応するのがよいか。次の中から**適当**と思われるものを一つ選びなさい。

1）上司からは何も聞いていないのだし，今は客と面談中なので，特に何もしないでいる。

2）メモで上司を室外へ呼び出し，６時からのQ料理店のことで何かすることはないか尋ねる。
3）「６時を過ぎたので，Q料理店に少し遅れると連絡しておこうか」と書いたメモを上司に見せる。
4）もう予約時間になったのだからQ料理店に遅れることを連絡し，そのことをメモで上司に伝える。
5）予定の面談時間は過ぎているのだからお茶を下げに行き，「出掛ける時間ではないか」と書いたメモを上司に見せる。

解答解説

1＝2)
この場合の「今度」は近い将来という意味で，それがいつかは特定しない言い方であり，単なる社交辞令のこともあります。従って，具体的なことを言ったり尋ねたりするのは察しが悪く不適当です。礼を述べて，上司に伝えると言えばよいということです。

2＝2)
AはK氏のことを，上司が社外の会合で親しくなった人という以外は知りません。従って，そのK氏から電話がかかってきたとしても，特別なことを言う必要はありません。先日は上司がお世話になったと一般的な礼を述べる程度でよいということです。

3＝3)
予約時間が過ぎているので，料理店には連絡を入れた方がよいでしょう。ただし，この場合Aは耳にしただけで予約をしたのは上司なので，「連絡しておこうか」と尋ねてから対応するのが適当ということです。

話し方と聞き方の応用

Lesson 1 報告・説明の仕方

上司に報告する際に大切なことは，タイミングよく，過不足のない内容を，簡潔に伝えることです。込み入った事柄を説明する場合もあります。効率のよい説明の仕方も確認しておきましょう。

Q 過去問題でポイントチェック！ POINT CHECK

秘書Aは上司から，「E社の新製品展示会の様子を見てきて報告してもらいたい。特にG製品は評判がよさそうなので，よく見てきて説明してもらいたい」と指示された。次は，見てきたことの報告をどのようにしたらよいか，Aが考えたことである。中から不適当と思われるものを一つ選びなさい。

1）直接見に行くのだから，展示会の会場の規模や来場者の様子などを最初に話すのがよいかもしれない。
2）G製品についての説明は，どこに重点を置いたらよいかを先に尋ねてから説明するのがよいかもしれない。
3）G製品の詳細はパンフレットに載っているので，報告は当日聞いた説明を中心にする方がよいかもしれない。
4）G製品について十分理解できているつもりでも，上司に説明するときはパンフレットを確認しながら説明した方がよいかもしれない。
5）特にG製品はということだが様子を見てきてもらいたいとのことだから，全ての展示を展示してあった順に説明するとよいかもしれない。

Answer CHECK

上司からG製品をよく見てきて説明してもらいたいと指示されたので，報告はG製品を中心にするのがよいでしょう。他の製品の説明をするとしても全ての展示を展示の順になどは，上司の要望に沿った報告とはいえず不適当です。

不適当は 5）

必要に応じて報告内容を絞る

上司への報告は，手際よく，分かりやすく行います。「展示会の大体の様子」についての報告と，「G製品」についての説明が，必要不可欠なポイントです。それ以外のことは，必要なことのみ付け加え，後は省いてよいということです。

❶ 報告すること

報告は，上司が多忙なときは避けるなどタイミングを考えて行います。ただし，緊急なことや重要なこと，上司が気に掛けていること，よくない情報は早急に報告します。

❷ 報告・説明の要領

簡単な内容は口頭のみで報告・説明できますが，複雑な内容はメモや文書に要点をまとめ，それを見てもらいながら報告・説明します。

①時間をかけずに報告できるよう，要点をまとめておく。

②急がないものは後にするなど，優先順位を考える。

③報告・説明の概要を予告し，許可を得る。

「〇〇について３点お伝えします」「〇〇についてご報告申し上げたいのですが，５分ほどお時間を頂けますか」など。

④適切な順序で報告・説明する。

基本的には結論が先。理由・経緯は結論の後に伝える。
ただし，分かりやすく伝えるためには，時系列での説明が望ましい場合もある。

⑤分かりやすく説明するには

具体的に，数字やデータとともに伝える。
図や表，写真やイラスト，実物を用いる。
要点をまとめて文書やメモにする。

Lesson 2 説得の仕方

「説得」とは，こちらの依頼や提案などを受け入れない相手に対し，十分に話をして納得を得ることです。相手の言い分や感情にも配慮しつつ，相手の理解を促し，了解してもらいます。

過去問題でポイントチェック！
POINT CHECK

次は秘書Aが，説得の仕方について考えたことである。中から不適当と思われるものを一つ選びなさい。

1）相手との間に強い信頼関係がある場合は，多少強引な言い方をするのもよいかもしれない。
2）親しくない相手の場合は，相手と親しい人に頼んで助けを借りると効果があるかもしれない。
3）相手が自分と同格の場合は，自分より地位が上の人に同席してもらうのもよいかもしれない。
4）説得に対して相手が感情的になった場合は，それ以上は続けず機会を改めた方がよいかもしれない。
5）相手が自分の言い分に固執して説得に応じない場合は，むしろ相手のペースに乗った方がよいかもしれない。

Answer CHECK

説得は，自分と違う考えの相手に自分の考えを納得させることです。相手が説得に応じなければ何らかの方法で納得させなければなりません。相手のペースに乗るとは相手の考えに合わせることなので不適当ということです。

不適当は 5)

相手のペースに乗ってしまったら説得はできない

説得を成功させるには，相手に考えを変えてもらう，またはこちらの考えを理解してもらう必要があります。相手が自分の言い分に固執している場合は，何とかして相手の気持ちを動かしてこちらのペースに乗せようと努めることになります。

❶ 説得の目的

相手と議論して言い負かすことが説得ではありません。相手を理解に導き納得させること，またはその上でこちらが求めた行動をしてもらうことが説得のゴールです。

「説得」が必要なケース

◉ 同僚から，人間関係への不満が理由で退職したいと打ち明けられた。原因を解消，解決するには時間を要するが，今，同僚に辞められると業務に支障が出る。

◉ 後輩に新たな職務を指示したところ，「自分には，能力不足で無理だ」と断ってきた。

◉ 先輩に，事務の効率化について具体策を提案したが，旧来のやり方を変えたくない，と言われてしまった。

◉ 部員に，仕事の手伝いや協力を頼んだが，忙しいからと断られた。

❷ 説得のコツ

相手の性格や人柄，相手との関係に応じて説得の仕方を変えます。

- 話す機会をつくる。相手が慌しくしているときや精神的に余裕がないときは避ける。
- 一度断られた相手であっても，タイミングをみて繰り返し説得する。
- その人に影響力がある人に説得してもらう。
- 食事をしながら，和んだ場所で説得をするなど，説得しやすい環境をつくる。
- 相手が困ったときには協力をすると言い，相手の希望や条件を聞く。
- 相手が感情的になったときは，場合により機会を改める。
- 穏やかで柔らかな口調よりも，勢いのある押しの強い言い方が功を奏することもある。相手や状況によってはその逆もあるので，適宜使い分けるとよい。

Lesson 3 断り方

依頼を断る場合に曖昧な言い方をすると，都合のよい解釈をされたり期待されたりしかねません。それでも結局は断ることになるので，かえって相手に迷惑を掛けてしまうことになります。断るときは，言葉遣いに気を付けてはっきりと断ることが大切です。

過去問題でポイントチェック！
POINT CHECK

秘書Aの上司は業界団体の役員をしていて人付き合いもよいので，仕事以外の頼まれ事が多い。その場合の対応はAがするが，上司は忙しいので大体は断ることになる。次はAの断り方である。中から不適当と思われるものを一つ選びなさい。

1）断るにしても，頼まれ事の内容は最後まできちんと聞いてから断るようにしている。
2）引き受けられないことを説明するときは，誤解を与えないように言葉遣いに気を付けている。
3）引き受けられないことを話すときは，今の状況を丁寧に説明して承知してもらうようにしている。
4）引き受けられないことを承知してもらった後は，お役に立てず申し訳ないと丁寧に謝るようにしている。
5）引き受けられないことを話した後は，次には引き受けられるようにしたいと，こちらの気持ちを伝えるようにしている。

Answer CHECK

頼まれ事は普段の関係があってのことなので断りにくいものです。とはいえ断る状況であれば，はっきり断らないといけません。次には引き受けられるようにしたいなどと期待を持たせるような言い方は不適当です。

不適当は 5)

断られる側は，ちょっとした言葉にもすがりたいもの

相手も必要があって頼み事をしてきているので，こちらが「次には～」などと言えば，次回は引き受けてもらえるものと，あてにしてしまいます。こちらは断ることの心苦しさや気まずさを紛らす社交辞令のつもりでも，相手にとっては近い将来の約束となり，後々のトラブルの元になりかねません。

❶ 依頼を断るときの留意点

① 期待に応えられないことをわびた上で，はっきり断る。

「申し訳ございませんが」「あいにく」「せっかくですが」と，わびの言葉を添えて，「お引き受けいたしかねます」「ご要望に沿いかねます」などと，はっきり断ります。

② 期待を持たせる言い方や曖昧な言い方をしない。返事を先送りにしない。

× 「考えておきます」

× 「検討してみます」

× 「取りあえず申し伝えます」

③ 断る理由や根拠を伝える

相手に納得してもらえるように，引き受けられない事情を説明します。ただし，具体的な業務内容などを言う必要はありません。

○ 「部長の山田は仕事が立て込んでおりまして，お引き受けいたしかねると申しております」

④ 代案を示す

可能であれば，引き受けることができる人を紹介するなど，代替案を示します。

Lesson 4 謝り方

仕事の不手際があったときは，誠実な態度で謝り，相手が納得できる解決策を示します。事が重大な場合は，解決の後に改めて相手先に出向いて謝ることもあります。誠実な態度は，改まった言葉遣い，表情や動作に表れます。礼儀にかなった謝り方について学びましょう。

過去問題でポイントチェック！
POINT CHECK

営業部で部長秘書を兼務しているAは，後輩のBと得意先へ謝りに行くことになった。Bが，担当している得意先へ納品の手違いをしたためである。次はAが，このような場合どのようにしたらよいか考えたことである。中から不適当と思われるものを一つ選びなさい。

1）謝りに行くにしても得意先を訪問するのだから，事前に予約して行った方がよいかもしれない。
2）Bが担当の得意先でAは訪問は初めてなので，名刺を出して，Bより先に不祥事をわびた方がよいかもしれない。
3）自分は先輩でも得意先はBの担当だから，手違いの説明はBを中心にし，自分は控えめにしていた方がよいかもしれない。
4）手違いの説明などは座っていてするのだが，謝るのに正式に頭を下げる場合は，立った方がよいかもしれない。
5）説明中に座ったまま頭を下げるときは，Bは男性だから，テーブルに手を置いて改まった態度でするのがよいかもしれない。

得意先に謝りに行くのですから，座って手違いの説明などをする間も，謝りながらということになるでしょう。その場合は，改まった態度でしないといけないのですから，手は膝に置いてお辞儀をすることになります。テーブルに手を置いてというのは不適当です。

不適当は 5)

謝るときは，終始改まった態度で

後輩のミスを謝るため，担当者である後輩を伴って初めて訪問する場面です。自分は初対面なので，2）のように最初に名刺を出してあいさつする必要があります。謝罪の訪問なので，このときにまず謝ります。さらに，手違いの説明を始める前に後輩と並んで立ち，深々と頭を下げて謝ります。座ってからも二人とも改まった姿勢，態度振る舞いが必要です。AはBが説明の中で謝るのに合わせて頭を下げます。改めて正式に頭を下げる場合，また，退出する際は，並んで立ち，丁寧なお辞儀で謝ります。

❶ 不手際を謝るとき

仕事に手違いがあった場合は，まず謝り，次に解決策を示して相手の納得を得ます。

① 上司の指示で得意先にカタログを送ったが，古いものだったとき

- 謝って，新しいものをすぐに送ると言う。
- 上司に報告する。
- 後輩や関係部署のミスだった場合は，本人にミスを伝えるとともに，自分の確認ミスを謝る。

② 受付で後輩が来客から応対のミスを注意されているところへ通り掛かったとき

- 来客に失礼をわび，自分が代わって応対する。
- 来客を案内した後，後輩のところに戻って指導する。

③ 自分が担当している取引先へ，責任者である上司が同行して謝罪の訪問をするとき

担当者として自分が謝るのは当然のことだが，「責任者が出向いて謝る」ことが重要なので，上司に先んじて自分だけ謝ることのないようにする。

④ 苦情を言われたとき

- 相手の話をよく聞く。相づちを打ち，相手の話を遮らず最後まで聞き，事情を把握するとともに，相手の感情（不満，怒りなど）を受け止める。必要ならば質問するなどして，事実関係を明らかにする。
- 迷惑を掛けたこと，不快にさせたことについて，丁寧に謝る。
- 解決策を示す。こちらの不手際などと分かったら，謝罪する。
- 相手の誤解であったことが分かったら，相手を責めずに誤解を解き，納得してもらう。

❷ 謝るときの態度

誠意は，わびるときの言い方の調子，表情，お辞儀の仕方などから相手に伝わります。経緯の説明やミスの理由などを話す際は分かりやすくはっきりとした話し方が必要ですが，明るく生き生きとした調子や笑顔は謝罪の場の雰囲気に合いません。恐縮した声の調子と態度で話すのがよいでしょう。

❸ 解決策を示す

ただ謝るだけでは，相手の納得は得られません。ミスがあった場合は，解決策の提示や解決済みの報告が必要です。事情の説明は，相手の理解・納得のためにするものですから，言い訳をしたり自分を正当化したりしないよう気を付けましょう。

5 指導の仕方，注意の仕方

後輩などに対して，仕事の仕方や態度について必要な指導や注意をするのも先輩秘書の重要な役割です。効果的な指導をするためには，相手との人間関係が良好であることが大切です。

Q 過去問題でポイントチェック！ POINT CHECK

秘書Ａは他部署の秘書Ｄから相談された。後輩ＥはＤが頼んだ仕事を積極的にしようとしない，どうしたらよいかというものである。次はこのときＡがＤに言ったことである。中から不適当と思われるものを一つ選びなさい。

1）個人的な心配事があるということはないか，上司に事情を話して尋ねてみてはどうか。
2）積極的に仕事をしないのは，Ｄの頼み方に問題があるということが考えられないか。
3）食事に誘うなどして親しくなる努力をしたら，Ｅの姿勢も変わってくるのではないか。
4）積極的にしようとしないのは，Ｄに対する個人的な感情が影響しているのではないか。
5）Ｅに感じていることを話して，積極的になれない理由があれば言ってもらえないかと聞いてみたらどうか。

Ｄが頼んだ仕事をＥは積極的にしないということです。二人の間に何かあると思われるので，それの解決がまず必要ということになります。上司は二人の間のことには関係ないので，上司に尋ねるなどは見当違いで不適当です。

不適当は 1）

後輩指導で，上司の手を煩わせない

積極性に欠ける，応対の感じがよくない，態度が悪い，仕事への取り掛かりが遅い，言い訳が多い，ミスが多いなど，後輩の問題行動や態度に気付いたときは，先輩秘書として指導しなければなりません。秘書は上司の仕事がスムーズに進むよう手助けをするのが仕事ですから，このような後輩指導に上司を巻き込むのは避けるべきです。また，上司の指示には素直に従うのに先輩秘書が頼んだ仕事には消極的，という場合は，秘書同士の人間関係についての考察や，後輩に考えを改めさせるなども必要です。

❶ 後輩指導の要領（新人の指導係になったとき）

- 仕事の仕方を教えるときは，作業手順だけでなく，その仕事が何に影響するか，全体の中でどの部分を行っているのかを説明し，重要性を理解させる。
- 仕事の仕方の説明は，分かりやすい言葉を選んでするとともに，きちんと理解しているか確かめながら進める。
- 分からないことがあったら，遠慮せずに聞くようにと言う。
- 仕事の仕方は，これまで先輩たちが改善を重ねて効率的な方法を確立してきたものだから，初めのうちは教えられた通りにするようにと言う。仕事の仕方を習得した後は，さらに工夫・改善していくのがよいので，気付いたことは相談するようにと言う。
- 最初のうちは難しいことはさせず，確実にできそうなことから行わせる。
- 最初のうちは，自分がやってみせたり，一緒に行ったりして，基本を確実に身に付けさせる。
- 仕事の仕方について他の人から注意されたときは，注意をありがたく受け止めるとともに，自分に報告するように言う（まだ指導していなかったことや，自分の指導内容と少し違う注意だった場合は，新人が混乱しないよう，補足説明をするなどの配慮をするため）。

❷ 注意をするときの心掛け

- 時と場所を考える（タイミングを計り，人のいる場所を避けて一対一で注意する）。
- 納得させる根拠・理由を示す。
- どうすれば改善できるか，具体的な方法を示す。
- 他人と比較をしない。
- 感情的にならない。相手を追い詰めない。
- 長所は褒める。
- 後輩の性格を考える。
- 嫌味に聞こえるような遠回しな言い方はしない。

❸ 注意をした後の配慮

- わだかまりが残らないよう，注意したことにこだわらず，今まで通り接する。
- 注意された相手の心の痛みを思いやり，声を掛けて，注意されたショックを和らげる。
- 注意したことが改善されていなければ，タイミングを見て繰り返して言う。
- 注意したことが改善されていれば，褒めたり認めたりする。
- 失敗を取り返す機会を与える。

C H A L L E N G E

演習問題

1　営業部で部長秘書を兼務しているAは，仕事の不手際について得意先へ謝りに行くことになった。責任者である上司も同行する。次はAが，このような場合どのようにしたらよいか考えたことである。中から不適当と思われるものを一つ選びなさい。

1）相手の都合もあるだろうから，訪問の予約をし，上司が同行することも伝えておこう。
2）受付では，Aが会社名と上司の名前を言って取り次ぎを頼むことにしよう。
3）相手に会ったらまず，Aが上司より前に進み出て，自分の責任だと言って深く頭を下げてわびるようにしよう。
4）ただ謝るだけでなく不手際の経緯を説明することになるが，その説明は上司ではなくAがしないといけないのかもしれない。
5）不手際についての話が終わっても，明るく気楽な話し方などはせず，身を縮めているように感じられる話し方をするようにしよう。

2　秘書Aの下に新人Bが配属された。次はAが，Bへの指導について考えたことである。中から不適当と思われるものを一つ選びなさい。

1）ミスを注意するときは注意の効果を考えて，今すべきか様子を見るべきか，タイミングを計るようにしよう。
2）仕事の仕方について社内の人から注意されたら，注意はAを通してもらいたいと言うように話しておこう。
3）仕事の仕方で分からないことがあったら，Aが忙しそうにしていても遠慮せず聞きに来るよう言っておこう。
4）仕事の仕方にはさらに工夫して改善できるものもあるが，初めのうちはAが教えた通りの仕方をするように指導しよう。
5）仕事の作業手順だけでなく，その仕事が何に影響するのか，全体の中でどの部分を行っているのかを説明し，重要性を理解させよう。

3　総務部の兼務秘書Aは上司（部長）から，「部員の電話応対が丁寧でないことがあるようだが，何とかならないか」と言われた。次は，Aがこのことについて考えたことである。中から<u>不適当</u>と思われるものを一つ選びなさい。

1）電話応対が丁寧な先輩に，上司に言われたことを話して協力を頼もうか。
2）上司に，上司が気付いた丁寧でない電話応対の例を教えてもらいたいと頼もうか。
3）部員の電話応対に気を付けていて，丁寧でない応対の具体例をメモしておくようにしようか。
4）部員全員に上司から言われたことを伝え，丁寧でない人がいたら教えてもらいたいと頼もうか。
5）課長に，上司から言われたことを話し，気が付いていることがあったら教えてもらいたいと頼もうか。

解答解説

1＝3)
Aの仕事に不手際があったとしても，上司が責任者として最初に謝るというのがこのような場合の謝り方です。丁重にわびるのはよいのですが，まず自分から謝ろうと考えたのは，上司の立場を考えていない出過ぎた行動です。

2＝2)
Aの下に配属されたのなら，Bの指導はAが担当ということになります。しかし，仕事の注意は誰がしてもよく，Aを通さなければいけないということはないので不適当。注意されたらAに報告するように言えばよいということです。

3＝4)
上司から言われた丁寧でない電話応対とは部員の電話応対のことです。改善するには丁寧さが分かる人に協力してもらわなければ意味がありません。全員に頼むなどは考えたこととして不適当です。

3 敬語と接遇表現

Lesson 1 敬語の用法

丁寧な言葉遣いをしているつもりが，尊敬語と謙譲語の使い方を誤ったために，自分の意に反して，相手に不愉快な思いをさせてしまうことがあります。会社の印象にも影響しかねません。後輩にきちんと指導する必要もありますので，改めて敬語の基本を確認しておきましょう。

Q 過去問題でポイントチェック！ POINT CHECK

次は秘書Aの，上司（部長）への言葉遣いである。中から不適当と思われるものを一つ選びなさい。

1）出先の上司のところへタクシーを迎えに行かせるとき
「タクシーを何時にお迎えに向かわせましょうか」

2）集めるように指示された資料のことを聞かれたとき
「ご指示のありました資料はこちらに取りそろえました」

3）上司が課長と同じことを言ったとき
「ただ今おっしゃったことは，課長も申されていらっしゃいました」

4）課長からの伝言を伝えるとき
「明日K社へいらっしゃるとき，課長がお供させていただきたいとのことでございます」

5）忙しそうな上司に聞きたいことがあるとき
「お忙しいところ申し訳ありません。お教えいただきたいことがございますが，ただ今よろしいでしょうか」

Answer CHECK

「申されて」は，謙譲語の「申す」と尊敬語の「れる」を混同した言い方で不適当です。この場合は課長が言ったことを言うのですから，尊敬語で「～おっしゃっていました」などが適切な言い方になります。

不適当は 3)

社内では，課長の動作は尊敬表現で表す

課長は上司の部下ですが，Aにとっては上役です。従って，社内の人と話すときは，課長のことについては尊敬語を用います。

❶ 敬語の基本

基本の型を改めて確認しておきましょう。

尊敬語	相手や相手に属する人の動作を高めて敬意を表す言い方	①「〜れる・られる」 ……書かれる，活躍される，言われる ②「〜なさる」……退職なさる ③「お（ご）〜になる」 ……お書きになる，ご活躍になる ④ 特別な形の敬語
謙譲語	自分や自分に属する者の動作を低めて相手に敬意を表す言い方 ①（自分が）〜する ②・③（自分が相手に）〜してもらう	①「お（ご）〜する（いたす）」 ……お読みする，お待ちいたす ②「お（ご）〜いただく（願う）」 ……お読みいただく，お待ち願う ③「〜（し）ていただく」 ……読んでいただく，待っていただく ④ 特別な形の敬語
丁寧語	丁寧な言葉にして相手に敬意を表す言い方	①「〜です」 ②「〜ます」 ※「ございます」は，最も丁寧な丁寧語 あります → ございます 〜です → 〜でございます そうです → さようでございます

❷ 特別な形の敬語

普通の言い方	尊敬語（お客さまが……）	謙譲語（私が……）
する	なさる	いたす
言う	おっしゃる	申す，申し上げる
食べる	召し上がる，（食事を）お取りになる	頂く，頂戴する
見る	ご覧になる	拝見する
聞く		伺う，拝聴する，承る
いる	いらっしゃる	おる
行く	いらっしゃる，おいでになる お越しになる	参る，伺う
来る	いらっしゃる，おいでになる お越しになる，お見えになる，見える	参る
訪ねる	いらっしゃる	お邪魔する，伺う，上がる お寄りする，参上する
気に入る	お気に召す	
思う		存じる
借りる		拝借する
知る	ご存じ	存じ上げる，存じる
見せる		お目に掛ける，ご覧に入れる
会う		お目に掛かる
知らせる		お耳に入れる
くれる	くださる	
もらう		頂く，頂戴する，賜る
あげる，やる		差し上げる
受ける		承る

❸ 尊敬語と謙譲語を混同しない

✕ 申されて
⇒「れ」は尊敬語の「れる」だが,「申す」は「言う」の謙譲語なので不適当。

○ おっしゃって

✕ 部長,お食事は頂かれましたか
⇒「れ」は尊敬語の「れる」だが,「頂く」は「食べる」の謙譲語なので不適当。

○ 部長,お食事は召し上がりましたか

❹「お(ご)~する(いたす)」は謙譲語

✕ お客さまがお尋ねいたしましたことは
⇒「お尋ねいたす」(お~いたす)は謙譲語なので不適当。

○ お客さまがお尋ねになったことは

✕ ご指示していただきました
⇒「ご~して」(ご~する)は謙譲語なので不適当。

○ ご指示いただきました

❺ 二重敬語は使わない

一つの言葉に同じ種類の敬語を重ねるのは過剰な敬語で,不適切な言い方です。

✕ 部長はこちらをご覧になられましたか
⇒「見る」の尊敬語「ご覧になる」に,尊敬語の「れる」がついている。

○ 部長はこちらをご覧になりましたか

✕ 社長が先日おっしゃられたように……
⇒「言う」の尊敬語「おっしゃる」に,尊敬語の「れる」がついている。

○ 社長が先日おっしゃったように……

✕ お承りいたします
⇒「聞く」「受ける」の謙譲語「承る」に,謙譲語「お~いたす」が重ねて使われている。

○ 承ります

✕ ご拝見いたします
⇒「見る」の謙譲語「拝見する」に,謙譲語「ご~いたす」が重ねて使われている。

○ 拝見(いた)します

❻ 外部に対して，社内の者への自分の動作を言うとき

外部の人と話すときは，社内の者（身内）に対しての自分の動作に謙譲語は使いません。

✕ このことを申し上げるよう山田から承っております／伺っております
⇒「承る」「伺う」は謙譲語なので，身内の上司を敬った言い方になる。客に話すときは不適当。

◯ 山田から聞いて（言われて／言い付かって／申し付かって）おります

◯ 山田から伝言を言付(ことづ)かっております

✕ 山田にお伝えいたします
⇒「お～する」は謙譲語なので，身内の上司を敬った言い方になる。客に話すときは不適当。

◯ 山田に申し伝えます／山田に伝えます
※「申し付かる」「申し伝える」は謙譲語だが，慣例で使われている。

❼ 上司の家族に上司のことを言うときは尊敬語

上司のことを上司の家族に言うときは尊敬語を使います。（上司は，相手（上司の家族）に属する人）

✕ 部長の山田は出掛けております
⇒ 敬称を付けて「山田部長（さん）」と呼び，「出掛けていらっしゃいます」と尊敬語を使う。

◯ 山田部長（さん）は出掛けていらっしゃいます

Lesson 2 接遇用語，改まった場で使われる言葉

接遇用語は，来客に敬意を表し，丁寧で柔らかい印象を与える慣用表現です。接遇用語や改まった場で使われる言葉を使いこなしましょう。

過去問題でポイントチェック！

POINT CHECK

次の「　　」内は，秘書Aが上司（山田部長）から指示されて相手に伝えたときの言葉である。中から不適当と思われるものを一つ選びなさい。

1）一緒に会場に行く予定にしていた他部署のN部長に，出先から直接向かうということを
「山田部長は外出先から直接会場に向かわれるとのことでございます」

2）急ぎで見てもらいたい書類を本部長に届けたとき
「山田部長からでございます。至急お目通しいただきたいとのことでした」

3）「課長に，P企画書を見たいので持ってくるよう伝えてくれ」と言われて
「部長がP企画書をご覧になりたいとのことですので，お持ちいただけますか」

4）取引先のT氏に来週の面会を申し込んだとき
「山田が来週お目に掛かりたいと申しておりますが，ご都合はいかがでしょうか」

5）不意に訪れた取引先のF氏に，忙しいので別の日にしてもらいたいということを
「山田は仕事が立て込んでおりまして，別の日に来てほしいと申しておりますがいかがでしょうか」

Answer CHECK

不意の来訪であってもF氏は取引先の人です。上司が「別の日にしてもらいたい」と言ったことを，「日を改めておいでいただきたい」などと敬語表現で言うのが伝え方。上司の言葉をそのまま伝えるなどは不適当ということです。

不適当は 5）

「仕事が立て込んでおりまして」

面会を求められたが会う時間が取れないときの理由には，仕事がたくさんあって，という意味の「仕事が立て込んでおりまして」という慣用表現を用います。似た表現に「ただ今取り込んでおりまして」「取り込み中で」がありますが，これは急な出来事でごたごたしているという意味で，突然の弔事や事故，災害など，大ごとで余裕がないときの言い方です。相手に「何かあったのか」と心配させてしまいますので，普段は使いません。

❶ 受付でよく使われる接遇表現

- 失礼ですが（恐れ入りますが），どちらさまでいらっしゃいますか。
（✕どちらさまでございますか）
お名前をお聞かせいただけますか／伺えますか
（✕お名前を頂けますか）
- ○○商事の○○様でいらっしゃいますね。お待ちしておりました。
- あいにく山田はやむを得ない（よんどころない）用事で外出いたしました。
- 失礼ですが，お約束は頂いて（頂戴して）おりましたでしょうか。
- 失礼ですが，どのようなご用件でしょうか。
- 私どものどの者にご用でしょうか／どの者をお訪ねですか。
（✕どなたにご用でしょうか）
- お差し支えなければ（よろしければ）ご用件を承ります（伺います）が，いかがいたしましょうか。
- 改めてこちらからご連絡いたします。
- かしこまりました（承知いたしました）。確かに山田に申し伝えます。
（✕山田にお伝えいたします）
- ご足労をお掛けしまして，申し訳ございません。
- 本日はお足元の悪い中をお運びくださいまして，ありがとうございます。
- こちらの書類をお渡しするようにと山田から申し付かっております。
- 私には分かりかねます。
- そのようなことをおっしゃいましても（言われましても）ご要望には沿いかねます（応じかねます）。
- 日を改めておいでいただけますか。

❷ その他，ビジネスの場で使われる改まった言葉，接遇表現

- こちら（の書類）にお目通し願えますか。
- 既にお聞き及びかと存じますが
- お名前はよく（かねがね）存じ上げておりました。
- お手隙（てすき）のときに（お時間がおありでしたら）　（✕お暇なときに）
- お役に立てることがございましたら，何なりとお申し付けください（ませ）。
- （昨日風邪気味だと言っていた上司に）　お加減はいかがですか。
- お供させていただけませんでしょうか。
- お招きにあずかりまして（ご招待いただきまして）ありがとうございます。

過去問 brush up

Q 次の「　　」内は秘書Aの，上司（部長）に対する言葉遣いである。中から不適当と思われるものを一つ選びなさい。

1）留守中にかかってきた取引先からの電話を報告したとき
「お手すきのときにお電話を頂きたいとおっしゃっておいででした」
2）上司に何か手伝おうかということを
「お手伝いできることがございましたら，何なりとお申し付けくださいませ」
3）詳しくは分からないが，上司の知人M氏が体調が悪くて入院したと伝えるのに
「詳しいことは存じませんが，M様はお加減が悪くて入院なさったそうです」
4）会えば分かるという不意の来客を取り次ぐとき
「会えば分かるとおっしゃって，部長にお目見えしたいという方がおいでになっています」
5）留守中に小林という友人の来訪があったことを報告するとき
「ご友人の小林様とおっしゃる方がみえましたので，念のためお電話番号を伺っておきました」

A 「お目見えしたい」が不適当。元は身分の高い人に初めて会うときの謙譲語ですが，現在は使われません。適切な言い方は「お会いになりたい」です。お目見えが使われるのは，「新製品○○お目見え」のような広告文などです。

不適当は 4）

3 使い方に注意が必要な言葉

敬語や接遇表現の他，上下関係を感じさせる言葉や間違った使い方をされやすい言葉についても確認しておきましょう。

過去問題でポイントチェック！

POINT CHECK

次の「　　」内は，山田部長秘書Ａの来客に対する言葉遣いである。中から**適当**と思われるものを一つ選びなさい。

1）上司から案内するように指示されているということを
「ご案内するようにと山田から言われております」

2）頼まれたことを調べているということを
「ご依頼の件はただ今担当の者が調べてくれております」

3）無理なことを言われたとき
「そのようにおっしゃいましても，お承りいたしかねますが」

4）上司への伝言を頼まれたとき
「かしこまりました。山田が戻りましたらお電話するようにお伝えいたします」

5）聞かれたことに対して
「お客さまがお尋ねいたしましたことは，後ほど山田からご説明させていただきます」

Answer CHECK

それぞれの適切な言い方は，2）調べてくれて→お調べして，3）お承り→承ることは，4）お伝えいたします→申し伝えます，5）お尋ねいたしました→お尋ねになりました，などです。

適当は 1）

「～してくれる」「～してもらう」は恩恵の意を含んでいる

2)「調べている」を「調べてくれている」や「調べてもらっている」のように言うと，調べている人に恩義を感じているようなニュアンスが加わり，調べている人を持ち上げた（尊重した）言い方になります。従って，自社の担当者が調べていることを来客に言う場合は，使わない方がよいということです。

❶「～してくれる（～してくださる）」「～してもらう（～していただく）」の使い方

✕「担当の者が調べてくれております」

○お調べしております　　○調べております

✕「担当の者から説明してもらいます／ご説明いただきます」

○（ご）説明いたします　　○（ご）説明させていただきます

❷「同行」と「同伴」

他部署の部長に，

✕「山田部長がA社接待にご同伴いただきたいとのことです」

○ご同行　　○ご一緒

「同伴」は「保護者同伴」のように使う言葉で，ビジネスの場ではあまり使われません。適切な言葉は「ご同行」「ご一緒」です。部下が上司に言う場合は，「お供させていただきたい」という言い方もします。

❸「役不足」と「力不足」の使い方

少し難しい仕事を新たに担当するように言われたとき，「『その仕事をやり遂げる自信はないが』頑張りますのでよろしくお願いします」と返事をするのに，「私には役不足かもしれませんが」と言うのは間違いです。「役不足」は，仕事が簡単で（役目が軽過ぎて）不満，ということなので，反対の意味になってしまいます。この場合は，「力不足かもしれない」や「私の手に余るかもしれない」「私では力が及ばないかもしれない」などが適切な表現です。

❹その他，注意が必要な言い方

✕お客さまをお連れいたしました

⇒「連れる」には，自分と同等かそれ以下の人を伴う（従える）という意味がある。

○お客さまをご案内（お通し）しました

✕（私の説明は）お分かりになりましたでしょうか

⇒「分かりましたか」には，相手の能力を測っているようなニュアンスがあるので，目上の人には使わない方が無難です。

○ご不明な点はございませんか

CHALLENGE

演習問題

１　次は山田部長秘書Aが，取引先に電話で言った言葉である。中から言葉遣いが不適当と思われるものを一つ選びなさい。

1）「山田が，ぜひ○○様のお力を拝借したいと申しております」
2）「その件は私には分かりかねますので，担当の者からご説明していただきます」
3）「誠に申し上げにくいのですが，その件はご要望に沿いかねると山田が申しております」
4）「あいにく山田は本日外出しております。お差し支えなければ課長の木村がご用件を承りますが，いかがでしょうか」
5）「山田が，先日のパーティーではごあいさつもせず申し訳なかった，またゆっくりお目に掛かりたいと申しておりました」

２　次は，部長秘書Aの言葉遣いである。中から**適当**と思われるものを一つ選びなさい。

1）部長の子息に対して
「部長さんはお食事に出掛けております」
2）取引先に対して
「私どものどなたにご用でいらっしゃいますか」
3）課長に対して
「部長は今しがたご出張からお戻りになりました」
4）部長に対して
「ご指示していただきました件で，お尋ねしたいのですが」
5）部員に対して
「部長は明日P社へいらっしゃいますが，ご同伴願えますでしょうか」

解答解説

１＝2)
2)「ご説明していただきます」が不適当。「～いただく」は「～してもらう」という意の謙譲語です。身内である「担当の者」に対する敬語になっています。適切な言い方は，「ご説明いたします」「ご説明させていただきます」などになります。
２＝3)
3) 以外の，不適当→適当は，1)「おります」→「いらっしゃいます」，2)「どなた」→「どの者」，4)「ご指示していただきました」→「ご指示いただきました」，5)「ご同伴」→「ご同行」などです。

対人マナー（来客応対，訪問，電話応対）

Lesson 1 来客応対（受付）

来客応対も，秘書の重要な業務です。予定外のことへの臨機応変の対応が求められます。上司からも来客からも信頼される応対や取り次ぎの仕方を確認しましょう。

Q 過去問題でポイントチェック！ POINT CHECK

秘書Aの上司が外出しようとしていたところへ取引先のK氏が不意に訪ねてきて，急だが時間をもらえないかと言う。このような場合Aはどのように対応するのがよいか。次の中から**適当**と思われるものを一つ選びなさい。

1）上司は外出しようとしているのだから自分が用件を尋ねておき，後で連絡させてもらうと言う。
2）不意に訪ねてきたのには何か理由があるのだろうから，用件を尋ねて上司に取り次ぎ会ってもらう。
3）時間をもらえないかと言っているので時間がかかることだろうから，出掛けるところと言って断る。
4）不意のことなのでK氏も上司に会えないかもしれないことは承知の上だろうから，理由を言って断る。
5）上司にとって今面会するのがよい用件かもしれないので，どのくらいの時間が必要か尋ねて上司に伝える。

Answer CHECK

K氏の用件は，上司にとって外出より重要かもしれません。従ってここは，どのくらいの時間が必要かを尋ねて上司に伝えるのが適切な対応ということです。

適当は 5)

会うかどうかは上司が判断

外出しようとしていたところへ「急だが」という来訪です。会うかどうかは上司が決めることなので，上司に来訪を伝えず秘書が断るのも上司に会わせるのも不適当ということです。ただし，「同行する得意先の車が迎えにきている」「空港へ向かわないと間に合わない」など，全く面会時間が取れない状況の場合は，すぐに外出しなければいけないと謝って，次ページの「⑤上司が不在の場合」と同様の対応をします。

❶ 約束のない客への対応

アポイントメント（面会の約束）のない来客には，上司の在席・不在は伝えず，待ってもらって，上司に面会の意向を尋ねます。

① 転任のあいさつの場合

- 1日に何社も訪問する転任のあいさつ回りは，アポイントなしでするのが普通。儀礼的なもので短時間で済むので，可能な限り上司に取り次ぐ。
- 上司が不在のときは，「代理の者でよいか」と尋ねる。相手は転任前で多忙なので，別の日に出直してもらうなどはしない。

② 着任のあいさつの場合

- これから付き合う人で，明日以降も会える人である。上司が不在または全く時間が取れないときは，日を改めて会う。

③ 転任・着任のあいさつ客と予約客が同時に来社した場合の対応

- あいさつ客に待ってもらい，予約客を先に応接室に通す。上司に事情を説明して，あいさつ客を先に取り次ぐ。
- 予約客にはお茶を出すなどして，少し待ってもらう。

④ 招かれざる客の来訪の場合

- 応じられない寄付の依頼，上司が会いたくないと言っている客などが来訪した場合は，相手を怒らせないように断る。
- 担当部署に取り次ぐなど，対処法を上司と決めておくとよい。

⑤ 上司が不在の場合

- 出張中，外出中などと告げ，出社予定日時や帰社予定時刻を伝える。
- 用件を聞いて（初めての人からは名刺を預かり），代理の者が対応するのではどうかと提案する。
- 相手が帰る場合は伝言があるか尋ねる。また，後でこちらから電話しようかと尋ねる。上司が戻ったら来客の訪問と伝言を伝え，その後の指示に従う。

⑥ 上司が多忙な場合／外出しようとしているとき

- 面会の所要時間を尋ね，上司の事情を伝えた上で待ってもらう。
- 上司の意向を尋ねる。
- 今は会えない場合は，代理の者が会う，伝言を聞く，後で連絡する，のいずれかの方法を選んでもらう。

❷ 予約客が来訪したが，約束の時間に上司が遅れる場合

- 「お約束をしておきながら申し訳ございません」とわびる。
- 外出先から戻っていない場合
  多少の遅れの場合は，出来る限り待ってもらう。

30分以上遅れる場合……遅れる理由は詳細を伝えず「急用」などとしておく。代理の者が会う，伝言を聞く，後で連絡する，のいずれかの方法を選んでもらう。

- 前の面談や会議が長引いている場合
  予約客を応接室に通して待ってもらい，上司にメモで予約客の来訪を伝え，指示を仰ぐ。
- 長く待たせる場合は，課長や担当者など，予約客を知っている部員に相手をしてもらう。飲み物を出したり，新聞や雑誌などを勧めたりする。

❸ 紹介状を持ってきた客への対応

- 事前に連絡を受けている場合には，予約客と同様に受け付ける。
- 名刺と紹介状を預かり，上司に取り次ぐ。
- 事前連絡がない場合，相手を確認して，紹介状を受け取り，待ってもらって，上司に取り次ぎ，指示を仰ぐ。
- 客が持ってきた手紙や紹介状は，両手で受け取り，中を見ずに上司に渡す（紹介状は上司宛ての信書なので，上司に渡す前に秘書が中身を改めたり読んだりしてはいけない）。

Lesson 2 受付後の来客応対（案内から見送りまで）

案内の仕方やお茶の出し方も，後輩に漏れなくきちんと教えるために，基本から復習しておきましょう。

過去問題でポイントチェック！ POINT CHECK

次は秘書Ａが，来客応対で行ったことである。中から不適当と思われるものを一つ選びなさい。

1）応接室に案内した来客が遠慮して下座に座ろうとしたので，上座を勧めて座ってもらった。

2）来客を案内している途中で他部署の部長に話し掛けられたとき，案内中と言い，客には失礼したと言った。

3）応接室にお茶を運んだところ上司と来客が立って名刺交換をしていたので，終わって着席するのを待ってお茶を出した。

4）応接室のドアを開けたら前の客の茶わんがそのままになっていたので，来客に謝って，応接室の前で少し待ってもらい急いで片付けた。

5）来客を応接室に案内したことを上司に伝えたところ，「１本電話をかけるのでちょっと待っていてもらいたい」と言われたので来客にそう伝えた。

Answer CHECK

上司が電話をかけるというのはこちら側の事情です。客を待たせて電話をかけるなど，言ってはいけないことを伝えたので不適当ということです。このような場合は理由には触れず，「少々お待ちください」などと言って待ってもらうのがよいでしょう。

不適当は５）

こちらの事情の詳細は言わない

面会の前に電話などちょっとした用を済ませたいとか，急に上役が訪れて質問されるなど，お客さまを優先できない場面は多々あります。すぐに済むことなら，お客さまには何も言わなくて構いません。少し時間がかかりそうなときは，「少し待ってもらいたい」と伝えます。社内の事情は言わないもの。また，お客さまを二の次にしている印象にもなるので，詳しい理由は言いません。

❶ 案内

(1) 案内の仕方

① 「応接室にご案内いたします。どうぞこちらへ」などと言って方向を指し示し，先に立って案内する。
② 廊下では客の二，三歩斜め前を歩く。
③ 階段では，上り・下りともに客の数段下を歩く。
④ 歩く速さは客に合わせ，曲がり角では後ろを振り返り，方向を示す。
⑤ エレベーターでは，「失礼いたします」と言って秘書が先に乗り「開」ボタンを押して客を招き入れる。エレベーターに乗っている人がボタン操作をしてくれるときは，客に先に乗ってもらう。
⑥ 応接室のドアはノックをし，外開きの場合は，手前に引いて客を先に通す。内開きの場合は，「失礼いたします」と言って，秘書が先に入り，ドアを押さえて客を招き入れる。
⑦ 上座を勧めて着席してもらう。客が遠慮して下座に座ろうとしたら，上座を勧める。
⑧ 来客を案内したことを上司に伝える。

案内中に社内の人と会ったときは，歩きながら（立ち止まらずに），目上の人には黙礼（言葉を発せずにお辞儀をする），同僚や後輩には目礼（目だけで軽くあいさつをする）。
社内の人から話し掛けられたら，「（案内中なので）後で」と言って，来客には「失礼しました」と言う。
案内中の来客が声を掛けられ話を始めたら，少し離れて終わるのを待つ。

(2) 席次

応接室では上座を勧めて着座してもらう。客が遠慮して下座に座ろうとしたら，上座を勧める。

●ソファー席がある場合の席次

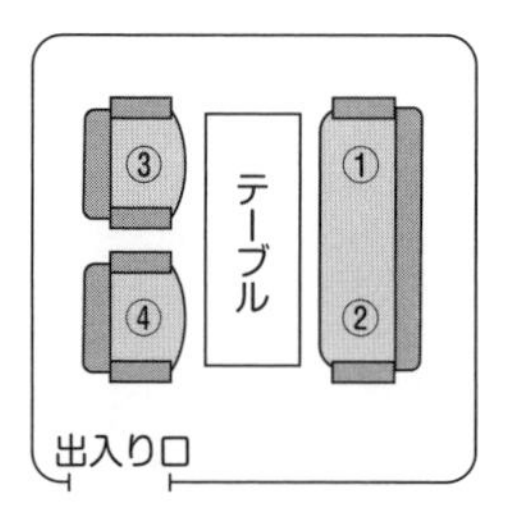

客１人の場合：客は①，上司は③
客２人の場合：客は①②，上司は④（または③）
客３人の場合：客は①②③，上司は④

●ソファー席がない場合の席次

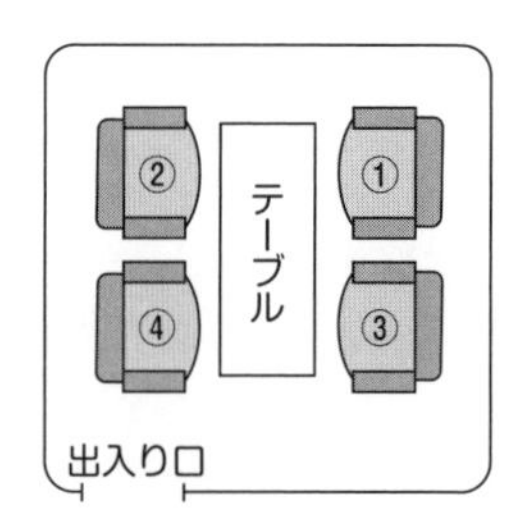

客１人の場合：客は①，上司は②
客２人の場合：客は①③，上司は④
客３人の場合：客は①②③，上司は④

●一人用の椅子と補助椅子がある場合の席次

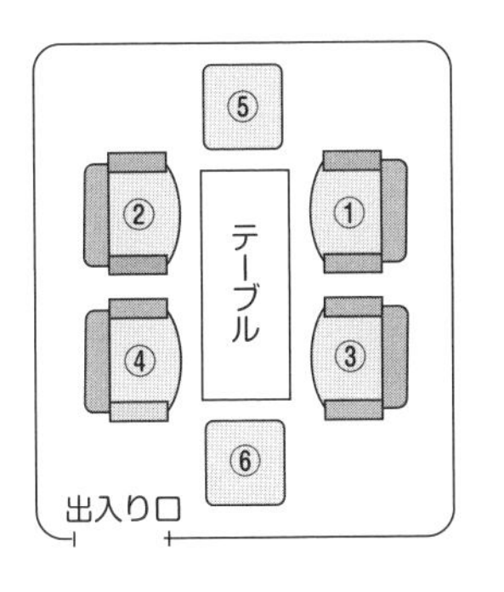

客３人で接遇側が二人の場合：客は①②③
接遇側は④⑥

●上司執務室での応接セットの席次

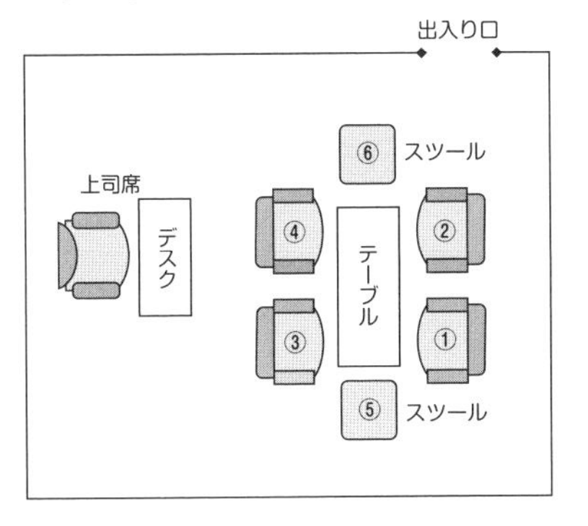

出入り口から遠い奥の席でも，上司席に近い方の席が下座。席次は①～⑥の順になる。

(3) 環境整備

いつ来客があってもよいように，応接室内は清掃と整頓をしておく。来客が応接室を使用しているときはドアの表示を「使用中」にする。

> 客を案内したところ，前の客の茶わんがそのままになっていたら，客にわびて待ってもらい，サイドテーブルなどに片付けてから座ってもらう。

(4) コートや荷物の扱い

来客のコートや荷物は「こちらでお預かりいたしましょうか」と声を掛け，預かる。このとき，貴重品の有無を確かめる。

❷ 茶菓接待

- 茶わんと茶たくは別々にお盆に載せ，布巾も載せる。お盆は胸の高さの位置で持つ。
- お盆をいったんサイドテーブルに置き，茶わんと茶たくをセットし，両手で出す。このとき茶たくに木目がある場合は客から見て横向き，茶わんに模様がある場合は客の正面になるように置く。
- 上座の客から順に，客の右側から「どうぞ」と声を掛けて出す。
- テーブルの上に書類があるときは「こちらに置かせていただきます」と言って，スペースがあるところに置く。スペースがない場合は「失礼いたします」と声を掛けて，スペースを空けてもらう。勝手に書類を動かしてはいけない。
- お茶を出しに行ったところ上司と来客が立ってあいさつ，名刺交換をしていたら，終わって着席するまで，部屋の中の入り口近くで待つ。
- お茶を入れ替えるときは，茶器ごと下げて新しく出し直す。

• お茶と菓子を出すときは，菓子を先に出し，お茶は菓子の右に出す。

来客と上司のお茶を持って行ったところ，課長も同席していてお茶の数が足りなかったら，来客と上司にお茶を出し，課長の分は改めて用意して出しに行く。

❸ 紹介

• 地位の上下がある場合は，地位の低い人を先に上位の人に紹介する。
• 年齢差がある場合は，年の若い人を先に，年上の人に紹介する。
• 地位，年齢が同等なときは，自分と親しい人から紹介する。
• 紹介してもらいたいと望んでいる人を先に紹介する。

❹ 見送り

来客が帰る際は，見送りをします。

• **自席で見送る場合**
立ち上がってあいさつし，きちんとお辞儀をする。あいさつの言葉は「失礼いたします」「ありがとうございました」など。
• **エレベーターまで見送る場合**
エレベーターホールで改めてあいさつし，エレベーターのボタンを押す。エレベーターの扉が開いたら，客が中に入るまで扉を押さえる。エレベーター内の客にあいさつし，お辞儀をして，扉が閉まるまで，前に倒した上体を起こさない。
• **玄関まで見送る場合**
あいさつの後，客が外に出るまで見送る。車で帰る場合は，客が車に乗り込み，動き出したらお辞儀をし，車が遠ざかるまで見送る。

C H A L L E N G E

演習問題

1　秘書Aの上司のところへ取引先の支店長が着任のあいさつに来た。上司は出張の準備中で，あいさつ程度のことでも避けたい状態である。このような場合Aはどのように対処すればよいか。次の中から適当と思われるものを一つ選びなさい。

1）上司は今手が離せないので，伝えることがあれば自分から伝えておくが，それでは駄目かと尋ねてみる。
2）上司は今出張の準備中なので時間は取れないのだが，あいさつなので，少しの時間ならと言って取り次ぐ。
3）上司は立て込んでいて手が離せない状態にあるので，差し支えなければ自分があいさつを受けるがと言う。
4）上司は今手が離せない状態だが，時間によっては無理をしてもらうので，必要な時間を教えてもらいたいと言う。
5）上司は出張の準備に追われていて時間が取れそうもないので，出張から戻ったらこちらから連絡させてもらうと言う。

2　秘書Aの上司（部長）は臨時会議で席を外している。そろそろ昼というとき上司の友人が訪ねてきた。友人は，「昨夜上司宅に相談事で電話したとき，今日昼食を取りながらという約束をした」と言う。上司の午後の予定は，１時からの課長との打ち合わせ１件だけである。このような場合，Aは友人に上司は会議中と言った後，どのように対処したらよいか。次の中から**適当**と思われるものを一つ選びなさい。

1）約束をしたと言うのだから，「会議中の上司に連絡するので，待っていてもらいたい」と言う。
2）「３時以降なら上司は時間が取れるはずなので，そのころ改めて来てもらえないか」と頼んでみる。
3）課長との打ち合わせが１時からなので，「１時までしか時間を取ることができないが，それでもよいか」と尋ねる。
4）「上司は会議中で午後からも予定が入っている。今日は一緒に食事をするのは無理だと思うがどうするか」と尋ねる。
5）課長に上司の友人のことを伝えておくことにし，友人に「上司が会議から戻るのを待っていてもらえないか」と言う。

解答解説

1＝5）
時間がなくあいさつ程度のことでも避けたいなら，後で済むものは後にすればよいことになります。その支店長は着任ですからこの後支店にいることになります。事情を話して後にしてもらうという対応が適当です。

2＝5）
この場合，友人との約束は上司も承知していることなので，Aは友人に，待っていてもらえないかと言うことになります。ただし，１時からの課長との打ち合わせには遅れるかもしれないので，課長には，上司の友人のことを伝えておくのが適当ということです。

Lesson 3 訪問，随行

上司に随行して，または上司の使いとして，取引先などを訪問する機会があります。いずれの場合も，秘書としての立場をわきまえて行動します。移動の際の車などの席次も確認しておきましょう。

過去問題でポイントチェック！

POINT CHECK

秘書Aの上司は高齢なので，外出のときはAが付き添いで同行する。次は，それぞれの場面でのAの席の着き方である。中から不適当と思われるものを一つ選びなさい。

1）業界団体の理事会に同行したとき，主催者に頼んで，上司の隣に席を設けてもらって座った。
2）忘年会の席上，幹事から上司の隣へ座るよう勧められたが，断って，上司の様子が分かる下座の方に座った。
3）地方出張で列車に乗ったとき，つえを突くから席は通路側がよいと言ったので，自分は奥の窓際の席に座った。
4）腰痛がぶり返したと言っていたので，車のときは上司には乗ってすぐの所に座ってもらい，自分は助手席に座った。
5）取引先に同行し応接室に案内されたとき，上司に続いて応接室に入り，資料を持っていたので，上司の隣に座った。

Answer CHECK

Aは，理事会に出席する上司の付き添いです。付き添って上司のそばで世話ができればよいので，頼むのなら，上司の後ろに席を用意してもらいます。理事会のメンバーではないので，上司の隣に席を設けてもらうのは不適当ということです。

不適当は 1）

随行者としての位置（席）

秘書が上司の訪問や会合，パーティーなどに随行するのは，「お供」としてです。招かれているのは上司で，自分はその手助けをする役目であることを意識して行動します。また，車や列車などには一般的なマナーとしての席次がありますが，上司の体調や席の好みなどにより適宜変更するのも秘書の気遣いといえます。

❶ 書類などを届けるとき

- 受付で社名と名前を名乗り，相手への取り次ぎを頼む。
- 相手にあいさつし,「山田から, こちらをお届けするよう申し付かってまいりました」などのように言って届け物を渡す。

＊自分が着ていたコートは, 会社のロビー（入り口）で脱ぎ, きちんと整えて腕に掛け, 受付へ行く。
＊ショルダーバッグは肩から外して手に持つ。肩に掛けたままあいさつしない。

❷ 上司に随行するとき

- 書類などは上司に持たせず，秘書が持つ。
- 受付では秘書が，上司の名を言って取り次ぎを頼む。
- 廊下などでは，上司の少し後ろを歩く。
- 応接室に通されたら, 勧められた席に座る（上司が最上席。秘書は普通その隣の席）。
- バッグは椅子の背と自分の背の間に置く。書類かばんなど大きいものは床（自分の足元，下座側）に置く。
- お茶を出されたら礼を言う。
- 相手が部屋に入ってきたらすぐに立ち上がる。
- あいさつは上司が先にする。
- 手土産を渡すときは，手提げ袋から出して，両手で差し出す。手提げ袋は畳んでかばんにしまい，持ち帰る。
- 見送りのあいさつを受けるときは，上司の斜め後ろに立つ。

❸ 移動の際の席次

運転手つきの車やタクシーの場合

３人乗車

４人乗車

オーナードライバー（車の持ち主）の場合

取引先の人が運転するとき

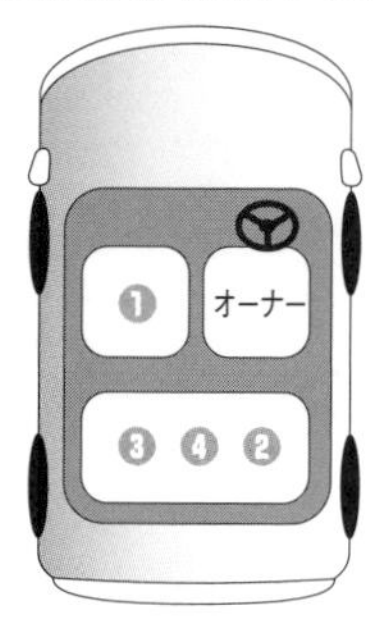

列車の場合

（2 席ずつ対面するとき）

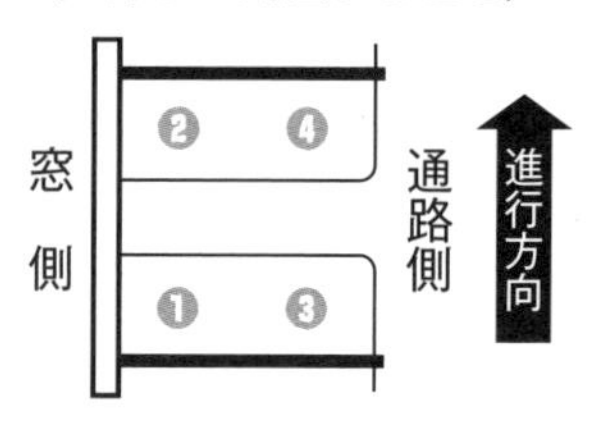

飛行機や列車で，対面しない場合

（1 列に 3 席並ぶとき）

上司の意向（席の好み，高齢，体の具合など）に合わせて，一般的なマナーの席次に固執せず，臨機応変に対応する（和装などのお客さまと同乗する場合も同様）。

Lesson 4 電話応対

電話応対も，秘書にとっては日々欠かせない重要な業務です。対面の場合とは異なる気遣いや慣用表現について改めて確認しておきましょう。

❶ 電話応対の基本

（1）聞き取りにくい電話への対応

電波や回線の状況によって，相手の声が聞き取りにくかったり，音が途切れたりするときは，次のように対応します。

① 聞き取りにくいことを伝える

「（少々）お電話が遠いようですが」と言う。「もっと大きな声で」などと相手に原因があるような言い方はしない。

② 別の電話機からかけ直すか，時間をおいてかけ直す

電話機の不具合や周囲が騒がしいときなどは，別の電話機からかけ直す。携帯電話でかけているときは，場所を変えてかけ直す。急ぎでなければ時間をおいてかけ直すのもよい。受けた電話のときは，いったん切ってこちらからかけさせてもらう方法もある。

（2）電話が途中で切れてしまったとき

電話が途中で切れてしまったら，かけた方がかけ直すのが基本です。ただし，相手が目上の人や得意先の場合は，受けた側でもできるだけこちらからかけるようにします。

（3）電話を切るとき

切るときは，かけた方から切るのが基本です。最後のあいさつをしてから，静かに切ります。ただし，相手が目上の人や得意先の場合は，自分がかけた電話でも相手が切るのを待ってから切るようにします。

（4）間違い電話への対応

どのような場合でも会社のイメージを損なわないように丁寧に対応します。
「恐れ入りますが，お間違いではございませんか。こちらは○○会社で，○○番でございます」などと応答します。

❷ 電話応対の実際

(1) 電話をかけたが，指名した人が不在で，伝言を頼むとき

- 「恐れ入りますが，○○様にご伝言をお願いできますか」と頼み，伝言内容を話す。
- 複雑な内容を伝えるときは，「込み入った内容で申し訳ございませんが」と言ってから伝える。そう言えば相手はメモを取りながら聞いてくれる。こちらから「メモを取ってもらいたい」「復唱してもらいたい」などと言うのは失礼。
- 最初に名乗っていても，伝言の後，改めて「私，○○社の○○と申します」「○○社○○部の△△の秘書の◇◇と申します」と名乗る。
- 伝言を頼んだ相手の名前を尋ねておく。「恐れ入りますが，お名前を伺ってもよろしいですか（お名前をお聞かせくださいますか）」

(2) 在席している上司あてに電話がかかってきたとき

①電話をかけてきた相手（と用件）を確かめる。

「○○会社の△△様でいらっしゃいますね。いつもお世話になっております。○○の件でございますね。かしこまりました。少々お待ちくださいませ」

＊相手が用件を言わない場合は，無理に用件を聞かない。秘書に用件を言えない場合もある。

②上司に「○○会社の△△様から，○○の件でお電話でございます」と取り次ぐ。

③上司が他の電話に出ているときは「申し訳ございません。ただ今○○は他の電話に出ておりますが，いかがいたしましょうか」などと相手の意向を聞く。

→相手が待つと言う場合……上司に，相手の会社名・名前・用件をメモで知らせる。
→上司の電話が長引いている場合……「申し訳ございません。電話が長引いておりますので，後ほどこちらからおかけいたしましょうか」と再度相手の意向を聞く。

> 上司が今は面談の予約を受けないように，と言っていた相手から，面会申し込みの電話があったとき
> 「あいにく仕事が立て込んでおりまして，しばらくの間ご面会はいたしかねます。時間が取れそうになりましたら，こちらからご連絡させていただきますので，ご了承願えませんでしょうか」

(3) 電話がかかってきたが，上司が不在の場合

①不在をわびて，相手の意向を尋ねる。

「申し訳ございません。あいにく○○は外出しておりますが，いかがいたしましょうか（後ほどこちらからお電話するようにいたしましょうか）」

＊相手には上司の外出先，外出先の電話番号は教えてはいけない。相手が聞いてきたときは，相手の連絡先を聞いて，上司から電話をすると伝える。

②上司の帰社時間が分かっている場合には，「午後○時に戻ってまいる予定でございますが，いかがいたしましょうか」と時間を伝える。

③伝言を聞いたときは「～の件は，～ということでございますね。かしこまりました。確かに○○に申し伝えます。私，秘書の◇◇と申します」と用件を復唱して，名乗る。

＊伝言メモは上司の机上に置くが，上司が帰社したときに口頭でも伝える。

(4) 上司が訪問中の取引先に電話して，上司に急用を伝えたいとき

「恐れ入りますが，そちらさまに伺っております（そちらの◇◇様をお訪ねしております）私どもの○○を（電話口まで）お呼び（出し）いただけませんでしょうか」
上司はまだ到着していないと言われたとき
「恐れ入りますが，○○がそちらさまに着きましたら，至急会社に電話するようお伝えいただけますか」

5 交際業務

Lesson 1 慶事の知識と対応

祝賀行事や賀寿（がじゅ）・結婚などのお祝い事に上司が招かれたときの返事から出席まで，秘書が行う仕事を整理して理解しましょう。また，秘書は取引先主催のパーティーに招かれることがあります。パーティーでの立ち居振る舞いや会食のマナーについても確認しておきましょう。

過去問題でポイントチェック！ POINT CHECK

次は用語とその説明の組み合わせである。中から不適当と思われるものを一つ選びなさい。

1）賀寿　＝　長寿を祝うこと。
2）玉串奉奠　＝　神前に玉串を供えること。
3）叙勲　＝　勲等を授け勲章を与えること。
4）竣工　＝　建設工事などに取り掛かること。
5）祝詞　＝　神前で唱える神への言葉のこと。

Answer CHECK

「竣工」とは，建設工事が完了すること。建設工事に取り掛かることは「着工」「起工」といいます。

不適当は 4）

「竣工」「落成」

建設工事が完了することは，「竣工」とも「落成」ともいい，企業などでは，自社ビルの完成時に「竣工式」や「落成式」を行います。また，取引先などの関係者を招いて新社屋落成披露パーティーを行うこともあります。招待客は受付で「御落成御祝」のご祝儀を渡します。主催者から招待客には，「落成記念」または「落成内祝」の品（引き出物）が贈られます。

❶ 上司が招待されたときの対応

慶事の情報を得たら，秘書は次の手順で対応します。

①上司に伝える

先方からの連絡や新聞で得た情報を，上司および関係部署に知らせる。

② 招待状に返事を出す
招待状の返事はなるべく早く出す。そのとき，お祝いの言葉を添えるとよい。欠席の場合は，「出張のため」など当たり障りのない書き方で理由を書いてわび，盛会を祈る言葉を添える。

③ 電報を打つ
招待の席に出席できない場合は，祝電を「日時指定」で打つ。電文と台紙を，上司の意向に沿って決める。

④ 祝いの品を贈る場合
目的，予算，相手の希望，上司の希望，持参するか送付するかを上司に確認して手配する。送る場合は，お祝いのカードを同梱（どうこん）するか，別便で祝いの言葉を述べた送り状を出す。

⑤ 上司が祝賀会に出席する場合
祝儀，ふくさを用意する。多くの人とあいさつする機会なので，名刺は多めに準備する。服装について上司から相談されることもある。車の手配などもする。

⑥ 上司がスピーチ（祝辞）を頼まれた場合
秘書はスピーチの草案作成を手伝うことがある。

＜例＞取引先社長の子息の結婚披露宴でのスピーチ
- 取引先との関係を簡潔に述べ，日ごろの礼を言う。
- 子息をよく知っている場合は，その人柄や仕事ぶりなどを褒める。
- 結婚祝いの場にふさわしい，明るく楽しいスピーチにする。
- 上司の年齢や立場にふさわしい内容，言い回しにする。
- 「別れる」「切れる」などの忌み言葉を使わないように気を付ける。
- 予定時間内に収まる分量にする。

❷ 慶事における服装

	男性	女性
インフォーマル（略式）	ダークスーツ	ワンピースやスーツ
フォーマル（正装）	午前，昼はモーニング 日没後，夜間はタキシードにブラックタイ	洋装の場合はイブニングドレス 和装の場合は，未婚者は振袖・既婚者は留袖

★ パーティーに招待されたとき，女性の服装は，どの色でもよい。慶事なので華やかな装いが望ましい。ただし，結婚披露宴の場合は，花嫁よりも目立つような純白のドレスは避ける。上司の代理で秘書が出席する場合は，華美になり過ぎないように気を付ける。スーツにコサージュ（花）を着けるくらいがよい。

❸ パーティー出席のマナー

- コートや大きな荷物はクロークに預ける。
- 祝賀会などで祝儀を持参する場合は，ふくさに包んで持って行き，受付でふくさから出して，お祝いの言葉とともに両手で差し出す。
- 受付で芳名録に記帳する。用意されている毛筆，サインペン，どちらを使ってもよい。
- ディナーパーティーでは，ハンドバッグは椅子の背もたれと背中の間に置く。中座するときは，ナプキンを軽く畳んで椅子の上に置く。
- ビュッフェ（立食パーティー）では，自分から動いて多くの人と交流する。ハンドバッグは小さいものにし，手に掛ける。
- 会場入り口でウエルカムドリンクを渡されたら，すぐに口を付けて構わない。他の招待客と談笑しながら開会を待つ。
- 開会のあいさつの後，乾杯の発声をする人が壇上に上がったら，ドリンクがつがれたグラスを手にして話を聞く。乾杯にはグラスを掲げて唱和し，一口飲んでグラスをテーブルに置いて拍手。
- 料理は少しずつ取り，料理が並ぶテーブルから離れて食べる。空いた皿は会場内に幾つか置かれた丸テーブルに置き，次に料理を取るときは新しい皿を使う。壁際に置かれた椅子は立ち疲れた人のためのもの。座り込んで食事をするのはマナー違反。
- 基本的に，入出は自由。帰るときは主催者に知らせに行かなくてよい。また，遅れて行っても主催者にわびに行ったりしなくてよい。

❹ 上司からの祝儀を届けるとき

仕事関係の人や恩師，友人の趣味の個展や発表会に，上司が出張などのため行けず，秘書に祝儀を届けさせることがあります。このように上司の代理で行く場合，受付の芳名録には上司の名前を書いて，（代）と書き添えます。

＜例＞「山田　一郎（代）」

また，受付の人に「山田が出張のため参れませんので，こちらをお届けするようにと預かって（言い付かって，申し付かって）まいりました」と言って，祝儀袋をふくさから出して渡します。

❺ 賀寿（がじゅ）の知識

賀寿とは，長寿の祝いのことです。

- 還暦（かんれき）……満 60 歳　60 年で干支が一回りし，満 60 歳で生まれた年の干支に戻る（還（かえ）る）ことから。
- 古希（こき）……70 歳　中国の詩の「人生七十年　古来稀（まれ）なり」からきている。「古稀」と書かれることもある。
- 喜寿（きじゅ）……77 歳　「喜ぶ」の草書体「㐂」から。

- 傘寿（さんじゅ）……80 歳　八十を縦に重ねると「傘」の略字「仐」に見えることから。
- 米寿（べいじゅ）……88 歳　八十八を組み合わせると「米」の字ができることから。
- 卒寿（そつじゅ）……90 歳　九十を縦に重ねると「卒」の略字「卆」に見えることから。
- 白寿（はくじゅ）……99 歳　「百」の上の「一」を取ると「白」になる（100 − 1 = 99）ことから。

❻ 六曜の知識

六曜とは，暦上の日を６種の吉凶日に分けたものです。

- 先勝（せんしょう）……（さきがち，せんかち）午前は吉，午後は凶。急ぐことや訴訟によい日とされている。
- 友引（ともびき）……何事も勝負がつかない日。朝晩は吉，昼は凶。「友を引く」として，葬礼を避ける習慣がある。
- 先負（せんぶ）……（せんまけ，さきまけ）平静を吉とし，急用や訴訟によくない日。午前は凶，午後は吉。
- 仏滅（ぶつめつ）……何事も凶とする日。
- 大安（たいあん）……何をするにも縁起がよいとされる日。
- 赤口（しゃっこう）……（しゃっく）一日中，凶。正午のみ吉。

❼ 慶事に関する用語

昇進	上位の役職に就くこと
栄転	上位の役職に就いて転勤すること
就任	組織のトップや重役などの高い地位，役職に就くこと
叙勲	勲章の等級を授け勲章を与えること
受賞，受章	各種団体から賞を受けるのは受賞。国から勲章，褒章（ほうしょう）を受けるのは受章
祝儀	祝いの儀式のこと。または，祝いのときに贈る金品
祝言	結婚式などの祝いの儀式
発起人	祝賀会など何かを始めようと思い立って計画する人のこと
祝辞	祝いの言葉，祝詞（しゅくし）
謝辞	感謝の意を表す言葉
祝詞（のりと）	神事のとき神官が神前で唱える言葉
吉日	祝い事など何かをするのによいとされる日
引き出物	祝宴などに招いた客へ主人が贈る物

Lesson 2 パーティー・会食の開催

秘書は，自社が祝賀会などを主催する際に準備や進行，受付などを行うことがあります。会社の大切なお客さまを多数招いて行われる式典やパーティーで，行き届いた気配りができるよう，必要事項を確認しましょう。

過去問題でポイントチェック！

POINT CHECK

秘書Aは上司（総務部長）から，「創立60周年記念式典」の招待状の発送と当日の受付を担当するように指示された。次はその仕事をするについてAが考えたことである。中から不適当と思われるものを一つ選びなさい。

1）会場の案内略図は，分かりやすいように封筒の裏面に印刷するのがよいのではないか。
2）当日出席者の案内がスムーズにできるように，案内係に席次表を配っておくのがよいのではないか。
3）当日受付で招待客名簿とすぐに一致するように，招待状に番号を付けておくのがよいのではないか。
4）来賓には特別な胸章を着けてもらうなど一般客と異なる対応があるので，受付は別にするのがよいのではないか。
5）招待状の宛て名は毛筆書きにして，株式会社は（株）などと略さず，氏名には役職を付けるのがよいのではないか。

Answer CHECK

周年記念式典は，形式や格式を重んじた行事ですから，そのことを意識したやり方が必要です。地図は別に印刷して同封するのが一般的で，封筒の裏面に印刷するなどは不適当ということです。

不適当は 1）

準備の仕方はパーティーの趣旨，内容に合わせる

上司から準備を頼まれるパーティーは，部員の昇進・栄転祝いのような内輪のものから，会社の創立記念や新製品発表記念などの，フォーマルで盛大なものまで，いろいろあります。それぞれのパーティーの内容にふさわしい準備が必要です。案内の仕方も，メールや往復はがきで行う場合，慶事用の切手を貼った封書に返信はがきを同封する場合など，パーティーの内容や格式に合わせます。

❶ 上司が主催するパーティーの準備

- 日時，パーティーの形式の希望などを上司に確認し，会場の候補を挙げる。
- 上司の意向を聞き，会場を予約する。
- 招待状の作成，発送。出欠返信の取りまとめ。
- パーティー会場に，上司から指示のあった式次第を伝える。
- 必要機材，料理内容について会場の係と打ち合わせる。上司の意向を確認した上で決める。
- 案内係になった人と段取りの打ち合わせ。
- 受付準備（招待客名簿，胸章，記念品など）。
- 開会のあいさつ，乾杯の発声をする人，就任祝いなどであれば祝いの品や花束を渡す人，中締めや閉会のあいさつをする人を上司に選んでもらい，それぞれにお願いをする。

❷ パーティーの受付を担当するとき

- 改まったスーツを着用するのが一般的。
- 名刺や祝儀を受けるための盆を用意する。
- 芳名録に記帳してもらう。
- 祝儀や会費はきちんとした所作で受け取る。金銭の管理をする。
- 来賓に胸章を着けてもらう（着けるのを手伝うこともある）。
- 遅れて来た人を会場内へ案内する。
- 引き出物（記念品）を渡す（帰りに渡すことも多い）。

C H A L L E N G E

演習問題

1 秘書Aは上司から，取引業者との懇親パーティーを行うことになったので接待を手伝ってもらいたいと言われた。A以外にも頼んであるという。このような場合，Aはどのようなことを心掛ければよいか。次の中から不適当と思われるものを一つ選びなさい。

1）手伝いといっても接待なのだから，服装はパーティーの雰囲気に合わせたものにする。
2）接待の手伝いだから，会話の糸口として使えるよう料理や飲み物について確認しておく。
3）接待していて聞かれることがあるかもしれないので，自社から誰が出席するのかを覚えておく。
4）接待の手伝いといっても秘書なのだから，なるべく上司のそばにいて一緒に礼を述べられるようにする。
5）どのような業者が参加するのかを聞いておき，接待のとき困らないように業者についての知識を得ておく。

2 次は祝賀パーティーに招待されたときのマナーについて述べたものである。中から不適当と思われるものを一つ選びなさい。

1）出欠の返事は，招待状に同封されている返信用はがきでできるだけ早くするのがよい。
2）会場に生花などを贈るときは，あらかじめ主催者側の了承を得てからにする。
3）祝賀パーティーは華やかな場なので，黒ずくめの服装は避けた方がよい。
4）受付でご祝儀を出すときは，「本日はおめでとうございます」のようにお祝いの言葉を言って出す。
5）パーティーに最後までいられないときは，主催者にあいさつをせずに途中で帰ってもよい。

3 次は秘書Aが同僚たちと一緒に，会社の創立記念パーティーで受付を担当したときに行ったことである。中から不適当と思われるものを一つ選びなさい。

1）胸章は着けさせてもらうことになっていたが，自分で着けると言う客には渡してお願いした。

2）招待客名簿に名前がない客がいたのでロビーで少し待ってもらい，パーティー担当の責任者に対応を頼んだ。

3）取引先の社長から，上司にあいさつだけして失礼したいと言われたので，急いで上司を呼びに行った。

4）遅れて来た客が会場に入ろうとしたが，来賓が祝辞を述べている最中だったので，終わるまで待ってもらいたいと言った。

5）遅れて来る客がまだいたが，途中で帰る客に引き出物を渡せるよう，受付と並行してその準備をした。

解答解説

1＝4）
懇親パーティーの接待ということですから，パーティーでは会場内に気を配り，客を案内したり会話を楽しんでもらったりすることが仕事になります。上司のそばにいてはそのような仕事は十分にできないので，心掛けとして不適当ということです。

2＝3）
黒ずくめとは，一般的には弔事のときの服装になります。が，黒ずくめでも，素材，デザイン，服飾などの工夫で，シックで華やかな祝賀パーティーの場に合った装いはできます。祝賀パーティーだから，黒ずくめの服装は避けた方がよいとは限らないということです。

3＝4）
会社の創立記念パーティーなどは招待客の会場への出入りは自由です。従って，来賓の祝辞の最中でも会場に入ってもらって構いません。祝辞が終わるまで待ってもらいたいと言ったのは不適当ということです。

Lesson 3 接待，宴席の知識

秘書は，得意先との会食や接待の手配などを任されることがあります。日時や店，料理の選定など，上司の意向を確認しながら準備をします。相手に喜んでもらえる，気持ちのよい宴席を演出したいものです。

過去問題でポイントチェック！

POINT CHECK

秘書Ａは得意先Ｔ社から戻った上司に，「取引が一段落したのでＴ社の部長と担当者Ｗ氏を接待することにした。準備をするように」と指示され日程のメモを渡された。次はＡが行った準備である。中から不適当と思われるものを一つ選びなさい。

1）Ｔ社の部長とＷ氏の飲食の好みは前回の懇親会で分かっているので，店を決めたら知らせるとＷ氏に伝えた。
2）当日の案内をＷ氏にメールするとき，店のサイトのＵＲＬを書き込んでおいた。
3）部屋のレイアウト図を店からもらい，当方とＴ社２名の席次を書いて参考にと言って上司に見せた。
4）前回は二次会も好評だったとＷ氏から言われていたので，同じ店を予約したと上司に報告した。
5）上司に，土産は料飲店にお薦めのものがあるようなので，それにしたいがどうかと尋ねた。

Answer CHECK

得意先を接待する場合，場所は相手の好みに合わせることになります。二次会も同様なので，相手の評判がよかった前回の店を候補にするのはよいでしょう。が，二次会の有無や希望などを上司に確認せずに，予約してから報告したのは不適当ということです。

不適当は 4）

店の候補を挙げて，上司に決めてもらう

宴席を設けるときは，料理や酒などの相手の好みを聞いた上で，交通の便，店内の雰囲気などの条件を満たす店を候補として挙げます。こちらの要望に応じ気を利かせてくれるか，上司がよく使い融通が利く店か，なども条件になります。いずれにしても，どの店にするか決めるのは上司です。二次会についても同様。上司が選んだ店を，秘書が上司の名前で予約します。

❶ 取引先の部長を接待するときの要領

（1）日時と店を決める

- 先方の秘書または担当者に連絡を取り，部長の都合（日時）を尋ねる。
  課長や担当者なども招く場合は，担当者に連絡する（先方の調整は担当者にお願いする）。その際，酒や料理の好みを尋ねておく。
- 相手から返答があったら，上司に候補日を伝え，日時を決めてもらう。
- 店は，相手の料理の好みや交通の便，店内の雰囲気，予算などから候補を挙げて，上司に選んでもらう（個室があるか，テーブル席か座敷か，支払方法などもチェックする）。取引や相手によっては，店の格式（高級感）が重要となることもある。
- 店に連絡し，上司の名前で予約する。連絡先は秘書にする。
- 先方の秘書または担当者に，日時と店を伝える。
- 店に連絡し，支払方法（後日請求で銀行振込／現金支払い／クレジットカード）を確認。請求書や領収書は会社宛てにしてもらう。
- できれば席のレイアウトを店に尋ねておく。

（2）その他の気遣い

- 二次会を行うか，上司に確認し，行う場合は店の希望を尋ねる。
  二次会の店の候補を挙げて上司に決めてもらい，予約をする。
  先方の秘書または担当者に，二次会の用意があることを伝えておく。
- 土産の手配をするか，上司に確認し，手配する場合は上司の意向に合うものを用意する（接待する料飲店に土産の用意を頼むこともある）。
- 必要に応じて，お客さまの帰りの車（タクシー）を手配しておく。
- 自社側の出席者が上司のみの場合は上司に，課長や担当者が同席する場合は幹事役（地位が下の人）に，店などの手配内容をまとめたメモを渡し，支払方法を案内する。

❷ 日本料理の種類

- 会席料理……宴会用にあらかじめそろえ，膳に載せて出す料理。
- 懐石料理……料理を一品ずつ客に出す高級な料理。もともとは茶事で出される料理のこと。
- 精進料理……肉や魚介類を用いない，野菜中心の料理。
- 小料理………手軽な一品料理。酒の肴としての料理。
- 皿鉢（さわち）料理……高知県の郷土料理で，大皿に種々の料理を盛り合わせた宴会用の料理。

必要とされる資質
職務知識
一般知識
マナー・接遇
技能
面接

❸ 宴席（和室）の席次

宴席も基本的には，入り口から遠い奥の席が上座，入り口の近くが下座です。和室で床の間がある場合は，床の間を背にした席が上座です。

床の間がある和室の席次

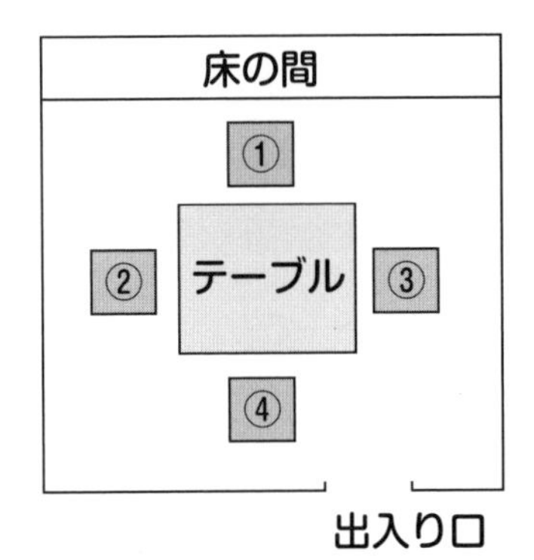

順に①が最上席，④が最下位の席。

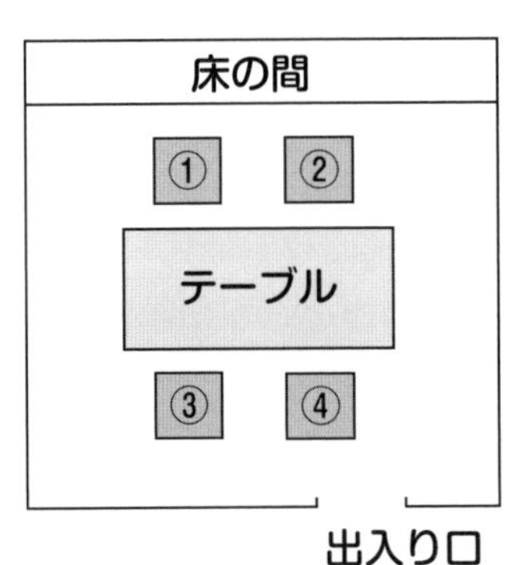

順に①が最上席，④が最下位の席。

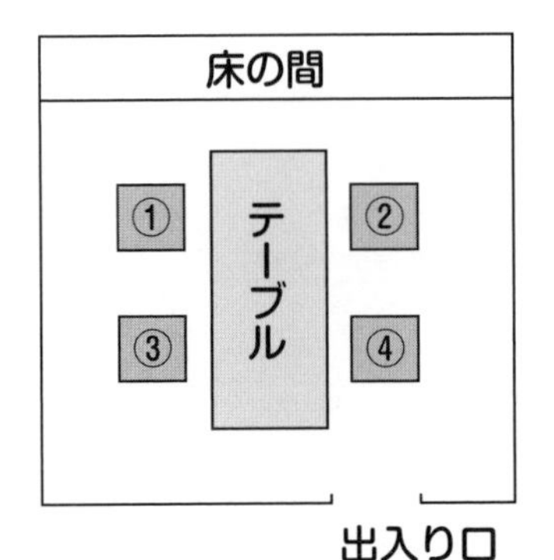

順に①が最上席，④が最下位の席。ただし，客側・接待側と分かれて座る場合は，客側が①③，接待側は②④に座る。

Lesson 4 弔事の知識

関係者の訃報を受けたら，必要な情報を集め，速やかに上司に報告して指示を仰ぎます。上司が参列するための準備の他，上司の代理で参列する場合や，上司の家族の葬儀の手伝いをする場合もありますので，対応の仕方をきちんと理解しておきましょう。

Q 過去問題でポイントチェック！ POINT CHECK

秘書Ａの上司の家族に不幸があり，Ａは葬儀の受付を手伝うことになった。次はそのときのＡの心掛けと行ったことである。中から不適当と思われるものを一つ選びなさい。

1）上司の家の葬儀なので香典は供えたが，手伝いに行ったのだから会葬者芳名録に自分の名前を書くのは控えた。

2）取引先からも顔見知りの人が会葬に来たが，受け付けるとき顔見知りであるような話はしなかった。

3）受付では香典とともに名刺を出す人がいたが，それはそれとして受け取った後，会葬者芳名録に記名をお願いした。

4）受付なのであいさつを受けたが，そのときは上司の家族側の立場であいさつを受けるようにした。

5）出棺後会葬者が徐々に退出したがそのまま残り，後を片付けている葬儀社の人に世話になった礼を言った。

Answer CHECK

会葬者芳名録とは，葬式に参列した人の名前を残しておくためのもの。Ａは手伝いではありますが，香典を供えたのですから参列した人です。であるのに，芳名録に名前を書くのを控えたなどは不適当ということです。

不適当は 1）

受付を手伝うときも，記帳や焼香はする

上司の家の葬儀を手伝うときは，上司の家族側の立場で会葬者のあいさつを受けます。ただし，自分も会葬者の一人なので，会葬者芳名録に記帳し，香典も出します。また，タイミングを見て他の受付係と交代で焼香させてもらいます。

❶ 訃報を受けたときの対応

新聞や関係者から上司に関係する人の訃報を知ったときは，以下のことを確認して上司に報告し，指示を仰ぎます。

- 逝去の日時
- 経緯と死因
- 葬儀の形式（宗教など）
- 通夜，葬儀，告別式の日時と場所
- 喪主の氏名，住所，電話番号

❷ 弔事への対応

弔事への対応は，上司に確認しながら，次の手順で行います。

① 社内関係者に連絡をする。
② 通夜や葬儀（告別式）に参列できない場合は弔電を打つ。
③ 供物，供花の手配をする（先方の意向を確認して手配する）。
④ 香典を用意する。香典の金額，誰の名前で出すか（前例や社内規定に従うのでよいか），上司に確認する。上書き（薄墨で書く）は葬儀の形式（主に宗教）によって異なる。参列する人に香典を渡す。参列できない場合は，悔やみ状を添えて郵送する。

＊不祝儀袋の上書きは p.187 を参照。

❸ 弔事に関する用語

訃報（ふほう）	死去したという知らせのこと
逝去（せいきょ）	死去。人を敬ってその死を言うときの言葉
享年（きょうねん）	亡くなったときの年齢のこと
故人（こじん）	亡くなった人のこと
通夜（つや）	故人が家族と別れる最後の晩の儀式。家族・親戚以外の人も決められた時間に参列できることが多い
弔問（ちょうもん）	遺族を訪ねて悔やみを言うこと
弔辞（ちょうじ）	亡くなった人を弔い，その前で述べる言葉
会葬（かいそう）	葬儀に参列すること。参列する人は会葬者
ふくさ（袱紗）	祝儀袋や不祝儀袋などを包む小形の四角い布のこと
焼香	仏前で香を焚いて拝むこと
喪主（もしゅ）	葬儀を行う代表者，主催者
遺族	亡くなった人の残された家族のこと

社葬	会社での功績が大きかった人が亡くなった場合に，会社主催で行う葬儀
密葬	身内の人だけで内々に行う葬式のこと
法事・法要	仏式で死者の冥福を祈る儀式。初七日，四十九日，一周忌など
一周忌	死去した人の翌年の命日やそのときに行う法事のこと
三回忌	没後2年の命日やそのときに行う法事のこと
回忌	毎年巡ってくる命日のこと。年忌
喪中（もちゅう）・忌中（きちゅう）	喪に服している（死を悼む，身を慎む，服喪）期間
香典（こうでん）	霊前に供える金品のこと
供物（くもつ）	霊前に供える物品のこと。宗教によって異なる
供花（きょうか）（くげ）	仏前に花を供えること，またはその花のこと
喪章（もしょう）	人の死を悲しむために着ける黒い腕章やリボン。喪主，遺族，手伝いの人などが着ける
（御）布施（ふせ）	僧侶に渡す金品のこと
香典返し	香典への返礼のこと
忌明け（きあけ）	喪の期間が終わること。忌（い）み明け

✻ 弔電の例

「ご尊父様（ご母堂様・ご令室様など）のご逝去を悼み　謹んでお悔やみ申し上げます」

＊差出人の名前を上司に確認する。（社長名／会社名・役職・上司名／上司個人として名前のみにするか，など）

＊文例，台紙は上司の意向を聞く。

❹ 弔事の服装

	男性	女性
通夜	ダークスーツ	地味な色のワンピースやスーツ
葬儀・告別式	黒のスーツ，黒のネクタイ。白のワイシャツ。靴は黒色で光沢のないもの。ネクタイピンやカフスを着ける場合は，弔事用の地味なものにする。	黒のスーツかワンピース，黒のストッキング。バッグや靴も黒色で光沢のないものにする。 化粧は控えめにする。 結婚指輪と真珠の一連のネックレスは着けてもよい。

＊通夜でも，訃報を聞いた翌日以降は，喪服（黒のスーツなど）で参列するのが一般的。
＊真珠のネックレスでも，二連のものは，「二重」「繰り返し」を連想させるので着けない。

❺ 上司の代理で葬儀に参列するときの注意点

- 受付では「このたびはご愁傷さまでした（ご愁傷さまでございます）」と控えめにあいさつする。
- 香典は「○○（上司の名前）から預かってまいりました」「ご霊前にお供えください」などと言って渡す。
- 記帳は，上司名または上司名の下に（代）と書き添える。
- 遺族へはあまり声を掛けない。
- 顔見知りに出会っても，親しげに声を掛けない。目礼程度。

❻ 上司の家族の葬儀を手伝う場合

- 喪章を着けるなどして，受付係と分かるようにしておく。
- 服装は会葬者と同様の黒のワンピースかスーツ。靴，アクセサリーなども同じ。
- 香典をまとめる係を決めておき，金銭の管理をきちんと行う。
- 会葬者のあいさつを受け，会葬者名簿（芳名録）に記帳してもらう。
- 不祝儀（香典）を受け取る。
- 自分の焼香は，会葬者の受付に支障のないタイミングで済ませる。
- 自分も香典を出し，記帳する。

❼ 礼拝の仕方

仏式，神式，キリスト教式のそれぞれで礼拝の仕方が異なります。いずれも，遺族に会釈し，礼拝の位置に進みます。礼拝の後は遺族に会釈してから席に戻ります。通夜では，席に戻らず退出して構いません。
なお，バッグは置くか小脇に抱えます。改まった場では肩には掛けません。
一般的な作法（宗派，地域などにより異なることもある）は，次の通りです。

①焼香（仏式）

1）焼香台に進み，祭壇に一礼する。
2）指先で香をつまみ，押しいただいて香炉に入れる（焼香）。1 回ないし 3 回行う（宗派によって異なる。会葬者が多いときは 1 回，ということもある）。
線香の場合は，端をろうそくの炎に入れて火をつけ，香炉に立てる。炎が出て消えないときは，手で静かにあおいで消す。
3）焼香のあと合掌し，2，3 歩下がって一礼。

②玉串奉奠（神式）

1）神官から玉串を受け，そのまま案（台）の前まで進み，胸の高さに上げて一礼。
2）玉串を右に回し，下図のように持ち替えて，根元を祭壇に向けて案に供える。
3）二礼し，音を立てずに（忍び手）手を打つ（二拍手）。さらに一礼する。

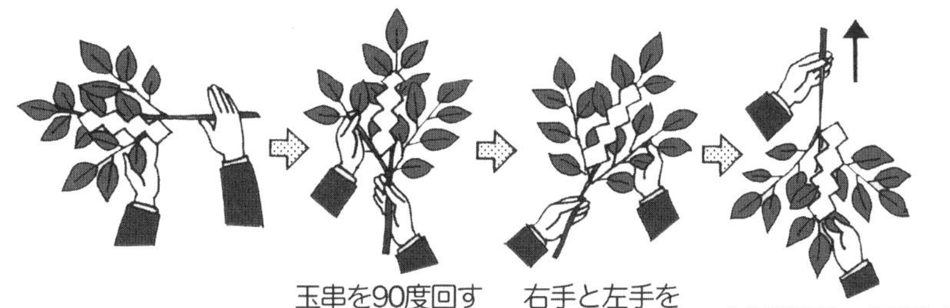

③献花（キリスト教式）

1）花を受け取る（花が右，茎が左）。
2）胸元に捧げて献花台の前まで進む。
3）一礼して花を右に回し，茎を向こうにして献花台に置く。
4）黙とうする。

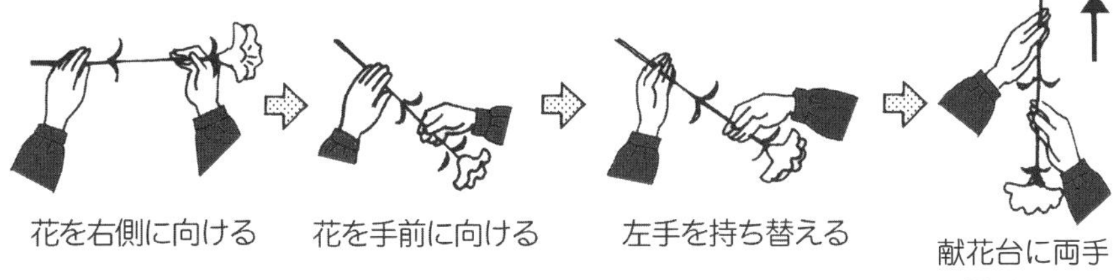

8 社葬における秘書の業務

社葬の葬儀費用は会社が負担します。一般に，社長が葬儀委員長を務めます。担当部署は総務部です。秘書は葬儀全般の運営を手伝い，受付，香典を預かるなど主に接遇を担当します。取引先も多数参列するため，不手際のない応対が求められます。

Lesson 5 見舞いの知識

関係者が入院したときは，まずは見舞いに行っても差し支えない病状かを確認します。見舞いのマナー，見舞いの品を贈る際の留意点などを確認しましょう。

過去問題でポイントチェック！

POINT CHECK

仕入部長秘書Aは，けがで入院した課長の見舞いに部を代表して行くことになった。次はこのとき，Aが見舞いの準備として順に行ったことである。中から<u>不適当</u>と思われるものを一つ選びなさい。

1）知らされていた病院名をインターネットで検索し，面会時間と会社からの経路を調べた。
2）自分が不在でも上司の仕事に比較的支障のない日時に行くことにし，上司の了承を得た上で，念のため同僚のCに留守中のことを頼んだ。
3）課長の家族へ電話して，見舞いに行くことと日時を知らせた。
4）上司や部員から取りまとめて見舞いの品を用意し，言づてを預かった。
5）課長のけがを心配していた取引先に電話して，見舞いの品や言づてを預かろうかと申し出た。

Answer CHECK

部の代表で課長の見舞いに行くのですから，見舞いの品を取りまとめることは必要です。が，それは社内でのこと。外部である取引先に，心配していたからといって5）のように申し出るなどは見当違いで不適当ということです。

不適当は 5）

取引先からの見舞い

5）は取引先に見舞いの催促をするようなことになってしまっています。気を利かせたつもりが，不適当な行動だったというわけです。それでは，もし取引先のほうから課長を見舞いたい，と言われたらどのように対応すればよいでしょうか。取引や日ごろの付き合いの程度，けがの状態にもよりますが，入院は個人的なことなので，秘書の一存では断ることも病院名を教えることもできません。本人の意向を聞いてみるか，上司に相談することになります。

❶ 病気見舞いのマナー

- 社員を見舞うときは，家族に，見舞いの可否を尋ねる。
  病院の所在地，面会時間を調べる。
  家族に，見舞いに行く日時を知らせ，どの病室にいるか尋ねる。
  社員を見舞うときは，上司や部員に，言づてなどがないか確認する（上司や部下からの見舞金（品）などの取りまとめをすることもある）。

> 病気療養のため入院している部員を見舞う際，避けた方がよい話題
> ① 上司などからの必要な伝言以外の，仕事の詳細に関する話
> ② 他の部員の活躍ぶりなど，療養中の部員を焦らせるような話
> ③ 病状についての詳しい話

- 取引先の部長を見舞うときは，取引先の秘書または担当者に，見舞いの可否を尋ね，見舞いできるようなら，行く日時を知らせる。
- 見舞いの品は相手の病気や治療に差し支えないものを選ぶ。また，病院によっては生花（せいか）禁止のこともあるので注意。鉢植えの花は，「根付く」から「寝付く」を連想するので避ける。
- 目上の人に現金を贈るのは失礼にあたるので避ける。ギフト券や図書カードはよい。
- 服装や化粧は派手過ぎないようにする。
- 話題に気を付ける。大きな声で話さない。長居はしない。
- 見舞い後，上司に，病状や様子・伝言を伝える。

❷ 災害見舞いのマナー

- 地震，火事などに遭った人や会社への見舞いは現金を贈るのが一般的。見舞状を同封して現金書留で送るなどする。
- 災害見舞いを受け取った場合，お返しは不要だが，落ち着いてからでよいので礼状を出す。

❸ その他の見舞い

- 陣中見舞い……競技大会へ向けて合宿したり，イベントを開催・準備している人たちへの激励のための金品。
- 楽屋見舞い……演奏会や発表会などに出演する人への祝いの気持ちを込めた金品。
- 寒中見舞い……寒さが厳しい時期（年賀の時期の後から立春まで）に相手を気遣って送るあいさつ状や品物。
- 暑中見舞い……暑さが厳しい時期（7月7日ごろから立秋まで）に相手を気遣って送るあいさつ状や品物。
- 残暑見舞い……立秋を過ぎても暑さが厳しい日々が続いている時期に相手を気遣って送るあいさつ状や品物。

Lesson 6 贈答のしきたりとマナー

贈答の手配をする際に大切なのは，タイミングを外さないことです。上司の意向を確認して，相手に喜んでもらえる品を選びます。金品の贈り方には，しきたりがあります。よく理解しましょう。

過去問題でポイントチェック！
POINT CHECK

次は秘書Aが上司の贈答について行ったことである。中から<u>不適当</u>と思われるものを一つ選びなさい。

1）上司の友人の子息が就職したとき，上書きを「就職御祝」にしてネクタイを贈った。
2）取引先の専務が社長に就任したとき，上書きを「御栄転祝」にして高価なワインを贈った。
3）上司の知人が事務所を構えたとき，立て札に「開業御祝」と書いた胡蝶蘭の鉢植えを贈った。
4）10月に取引先M社の部長の家族に不幸があったが，M社には12月初めに例年通り「御歳暮」の上書きで菓子の詰め合わせを贈った。
5）7月下旬に上司から，新規取引先のE社に中元を贈るように言われたので，上書きを「暑中御見舞」にして冷菓の詰め合わせを贈った。

Answer CHECK

「栄転」とは今までより高い地位になって，他の職務または他の任地に移ることをいいます。社長はその会社の最高位で，今までより高い地位に違いないのですが栄転とは言わないので不適当。適切な上書きは，「祝御就任」「御就任御祝」などになります。

不適当は 2)

「(御) 栄転 (御) 祝」

「栄転御祝」の上書きは，社内での高い地位への転勤のときに用います。転職や退職，通常の転勤の場合，上書きは「御餞別」または今まで世話になったことへの感謝の気持ちを表す「御礼」にします。また，社内の異動で重役に就任の場合は「御就任御祝」にします。

❶ 季節の贈答

上書き	贈る時期
御中元	7月初めから15日ごろ
暑中御見舞	7月7日ごろから立秋（8月8日ごろ）まで 立秋を過ぎたら「残暑御見舞」として贈る
御歳暮	12月初めから20日ごろ
御年賀	1月1日から7日ごろ（松の内） 年賀を過ぎて立春（2月3日ごろ）までは「寒中御見舞」として贈る

＊中元や歳暮は，日ごろ世話になっていることへの礼として贈るもの。
年賀状とは異なり，喪中であっても贈る。
＊取引先への年賀の品は，担当者やその上司が喪中でも，会社宛ての物なので
年始のあいさつに出向いて渡す。

贈答品には，あいさつ状を添えます。デパートなどから贈答品を送付する場合は，送付を知らせるあいさつ状を，品物より先に着くように郵送します。

❷ 品物の贈り方

贈る品には，目的に沿った掛け紙を掛けます。
一般に，水引が印刷された掛け紙を使い，上書きをします。
慶事の掛け紙（のし紙）には「のし」も印刷されています。

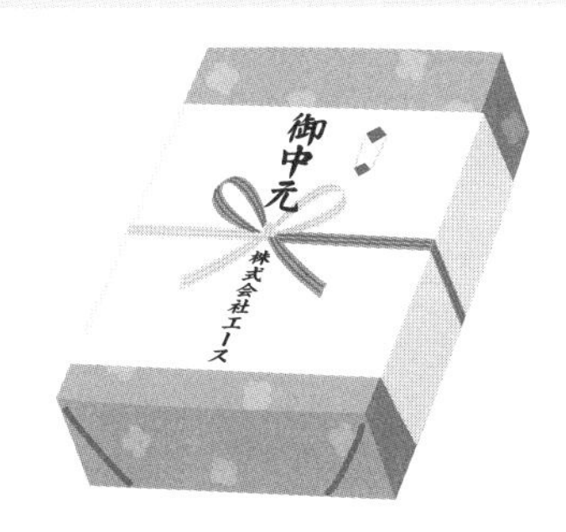

上司が出張中に世話になった人にお礼の品を贈るとき，上司に確認すること
①希望の品はあるか
②予算
③宛て名
④上書きは「御礼」でよいか
⑤添え状（送付状）に書き加えることはあるか

❸ 現金の包み方

- 慶事の場合には，新札を用意する。
- 中包みの中央に金額を書き，裏の左脇に住所，氏名を書く。

❹ 外装の畳み方

①慶事（祝儀袋）

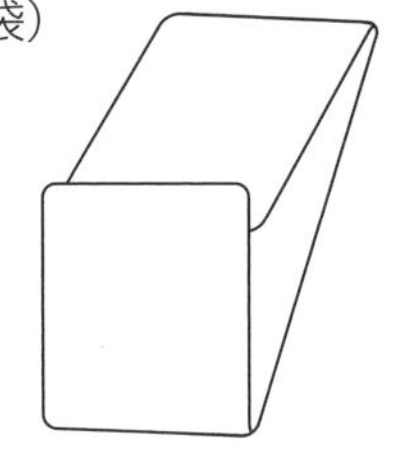

折り上げてから水引を掛ける

②弔事（不祝儀袋）

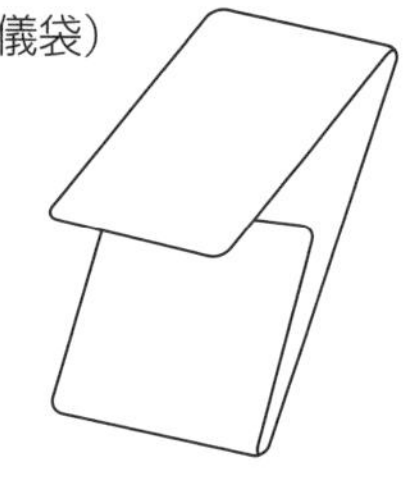

折り下げてから水引を掛ける

❺ 祝儀袋や不祝儀袋の選び方と水引の種類

袋は金額に見合ったものを選びます。少額を包むときに豪華な袋は用いません。

用途	水引の種類（結び方）	のし
一般の祝い	紅白のちょう結び	のし付き
結婚祝い	紅白または金銀の結び切り	のし付き
弔事用	白黒か黒，または銀白の結び切り	無し
見舞い（病気，けがの場合）	一般的には水引無し，白の封筒。または端に赤色の縦線がある袋（紅白の結び切りの水引の袋もある／のし無し……紅白にするのは，全快を祈る気持ちから）	無し
楽屋見舞い・陣中見舞い	紅白のちょう結び	のし付き
暑中見舞いなど季節の見舞い	紅白のちょう結び	のし付き
火事見舞いなど災害の見舞い	白の封筒　水引なし	無し

＊結婚，弔事のように繰り返さない方がよいことには，結び切りの水引にする。
＊のしは，祝い事のときに付ける。

❻ 上書きの種類

		用途	上書き
慶事		新築，開店，栄転，就任など一般慶事	御祝　〇〇御祝　御〇〇祝　祝御〇〇　御〇〇御祝
		結婚，出産，賀寿などの祝い	寿
		自分の家の祝い事の記念。慶事の返礼	内祝
		病気見舞いの返礼 （病気が回復したときの内祝）	快気祝　快気内祝 全快祝　全快内祝
弔事	葬儀	仏式	御霊前　御香典　御香料
		神式	御霊前　御神前 御玉串料　御榊料
		キリスト教式	御霊前　御花料
		形式（宗教）が分からないときや無宗教のとき	御霊前
		香典の返礼	志　忌明
		法要（一周忌，三回忌など） ＊御霊前は四十九日の法要まで，その後は御仏前	御仏前
		葬儀や法要での，お寺や僧侶へのお礼	御布施
その他		一般の謝礼	謝礼　薄謝　御礼
		目下への心ばかりの礼	寸志
		病気，けが，入院のお見舞い	御見舞　祈御全快
		転勤や送別など	記念品　御餞別　御礼
		訪問のときの手土産	粗品
		祭礼などへの寄付	御奉納　御祝儀　金一封
		合宿所やイベントの準備作業中の人などに贈る	陣中御見舞
		趣味の発表会，コンサートへの差し入れ	楽屋御見舞
		その他（宴会への差し入れ）	御酒肴料
		賞金や寄付	金一封
		試合を控えている社内クラブに	祈必勝　陣中御見舞
		交通費を概算で支払うとき	御車代
		著書を贈るとき	謹呈（しおりに書いて著書に挟む）
		会社行事（創立記念，落成記念など）の引き出物の上書き	〇〇記念

❼ 記名の仕方

- 水引の下部，中央に氏名を書く。会社名は氏名の右，役職名は氏名の上に書く。
- 慶事の場合は濃い墨で，弔事の場合は薄い墨で書く。
- 部署で出すときは「総務部一同」などとし，中央に書く。

祝儀袋

ちょう結び

祝儀袋

ちょう結び

不祝儀袋

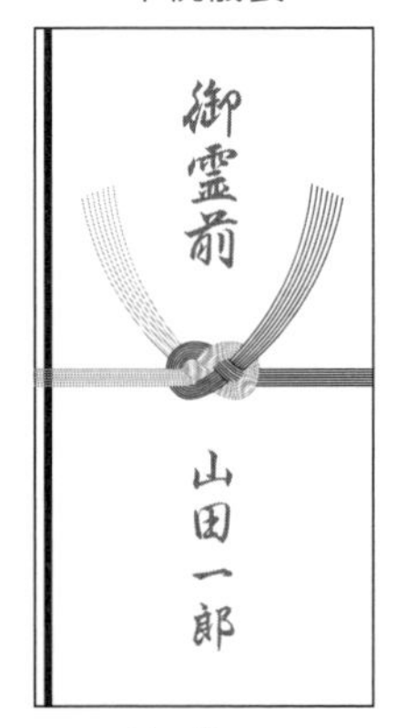

結び切り

過去問 brush up

Q 秘書Ａの先輩Ｊが結婚することになり，Ａは同僚Ｂ，先輩Ｃの３人でお祝いを贈ることになった。このような場合，Ａが代表して祝儀袋の表書きをするとしたら，贈る人の名前はどのように書くのがよいか。次の中から**適当**と思われるものを一つ選びなさい。

1）

2）

3）

4）

5）

A 祝儀袋に贈る人の名前を連名で書くときは，上位者を右にして順に下位者を書くもの。この場合ＡとＢは同僚なので上下関係はありませんが，Ａが書くならＢを立てた順にするのがよいでしょう。従って，右から先輩Ｃ，Ｂ，Ａの順が適当ということです。

適当は 3)

PLUS UP

上位者を右から順に／宛て名は左上→上位者を左から順に

３人連名の場合は，上位者を右から順に書きます。宛て名を書く場合は，宛て名を左上に書くので，左が上位になり，順番が逆になります。（Ａ：本人，Ｂ：同僚，Ｃ：先輩）

３人連名・宛名なし

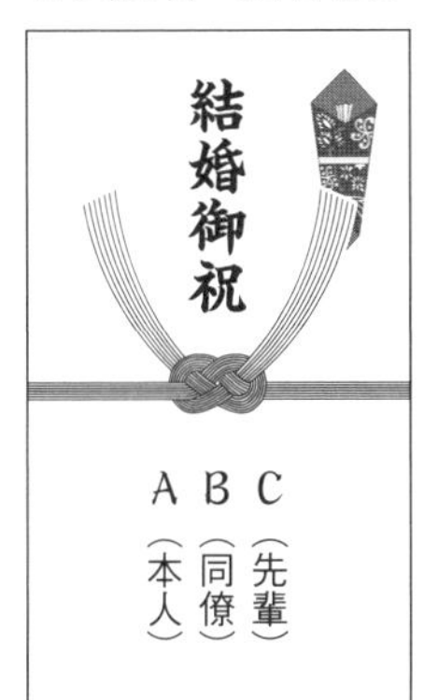

３人連名・宛名あり

過去問 brush up

Q 次の「　　」内は，秘書Aがお返しについて聞かれたとき言ったことである。中から不適当と思われるものを一つ選びなさい。

1）病気見舞いのお返しの上書きは「御祝」でよいかと聞かれて
「『快気祝』『全快内祝』などと書くのがよいのではないか」
2）中元や歳暮が届いたら，お返しはすぐするものかと聞かれて
「季節のあいさつなので，なるべく早くするのがよいのではないか」
3）災害見舞いをもらったが，お返しはどうするかと聞かれて
「落ち着いてから，その後の復興状況を報告するだけでよいのではないか」
4）就職を世話した人からの贈り物のお返しは，どうするかと聞かれて
「はがきで，お礼の言葉を添えて到着を知らせるだけでよいのではないか」
5）転勤で栄転祝いをもらったが，お返しはどうするかと聞かれて
「するなら，落ち着いてから近況報告を兼ねてその土地の物などを贈るのがよいのではないか」

A 中元や歳暮は日ごろ世話になっていることに対する礼を，季節のあいさつとして品物ですることです。従って，届いたからといってお返しをするという筋はないので，なるべく早くするのがよいというのは不適当ということです。到着通知として礼状を出しておけばよいでしょう。

不適当は 2）

礼に対しての返礼は不要

中元や歳暮は日ごろの礼なので，返礼は不要です。
香典返しや快気祝も，香典を供えたことや見舞いに対する礼なので，それに対する礼は不要です。慶事の引き出物や記念品も，祝儀の金品への礼を含んでいますので，それに対する礼は不要です。
就職先を紹介したことなどへの礼を受け取ったときも同様です。

❽ 暦の知識と年中行事

交際業務に関するものや，上司との会話で話題になることがあるものは，意味を理解しておきましょう。

年始回り	新年のあいさつのために，取引先などを回ること。「年賀」の品を贈ることもある
賀詞交換会	業界関係者などで行う新年祝賀会のこと （最近は，「賀詞交歓会」とすることが多い）
松の内	元日から松飾りのある期間。一般的には1月1日～7日
春の彼岸(ひがん)	春分の日（中日）を中心にした前後各3日間（計7日間）
秋の彼岸	秋分の日（中日）を中心にした前後各3日間（計7日間）
土用(どよう)	一般的には，立秋の前の，1年で最も暑い時期のこと
暑気払い	冷たい物を食するなど暑さを取り除くこと。夏の宴会
忘年会	その年の苦労を忘れるために年末に催す宴会
納会	1年の締めくくりとして催す打ち上げの会
御用納め	官公庁が12月28日にその年の仕事を終えること

6 記述問題対策

「マナー・接遇」の領域では，記述式の問題は３問出題されます。
この領域の審査基準「人間関係」「マナー」「話し方・接遇」「交際業務」からバランスよく出題されます。不意の状況での対応の仕方を問う問題では，対処の方法を挙げる場合とそのときの実際の言葉を答える場合があります。どちらを問われているか確かめてから答えましょう。実際の言葉を答える問題では，敬語や接遇用語の正しさも求められます。

Lesson 1 人間関係に関する問題は，状況をイメージする

過去問題でポイントチェック！

POINT CHECK

秘書Ａは自分の仕事が忙しいとき，上司の許可を得て後輩Ｃに手伝いを頼むことがある。ところが最近は，仕事を頼むとＣが不満そうな顔をするようになった。なぜそのようになったか。このような場合に考えらえる一般的な理由を箇条書きで三つ答えなさい。

解答例

1. Cの仕事の都合を尋ねてから頼んでいない。
2. 自分がやりたくない仕事を頼むようになった。
3. 自分の仕事が一段落したのに頼んだままにしている。

Answer CHECK

解答例の他に，「頼んだ後，感謝を伝えていない」「頼むのが頻繁である」などもよいでしょう。

状況をイメージして，原因を考える

「最近は」とあるので，Cは元々は不満な顔をするような人ではなかった→Aの仕事の頼み方に問題があるはず，と考えを進めて，一般的な理由を書き出していきます。解答例の1.〜3. は

1.「Cが忙しいときに頼んでいる」
2.「面倒な仕事を頼むようになった」「雑用を押し付けるようになった」
3.「Cが手伝っているのに，Aが先に帰宅したことがある」
「Aは忙しくないのにCに頼んでいると思われている」

などのように書いても正解となります。
ただし，例えば，「やりたくない仕事を頼んでいる」「面倒な仕事を頼んでいる」「雑用をさせている」の三つを箇条書きした場合は，全て2. の内容ですので，解答一つ分しか答えていないことになります。理由などを列挙する問題では，多角的にポイントを探すようにしましょう。

Lesson 2 丁寧な言葉遣いに直せばよい問題か／対処を考えて丁寧な言葉遣いで答える問題か

過去問題でポイントチェック！
POINT CHECK

Answer CHECK

秘書Aの上司（営業部長）のところに，他部署のT部長が訪ねてきた。上司は外出中で，時間によっては戻らないかもしれないが，用事が済んだら連絡をもらえることになっている。このような場合，AはT部長にどのように言えばよいか。下線部分の内容を適切な言葉で答えて完成させなさい。

「部長は外出していらっしゃいます。

いかがいたしましょうか」

解答例

お時間によりましてはお戻りにならないかもしれませんが，ご用事が済みましたらご連絡を頂けることになっております。

丁寧な言葉遣いに直せばよい場合は，細部まで気を抜かずに

設問に「下線部分の内容を適切な言葉で」とあるので，「時間によっては戻らないかもしれないが，用事が済んだら連絡をもらえることになっている」の言葉遣いを変えるだけ。余計なことは付け加えてはいけません。社内の人と話す場面ですから，上司に敬意を表す言い方（お戻りにならない，頂ける）に直します。
また，「時間→お時間」「によっては→によりましては」というように，細部まで丁寧な言葉遣いに直します。

◇ このような，指定された内容の言葉遣いを直す問題のほか，対処を考えた上でその言葉を答える形式の問題もあります。

過去問 brush up

Q 秘書Aの上司（山田販売部長）は，キャンペーン企画のためR広告社に出掛けていて今日は戻らない。企画はAと課長以外にはまだ秘密になっている。このようなとき，総務部長が上司に話があると訪ねてきた。このような場合，総務部長にどのように言って対応するのがよいか。その言葉を「　　　」内に答えなさい。

「

」

解答例

「山田部長はただ今外出していらっしゃいます。行き先は伺っておりませんが，本日はお戻りにならないとのことでございます。いかがいたしましょうか」

まだ秘密になっている用件で外出しています。戻らないことを言うのはよいとして，行き先を言えば用件を尋ねられることがあり得るので，行き先は聞いていないと言うのがよいということです。

◇ 問題文をよく読んで，言葉遣いを直す問題なのか，対処の仕方を箇条書きなどで答える問題なのか，対処を考えた上で実際の言葉（丁寧な言葉遣い）を答える問題なのかを，きちんと確認してから答えを書き始めましょう。

◇ また，誰に話す言葉かで使う敬語が異なります。例えば，「懇意にしている取引先の部長が不意に訪れ，上司はどこにいるのかと尋ねてきた」のような場合は，「(部長の）山田はただ今外出しております。行き先は聞いておりませんが，本日は戻らないとのことでございます。いかがいたしましょうか」と，上司に尊敬表現を使わない言葉が答えになります。上の解答例と比べて確認してください。

Lesson 3 ポイントを挙げる問題

過去問題でポイントチェック！
POINT CHECK

Answer CHECK

説明するとき口頭だけでは分かりにくい場合がある。そのようなとき，分かりやすくするにはどのような方法があるか。一般的なことを箇条書きで三つ答えなさい。

解答例
1. 図表やグラフにする。
2. 実物や写真を示す。
3. 要点をまとめて文書やメモにする。

要点は箇条書きで整理して覚える

この問題は，本書 p.129 の「⑤分かりやすく説明するには」の項が，そのまま答えになります。説明・報告の仕方の他にも，断り方，後輩に注意するときの配慮など，学習する際には，ポイントを箇条書きで整理しておくとよいでしょう。

Lesson 4 具体例を挙げる問題

過去問題でポイントチェック！

POINT CHECK

秘書Aは上司から，「新人Bは元気がいいのはよいが，態度振る舞いにがさつなところがある。注意しておくように」と言われた。そこでAは，まず普段の態度振る舞いについてBに指導することにした。このような場合の指導することの具体例を，箇条書きで三つ答えなさい。

解答例の他に，「部屋の出入りの際は，ドアの開閉を静かにすること」「人の前に立つときはかかとを付け，両手は体の前で重ねること」などもよいでしょう。

解答例

1. 物の受け渡しは，両手ですること。
2. 歩き方は，がさつな印象を与えないように静かにすること。
3. 席を離れるときは，椅子を静かに机の下へ入れること。

改めて基本を確認しておく

後輩指導についての問題ですが，指導することの「具体例」を答えなさい，と指定されています。

従って，「態度振る舞いは上司のイメージに影響するから」「評価されないから」などの理由や「何事も丁寧に」などの全般の心構えは筋が違い，不正解になります。問題文を読みながら，「がさつ」「具体例」の部分に下線を引くなどチェックして，求められている答えを意識するようにしましょう。

なお，このように後輩指導に関して具体例を挙げる問題では，態度振る舞い，話し方，あいさつ，身だしなみ，注意の受け方など，３級で学ぶ基本的な内容が解答になることがあります。以前に使った３級，２級のテキストなどに改めて目を通しておくなど，基本の確認をしておくとよいでしょう。

Lesson 5 言葉遣い（敬語，接遇表現）

過去問題でポイントチェック！
POINT CHECK

次の言葉の下線部分を，秘書が上司に言う丁寧な言葉に直して，二つずつ答えなさい。

1）こちらを借りました。
2）○○様からもらいました。
3）よろしければ見せますが

Answer CHECK

解答例
1）お借り（いた）しました・拝借（いた）しました
2）頂きました・頂戴（いた）しました
3）お見せ（いた）します・ご覧に入れます・お目に掛けます

敬語を二つずつ答える問題

準1級では，丁寧な言葉（敬語や接遇表現）に直して二つずつ答える問題がよく出題されます。同じ意味で二つ以上の敬意表現があるものを，まとめて覚えておくとよいでしょう。

◇ 二つ以上ある尊敬表現

・（そのように）言っても　→　言われ*ましても，おっしゃいましても
　＊「れ」は尊敬を表す
・（昼食を）食べるか　→　お取りになりますか，召し上がりますか
・（書類を）見てもらえるか　→　ご覧いただけますか，（書類に）お目通しいただけますか
・（既に上司が）聞いている　→　お聞き及び，耳にされている，お耳に入っていらっしゃる，ご存じ
・（A社に上司が）行く　→　いらっしゃる，おいでになる，お出掛けになる
・（K様が）来る　→　いらっしゃる，おいでになる，見える，お見えになる，お越しになる
・来てくれて（ありがとう）　→　おいでくださいまして，お越しくださいまして　お運びくださいまして，ご足労をお掛けし（まし）て

• 手間を（お掛けして）　→　お手間を，ご面倒を，お手数を，ご足労*を（＊来る手間を掛けたとき）

◇ 二つ以上ある謙譲表現

• もらう　→　頂く，頂戴（いた）す
＊「賜（たまわ）る」は特に改まった言い方で，ビジネス文書で「ご愛顧を賜り」のように使うが，普通の仕事上の会話では使わない。
• 聞く　→　お聞きする，伺う，拝聴する，承る
• 受ける　→　お受けする，承る
•（先方へ）行く　→　伺う，参る，お邪魔する，お訪ねする，ご訪問する，参上する，上がる
• 借りる　→　お借り（いた）します，拝借（いた）します
• 見せる　→　お見せ（いた）します，ご覧に入れます，お目に掛けます
• 会う　→　お会い（いた）します，お目に掛かります
• 招いてもらって（ありがとう）→　ご招待いただきまして，お招きにあずかりまして

◇ その他，二つ以上ある丁寧な言葉

• よければ　→　よろしければ，お差し支えなければ
• 悪いが　→　申し訳ございませんが，恐れ入りますが，失礼で（ございま）すが
• 分かった　→　かしこまりました，承知（いた）しました
• そんなことはできない　→　そのようなご要望には沿いかねます，応じかねます
そのようなご要望はお受けいたしかねます
そのようなことはできかねます，いたしかねます
•（上司から）〜しろと言われている　→　〜するように申し付かっております
言い付かっております
言われ*ております
＊「れ」は受け身を表す
• ちょっと（お待ちください）　→　少々，しばらく
•（上司から伝言を）頼まれている　→　預かっております，言付かっております

◇ 相手によって使い分ける言葉

「一緒に行かせてもらえないか」は，
• 同僚に言うときは，「同行させてもらえませんか」
• 少し目上の人に言うときは，「ご一緒させていただけませんか」
• 上役に言うときは，「お供させていただけませんか」
のように言います。

6 必要事項を落とさず答える

過去問題でポイントチェック！ POINT CHECK

秘書Ａの上司（部長）のところに予約客が時間通りに来訪したが，上司は前の客との面談が長引いている。そこで客に待ってもらえるか尋ねたところ，待ってもよいと言うので応接室に案内した。このような場合のこの後の対処について，箇条書きで三つ答えなさい。

Answer CHECK

このような場合，上司に知らせることになりますが，知らせる方法はメモが原則です。待ってくれるというのですから，待ってもらっている間のことに気を使わないといけません。このようなことに触れたことが答えになります。

解答例

1. 面談中の上司に，予約客の来訪をメモで知らせる。
2. 課長か，予約客を知っている課員に相手をしてもらう。
3. 飲み物を出したり，新聞や雑誌などを勧めたりする。

当たり前のようなことが正解のポイントであることも

客に待ってもらう際の手順（p.153）の基本を答えればよい問題です。1．は「メモで」が必要。「上司に知らせる」だけでは不十分です。「新人に教える注意事項」のイメージで，必要なことを意識して書くようにしましょう。

Lesson 7 順を追って箇条書きで答える問題

過去問題でポイントチェック！
POINT CHECK

秘書Aは，上司と３時に面談予定の取引先Ｔ氏の秘書から電話を受けた。「Ｔはそちらに向かう途中の交通渋滞で，到着は３時30分ごろになってしまうがよいか」とのことである。上司には４時に外出の予定が入っている。このような場合Ａはどのように対処したらよいか。順を追って箇条書きで答えなさい。

Answer CHECK

T氏が面談するのは上司ですから，上司にT氏が遅れることを伝え，どのように対応するかの意向を尋ねることになります。それをT氏の秘書に伝える，などが答えになります。

解答例

1. T氏の秘書に，上司に確認してすぐ連絡すると言う。
2. 上司に，T氏の秘書からの電話のことを伝え指示を受ける。
3. 指示に従いT氏の秘書に連絡する。
   a 上司が待つと言うなら，そのように伝える。
   b 上司は待つが面談時間は30分と言うなら，そのように伝える。
   c 上司が面談日を変更してもらいたいということなら，そのことを伝えてわび，改めて連絡すると言う。

順を追う問題では，「誰に対して」と「場合分け」が重要

順を追って答える問題では，「まず，今」「次に」「それから」という時間的な順番と，「誰に対して」という点を意識して答えます。この問題では，「まず，今」（Ｔ氏の秘書からの電話）への取りあえずの対処が，箇条書きの１．になります。また，３．の上司の指示は３通り考えられますので，三つそれぞれの場合についての対処を書きます。最後に見直して，上司の指示はこれ以外に考えられないかということと，Ｔ氏の秘書に対する返答はこれで十分かということを再度確認します。

Lesson 8 用語についての問題

過去問題でポイントチェック！

POINT CHECK

Answer CHECK

次のそれぞれを何というか。（　　　）内に答えなさい。

※ 4) 以外は漢字で書くこと。

1）没後，満２年目の命日のこと。
（　　　　　　　　　　　　）

2）死去したという知らせのこと。
（　　　　　　　　　　　　）

3）遺族を訪問してお悔みを述べること。
（　　　　　　　　　　　　）

4）不祝儀袋などを包む小形の四角い布のこと。
（　　　　　　　　　　　　）

解答
1）三回忌　2）訃報　3）弔問　4）ふくさ

「漢字」で答える問題を着実に正解する

交際業務に関する用語の中には，普段あまりなじみのない漢字が使われているものがあります。弔事，慶事，贈答（上書き）など，用語はきちんと漢字で書けるようにしておきましょう。

過去問 brush up

Q 次は賀寿の用語を，祝う年齢順に並べたものである。下の（　　）内に該当する年齢をそれぞれ答えなさい。

① 古希（　　）歳　② 喜寿（　　）歳　③ 傘寿（　　）歳　④ 米寿（　　）歳　⑤ 卒寿（90）歳

A 解答
① 70　② 77　③ 80　④ 88

PLUS UP

賀寿は意味を押さえて覚える

賀寿の種類を覚えるときは，なぜその名称になったのか（p.168 ～ 169）も併せて覚えるようにしましょう。「九」＋「十」で卒の旧字など，いわれを覚えておくと，言葉を忘れにくく，思い出しやすくなります。

過去問 brush up

Q 次の上書きはどのような場合に用いるか。簡単に答えなさい。

1）志　（　　　　　　　　　　）
2）寸志　（　　　　　　　　　　）
3）快気祝　（　　　　　　　　　　）

解答例
1）香典へのお返し
2）（目下の人への）少額の謝礼
3）病気が回復したときの内祝い・病気見舞いへのお返し

PLUS UP

上書きは漢字で書けるように／何に使うかも答えられるように

祝儀袋・不祝儀袋の上書き（表書き）について，「どのようなことに用いるか」を簡単に答える形式の問題です。これとは逆に，「次のようなときは，上書きはどう書けばよいか」という問いに上書きの言葉を漢字で答える形式の問題も出題されます。上書きを覚えるときは，どちらの形式で問われても答えられるように，双方向の解答練習をしておきましょう。

過去問 brush up

Q 次のようなとき，祝儀袋や不祝儀袋，のし紙の上書きはどう書けばよいか。それぞれを漢字で（　　　）内に答えなさい。

1）謝礼を少額だと謙遜して渡すとき　（　　　　　　）
2）仏式の葬儀の香典返しのとき　（　　　　　　）
3）神式の葬儀の霊前に金銭を供えるとき　（　　　　　　）

A 解答例
1）薄謝
2）志・忌明
3）御神前・御玉串料

◇不祝儀の上書きは，宗教別に知識の整理をしておきましょう。
◇「御車代」や「御餞別」などは，どのようなときに使うか確認しておきましょう。
◇香典の返礼「志」や病気見舞いへの返礼「快気祝」「全快内祝」など，「お返し」についての知識も整理しておきましょう。

過去問 brush up

Q 次の物をもらって「お返し」をするときの上書きは，どのように書けばよいか。□の中に適切な漢字を1文字ずつ書き入れて答えなさい。

1）香典　□
2）新築祝い　□祝
3）病気見舞い　□□祝

解答例
1）志
2）内
4）全快・快気

1

難易度ランク ★★

◎チェック！ □□□

次は秘書Aが同僚たちと，自分たちはどのような話し方をするのがよいか，話し方の感じのよさについて話し合ったことである。中から不適当と思われるものを一つ選びなさい。

1）忙しくて疲れているときでも，笑顔で明るく話すという心掛けが必要ではないか。
2）相手をあまり見ずに話す人がいるが，感じがよい話し方とは言えないのではないか。
3）声が小さいと相手に頼りない印象を与えるので，声を少し大きくした方がよいのではないか。
4）元気のある生き生きとした印象になるように，大きめの身ぶりで話すのがよいのではないか。
5）丁寧な言葉遣いやきちんとした話し方はよいが，相手や話題によっては少し砕けた言い方がよいこともあるのではないか。

2

難易度ランク ★★

◎チェック！ □□□

秘書Aは他部署のBから相談を受けた。先輩Cは，「今日中に」と言って資料作成の一部を自分に任せるが，Cが取りまとめて上司に提出するのはいつもその数日後である。それが不満で，最近はCとの関係がぎくしゃくしていると言う。この場合AはBに，どのようなことを言うのがよいか。次の中から**適当**と思われるものを一つ選びなさい。

1）感情的にならず，資料作成の段取りについて上司からCに再考を促してもらうよう頼んでみてはどうか。
2）Cに，期限まで数日あるのになぜ後輩には急がせるのか問いただしてみれば，気持ちがすっきりするのではないか。
3）できるときは快く引き受け，支障があるときは期限の延長を頼めばよいことで，Cに不満を持つのは筋が違うのではないか。
4）Cには何か事情があるのかもしれないが，関係がよくないのであれば直接尋ねず，Cの同僚にそれとなく聞いてみたらどうか。
5）期限に余裕があるのだから，遠慮することなく自分の仕事を優先して資料作成は翌日行えば，Cへの不満も消えるのではないか。

3

◉チェック！

難易度ランク ★

秘書Aは他部署の秘書Bから，上司のことでいろいろと相談したいというメールを受けた。Bの上司は，先月までAの上司だった。このような場合にAが返信することとして，**適当**と思われるものを次の中から一つ選びなさい。

1）相談に乗るのは構わないが，上司はこのことを知っているのか。
2）上司のどのようなことの相談か分からないが，準備の必要があることか。
3）上司のことなら仕事に関係することだろうから，仕事の合間にメールでやりとりするのはどうか。
4）そのようなことは仕事が終わった後，食事をしながらの方がゆっくり話せていいと思うがどうか。
5）相談ということなら早い方がいいから，今日の手の空いている時間帯があれば教えてもらえないか。

4

◉チェック！

難易度ランク ★★

次の「　　」内は山田営業部長秘書Aの，来客に対する言葉遣いである。中から**適当**と思われるものを一つ選びなさい。

1）自分の言い分を一方的に通そうとする客に
「そんなことを申されても，私どもではお受けできませんが」
2）訪ねる先を探している客に
「どちらをお訪ねでしょうか。よろしければご案内いたしますが」
3）雨の日に面談を終えて帰る客に
「失礼いたします。本日はおみ足の悪い中，ありがとうございました」
4）上司を名指しで訪ねてきた客に
「山田部長をお訪ねですね。失礼ですがどちらさまでいらっしゃいますか」
5）上司からの言付けをK氏に伝えるときに
「K様が見えたら，このことを申し上げるよう山田から賜っておりますが」

5
難易度ランク
★★★

◉チェック！ □□□

秘書Aは，上司に随行して関係会社の祝賀パーティーに出席した。次はこのときAが行ったことである。中から不適当と思われるものを一つ選びなさい。

1）受付で上司がご祝儀を渡しているとき上司の斜め後ろにいて，上司のお辞儀に合わせて黙ったまま一緒にお辞儀をした。
2）会場で上司のところへ歩み寄る人がいたが，上司がその人を思い出せない様子だったので，会社名と名前を小声で伝えた。
3）主催者が来て上司にあいさつしたので，上司に続いて自分もあいさつをした後，上司が主催者と話しやすいように自分はその場を離れた。
4）上司から「あの人は誰だったかな」と尋ねられたとき，有名な人だったので「確か○○の方面でご活躍の○○さんだったと思います」と言った。
5）途中で上司が「そろそろ帰る」と言ったので自分も一緒に退場し，受付にあいさつをして引き出物を受け取った。

6
難易度ランク
★★★

◉チェック！ □□□

秘書Aは，新社屋落成式当日の受付係の責任者になった。次はAが，式の前日までに行ったことである。中から不適当と思われるものを一つ選びなさい。

1）来賓用に特別の胸章を用意した。
2）名刺や祝儀を受けるための盆を用意した。
3）引き出物に不足が出ないようにチェックした。
4）出席予定者リストに漏れがないかを再確認した。
5）出席予定の来賓に，念のため出欠の再確認をした。

7
難易度ランク
★

◉チェック！

営業部長秘書Aは得意先から戻ってきた上司から，「得意先のK部長と会食することになった。K部長の秘書も招くので，君も同席してもらいたい。手配は任せる」と言われた。次はこのときAが順に行ったことである。中から不適当と思われるものを一つ選びなさい。

1）K部長の秘書に電話したところ，会食の件は聞いていると言うので，都合のよい日時を尋ねた。
2）その際，K部長の食事と酒の好みを尋ね，併せて秘書にも同じことを尋ねた。
3）K部長の秘書から聞いた候補日を上司に伝えて日時を決めてもらい，二人の好みに合った飲食店を挙げて上司の了承を得た。
4）飲食店に電話して接待であることを伝え，予約は上司名で，領収書の宛て名はAの会社名にしてくれるよう頼んだ。
5）K部長の秘書に電話で日時と場所を伝え，詳細はメールで連絡する，当日時間に遅れるようであれば電話をもらいたいと言った。

8
難易度ランク
★★

◉チェック！

次は，告別式に参列するときの女性の服飾について述べたものである。中から不適当と思われるものを一つ選びなさい。

1）服装は，黒色のスーツかワンピースがよい。
2）ストッキングは，黒色で柄のないものがよい。
3）靴は，黒色で光沢のないシンプルな形のものがよい。
4）ネックレスは，一連の真珠なら着けてもよいとされている。
5）バッグは，黒色で肩に掛けられるものが焼香の際に便利である。

9

◉チェック！ □□□

難易度ランク ★

次の用語の説明の中から不適当と思われるものを一つ選びなさい。

1）「祝言」とは，結婚式などの祝いの儀式のこと。
2）「叙勲」とは，勲章の等級を授け勲章を与えること。
3）「落成」とは，建築工事が終了して建物が出来上がること。
4）「忌中」とは，通夜から葬儀と告別式が終わるまでの間のこと。
5）「発起人」とは，祝賀会など何かを始めようと思い立って計画する人のこと。

10

◉チェック！ □□□

難易度ランク ★

次は秘書Aが，中元や歳暮に関して行っていることである。中から不適当と思われるものを一つ選びなさい。

1）社葬を行った取引先には，その年の中元や歳暮は贈らないようにしている。
2）取引がなくなった取引先は，関係者に確認して贈り先リストから外している。
3）相手との関係によっては，上司に確認して中元は贈らず歳暮だけにしている。
4）取引先に贈るときは，取引の大小によって品物を変えたリストを上司に見せている。
5）菓子などで以前贈って喜ばれた品物があれば，それと同じ物をまた贈ることもある。

11

◉チェック！ □□□

難易度ランク ★★★★

次は秘書Aが，上司から言われて用意したことである。中から不適当と思われるものを一つ選びなさい。

1）友人の弁護士が独立した祝いに，蘭の鉢植えを贈りたいと言われたとき，「開業御祝」と書いた立て札を手配した。

2）自分の著書を，知人に配る準備をしてもらいたいと言われたとき，著書に挟む「謹呈」と書かれたしおりを用意した。
3）個人的にも親しい取引先の部長が入院したので，現金を贈りたいと言われたとき，「御見舞」と書いた白い封筒を用意した。
4）香典を用意するように言われたとき，葬儀がキリスト教式ということだったので，「御花料」と書いてある不祝儀袋を用意した。
5）取引先の担当者が転職することになり，世話になったので現金を贈りたいと言われたとき，祝儀袋に「御栄転祝」と書いて用意した。

12 チェック！

難易度ランク ★★★★

次は秘書Aが，上司の指示で金品を贈るときに行ったことである。中から不適当と思われるものを一つ選びなさい。

1）地元の祭りに寄付するとき，祝儀袋の上書きは「金一封」とした。
2）取引先への中元が7月早々に届くよう，デパートには6月の初めに注文した。
3）取引先の社長は身内の不幸で喪中だったが，年始に会社を訪問する際の年賀の品は普通に手配した。
4）災害に遭った取引先へ見舞金を送ったときの添え状に，立て込んでいるだろうからお返しは不要と書いた。
5）けがで入院した取引先の部長に生花のアレンジメントを贈るとき，入院先の病院に電話で生花を禁止していないか確認した。

記述問題編

13 チェック！

難易度ランク ★★

秘書Aには，上司から指示された仕事についてや留守中の電話，来客などのことを報告することが多いが，上司は忙しくてなかなか時間が取れない。このような場合どのようなことに配慮して報告するのがよいか。箇条書きで三つ答えなさい。

14

難易度ランク ★★

◉チェック! □□□

秘書Aの上司は出張が多い。出張中の上司との連絡は電話でするが，電話は上司の方からかかってくることになっている。このような場合，かかってきた電話にAはどのように対応するのがよいか。箇条書きで四つ答えなさい。

15

難易度ランク ★

◉チェック! □□□

秘書Aの上司は交友関係が広く，そのため頼まれ事も少なくない。しかし応じられないこともあり，その都度断り役になるのはAである。このような場合，上司と相手との関係を壊さずうまく断るには，Aはどのようなことに注意すればよいか。箇条書きで三つ答えなさい。

16

難易度ランク ★★

◉チェック! □□□

秘書Aが受付を通り掛かると，新人Bが来客から注意されていた。Bが予約のある来客に用件を詳しく尋ねたのが原因らしい。このような場合Aは，①来客にはどのように対応したらよいか。また，②Bには後でどのようなことを言うのがよいか。それぞれ答えなさい。

17

難易度ランク ★★★

◉チェック! □□□

秘書Aは後輩Bに，仕事のことで一度忠告しようと思っている。このような場合，「人前では言わない」，「ほかの人との比較を避ける」以外にAが配慮しなければいけないことを三つ答えなさい。

18

難易度ランク ★★★

◉チェック! □□□

次の言葉の下線部分を，秘書が上司や来客に言う丁寧な別の言葉に直して，二つずつ答えなさい（意味は変えないこと）。

1）「ご昼食はこちらで食べますか」
2）「この書類を見てくださいますか」
3）「お忙しい中来ていただきましてありがとうございます」

19

難易度ランク ★

チェック！

次の「　　　」内は，山田部長秘書Aが，来社した取引先の人に言った言葉である。下線部分に入る適切な言葉を答えなさい。

1）上司からの伝言があると言うとき
「山田から伝言を＿＿＿＿＿っております」
（「預か」以外）
2）朝早くに来てもらった人に
「早いお時間にお＿＿＿＿くださいましてありがとうございます」
（「越し」以外）
3）忙しい中書類を届けてくれた人に
「お忙しいところご＿＿＿＿をお掛けしまして申し訳ございません
（「面倒」以外）
でした」

20

難易度ランク ★★

チェック！

次の「　　」内の言葉を，秘書Aはどのように言えばよいか。丁寧な言葉に直して答えなさい。

1）来客に，「要望には応じられない」
2）上司に，「もう聞いていることと思うが」
3）上司に，「支障がなければ，一緒に行かせてもらえないか」

21

難易度ランク ★

チェック！

秘書Aの上司（山田部長）のところに取引先の部長が，「急ぎで確認したいことがあるので会えないか」と言って訪れた。Aは上司から，

「今日は忙しいので電話や来客は取り次がないように」と言われている。このような場合，Aは取引先の部長にどのように言えばよいか。その言葉を答えなさい。

⊙チェック！ □□□

22 次は祝賀パーティー（立食形式）に招待されたときのマナーについて述べたものである。中から不適当と思われるものを三つ選び，その番号を答えなさい（番号の若いものから順に書くこと）。

難易度ランク ★

1. 出欠連絡の返信はがきには，出席のときは何も書かなくてよいが，欠席のときは祝いの言葉を書き添える。
2. 祝儀は，祝儀袋に入れてふくさで包んで持っていき，受付でふくさから出して渡す。
3. 胸章を受け取ったら，ほかの人から見えるように胸の辺りに着け，パーティーが終わるまで外さない。
4. バッグは，食べ物を取るときや食べるときの邪魔にならないよう，会場内のテーブルやいすの上に置いておく。
5. 会場の入口で手渡されたウエルカムドリンクは，主催者のあいさつや乾杯を待たずに口を付けてよい。
6. 料理は，歓談しながら少しずつ食べるようにし，立て続けに食べるような食べ方はしない。
7. 空いた皿はそのままにしておき，次に料理を取るときは，新しい皿を使うようにする。
8. パーティーに最後までいられないときは，主催者に伝えておけば，あいさつをせず都合のよいときに帰ってよい。

23

チェック！

難易度ランク ★★★★

部長秘書Aは上司から「取引先の会長が亡くなった。明日の葬儀には私が参列することになったので，香典を用意するように」と指示された。このような場合Aが，香典に関して上司に確認しなければならないことを箇条書きで三つ答えなさい。

24

チェック！

難易度ランク ★★★★

営業部長秘書池田Aが，上司（山田一郎）の代理で取引先の葬儀（仏式）に参列したとする。このような場合の次の二つに答えなさい。

① 受付で言う悔やみの言葉
② 会葬者芳名録に書く名前

25

チェック！

難易度ランク ★

次の弔事に関することを何というか。漢字２文字で答えなさい。

1）仏前や霊前で，香をたいて拝むこと。
2）亡くなった人の前で述べる悔やみの言葉。
3）悔やみを言うために，遺族を訪ねること。
4）死者の冥福を祈るために，命日に行う行事のこと。

26

チェック！

難易度ランク ★★★★

山田部長秘書Aは，次の場合どのように言うのがよいか。下線部分に入る適切な言葉を答えなさい。

1）会社名しか言わない初めて電話をかけてきた相手に，名前と用件を尋ねるとき。
「大変失礼ではございますが，＿＿＿＿＿＿＿＿＿＿＿＿＿＿＿＿＿」
2）取引先から電話で尋ねられたことに答えられず，自分には分からないので他の人に代わる，待ってもらいたいと言うとき。

「申し訳ございません。＿＿＿＿＿＿＿＿＿＿＿＿＿＿＿＿＿＿＿＿＿＿＿＿＿＿＿＿＿。少々お待ちくださいませ」

3）上司が訪問中の取引先に電話をかけて，そっちに行っているうちの上司を呼び出してもらいたいと頼むとき。

「恐れ入りますが，＿＿＿＿＿＿＿＿＿＿お呼び出しいただけませんでしょうか」

27

難易度ランク★★★★

◉チェック！ □□□

ＢＳ物産㈱の秘書Ａは上司（田中浩営業部長）から，「取引先の部長が栄転するので私の名前でお祝いを贈りたい。祝儀袋の用意をするように」と指示された。この場合の適切な上書きを右の祝儀袋に書きなさい。

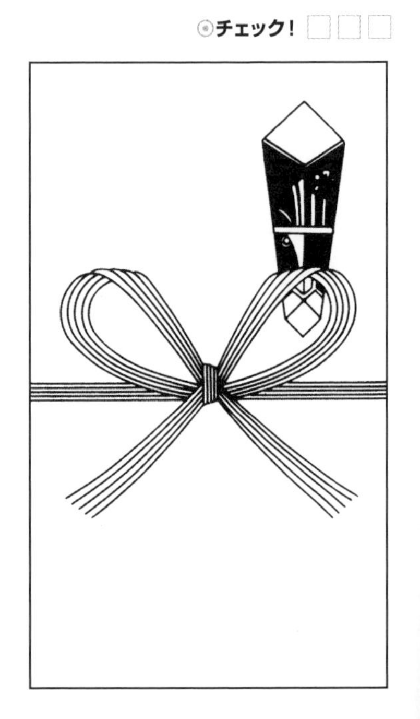

■ 解答 ◎ 解説 ■

1 ＝4）
話をするときの身ぶりとは，話の内容を体を動かして補うこと。大きめの身ぶりは元気で生き生きとした印象はありますが，落ち着いた調子に欠けるので不適当です。

2 ＝3）
Cは取りまとめる都合と資料作成に要する時間から可能とみて，今日中にと言うのでしょう。先輩からの依頼にはできるだけ応じるのがよく，無理なときは状況を説明して相談すればよいこと。従って，Bの不満は筋が違うと言うのが適当です。

3 ＝4）
秘書の仕事は上司の性格が大きく影響します。また，上司の考え方や行動によってサポートの仕方が違ってきます。このようなことへの相談を親身に受けるには，ゆっくり話せる時間が必要。仕事が終わった後食事をしながらなどの機会にするのがよいということです。

4 ＝2）
2）以外の適切な言い方は，1）「そんなことを申されても」→「そのようなことをおっしゃいましても」，3）「おみ足」→「お足元」，4）「山田部長」→「部長の山田」，5）「賜って」→「言い付かって」などになります。なお，1）「できません」は「いたしかねます」の方がよいでしょう。

5 ＝3）
主催者が来て上司にあいさつしても，Aは上司の随行ですから，上司に続いてあいさつするなどは出過ぎた行動ということになります。また，その場を離れては，随行の役目を果たせないので不適当です。

6 ＝5）
このような行事で，出席予定の来賓の都合が悪くなったとしたら，欠席の連絡は相手からあるものです。念のため出欠を再確認するなどは失礼なので不適当ということです。

7 ＝5）
会食の手配ですから，相手の飲食の好みや双方の都合を考慮し，上司の了承を得て日時や飲食店を決め，最後に相手に伝えるのが手順となります。伝える際に「遅れるようであれば」などと，遅れる可能性を前提とした言い方は失礼で余計なことなので不適当ということです。

8 ＝5）
焼香をするときは両手を合わせて拝むので，手にバッグなどを持っていては差し支えます。かといって，肩に掛けるなどは不適当。持ち物を肩に掛けるなどは改まった場ですることではないからです。バッグは置くか小脇に抱えて焼香するのがよいでしょう。

9 ＝4）
「忌中」とは，親族などの死後，死を悼み，身を慎んでいる一定期間のことです。

10 ＝1）
中元や歳暮は日ごろ世話になっていることへの礼として贈るものです。取引先が社葬を行ったとしても，世話になったことには変わりないのですから，その年は贈らないなどは不適当ということです。

11 ＝5）
栄転は今までよりもよい役職になって転任することです。転職は他の職業または会社に変わることですから,「御栄転祝」と書いたのは不適当ということです。

12 ＝4）
思いがけない災害に遭ったことへの見舞いですから，災害見舞いにお返しはしないのが一般的です。従って，添え状にお返しは不要と書くなどは不適当ということです。

記述問題編

13
1．時間をかけずに済むよう，端的に報告できるようにしておく。
2．急がないものは後でまとめてするなど，優先順位を考える。
3．メモで済むものはメモにするなど，手段を工夫する。

【解説】 多忙な上司へ報告するときの配慮ですから，報告の仕方や手段を工夫するなどのことが必要になります。このようなことに触れたことが答えになります。解答例の他に,「忙しいときに報告せざるを得ないときは，最初に要する時間を伝えるようにする」などもよいでしょう。

14
1．まずねぎらいの言葉を言う。
2．こちらに用件があっても，上司の用件から聞く。
3．用件は急ぐものから先に伝える。
4．急ぎでないものは戻ってから報告すると言う。

【解説】 出張中の電話連絡なので上司を気遣った言葉が必要です。また，短時間で済ませるために内容を絞ることが重要になります。このようなことに触れたことが答えになります。解答例の他に,「こちらの用件を言う場合には，最初に件数を言う」「最後に上司を気遣った言葉を言う」などもよいでしょう。

15
1．上司が大変申し訳ないと言っていたなどと言って丁重にわびる。
2．上司が応じられない事情や理由を納得してもらえるように話す。
3．事前に上司と打ち合わせをして，なるべく代案を示すようにする。

【解説】 相手との関係を壊さずうまく断るには，相手に感情的なしこりが残らないような断り方をしないといけません。それには，断る理由を話して納得してもらう，代案を示すなどが答えになります。

16
① 失礼な対応をわび，自分がBの代わりに応対する。
② 予約のある来客の場合，基本的には用件を尋ねるものではない。

【解説】 ①このような場合，来客の気持ちを考えると，引き続きBに応対させるよりも，わびてAが応対するのがよいということです。

②予約客に対する基本的な受付の仕方が答えとなります。

17
1．根拠を示す。
2．Bの長所は褒める。
3．Bの性格を考える。

【解説】 忠告は相手に気付かせて改め

てもらうためにするものですが，反発を招かないように慎重にする配慮が必要です。このようなことに触れたことが答えになります。解答例の他に,「頭ごなしに言わない。追い詰めない」「時と場所など，タイミングを考える」などもよいでしょう。

18
1）召し上がり・お取りになり
2）ご覧・お目通し
3）お越し・おいで・ご足労・お運び

19
1）言付か
2）いで・運び
3）足労

20
1）ご要望には応じかねます
2）既にお聞き及びのことと存じますが
3）お差し支えなければ，お供させていただけませんでしょうか

21
「山田は仕事が立て込んでおりますが，ただ今聞いてまいります。少々お待ちいただけますでしょうか」

22
1，4，8

【解説】 マナーとして以下の理由で不適当です。1. 出席のときも祝いの言葉は必要です。4. 邪魔になる物はクロークに預けるものです。8. 立食形式の祝賀パーティーは出入り自由が普通ですから，途中退出を主催者に伝えたり，あいさつしたりする必要はありません。

23
1．香典の額
2．葬儀の形式
3．誰の名前で出すか

24
① このたびはご愁傷さまでございます。
② 山田一郎（代）

25
1）焼香
2）弔辞
3）弔問
4）法事・法要

26
1）お名前とご用件をお聞かせくださいますか
2）私には分かりかねますので他の者に代わります
3）そちらさまに伺っております私どもの山田を

27

【解説】 上書きは，御栄転祝などもよいでしょう。㈱は省略せず，株式会社。肩書は名前の前に書くなどがポイントとなります。

必要とされる資質
職務知識
一般知識
マナー・接遇
技能
面接

Perfect Master

第5章

技能

「技能」の領域では，上司の会議主催などを補佐する実務，ビジネス文書の作成と取り扱い，日程管理や上司の執務室の環境整備などについて学びます。準１級では，上級秘書ならではの高度な知識も問われますが，基本的な知識についての出題も多いので，幅広く知識を確認することが必要です。

会議における秘書の役割

Lesson 1 会議の知識

上司が会議に出席する際の準備（出欠連絡など）や，上司が主催する会議の準備（会場手配や開催通知作成など）を的確に行うために，会議についての知識を確かなものにしておきましょう。

過去問題でポイントチェック！ POINT CHECK

秘書Aの上司は業界団体の事務局担当理事もしているので，Aは事務局の仕事を手伝うことがある。次は，業界団体の総会の開催に当たって受け取った委任状について，先輩から教えられたことである。中から不適当と思われるものを一つ選びなさい。

1）委任状は，総会で委任された人の議決権行使が済めば，本人に返送することになっている。
2）会員が総会を欠席するとき，自分の議決権を，会員を指名して委任する文書が委任状である。
3）総会での出席者数は，実際に出席した人の数と，委任状で出席したことになる数の合計である。
4）委任状は，委任する人を指名することになっているが，特に指名がない場合は理事長などとする。
5）委任状が出されていればその会員は出席していなくても，出席して議決権を行使したことになる。

Answer CHECK

総会などの委任状は，欠席する人が出席する特定の人に，自分の議決権を行使してもらうための文書です。従って，議決が済めば委任状の役割も済んだことになります。ただし，議決の証拠となる文書なのでしばらくは保管する必要があり，返送したりはしません。

不適当は 1）

より細かい知識が必要

「委任状」についての問題では，「委任状とは何か」だけでなく，どのように使われるかなど実務的な知識が問われます。株主総会についての知識とともに，知識を整理しておきましょう。

❶ 委任状について

委任状とは，ある人に一定の事項を委ねる（委任する）意思を表明した書状のことです。会議や総会などを欠席する場合，出席者の１名を指名して委任することで自分の議決権を行使します。

- 出席者の誰かに委任することになっているが，特にいない場合は，議長やその団体の長などに委任するのが一般的である（委任される人の氏名を記入する箇所は空欄のまま提出してもよい）。
- 委任状が出されていれば，その会員は出席したとみなされる。会議の出席者数は，実際に出席した数と委任状の数を合計したものとなる。

❷ 議決権行使書について

会議や総会などを欠席する場合，それぞれの議案について，賛否を記し，議決権を行使する書状のことです。委任状とは違い，自分の意見を表明します。議決権行使書が提出されていれば，会議や総会に出席したとみなされます。

❸ 株主総会について

株式会社では，株主総会が最高位の会議です。

- 株主総会は，会社の基本方針を決める最高意思決定機関であり，株主で構成される。
- 定時株主総会と臨時株主総会がある。
- 主な議題は，取締役や監査役の選任・解任，定款の改廃，予算・決算の承認など。
- 開催の通知状には，総会での議題が記載してある。また，委任状か議決権行使書が同封されている。

過去 問 brush up

Q 次は「株主総会」について述べたものである。中から不適当と思われるものを一つ選びなさい。

1）会社の基本方針を決める最高意思決定機関である。
2）開催の通知状には，総会での決議事項が記載してある。
3）委任状を提出した株主は，株主総会に出席したことになる。
4）定時株主総会と必要に応じて開かれる臨時株主総会とがある。
5）委任状の提出は，議案への賛否表明を放棄したということになる。

必要とされる資質
職務知識
一般知識
マナー・接遇
技能
面接

委任状は，株主総会に出席できない株主が，総会の議決に参加する権利を代理人に委ねるための書類です。議案への賛否表明を放棄するものではありません。

不適当は 5)

改めて『一般知識』の「株式会社の知識」を確認しておく

「株主総会」については，理論分野の「一般知識」の領域で，「株式会社についての知識」として学んでいます。「取締役会」も同様です。復習を兼ねて確認しておきましょう。

❹ 会議に関係する用語

議決権	会議に出席して決議に参加する権利のこと
議案	会議で審議するための案
定足数	会議の成立に必要な最小限の出席者数（株主総会では持ち株数）
動議	会議中に出される予定外の議案
採決	議論の後，賛否の決を取ること
採択	議案や意見などを，正式に採り上げること
諮問	有識者，または一定機関に意見を求めること
答申	上位機関から尋ねられたことへの返答。諮問機関が，諮問を受けた事項について行政官庁に意見を具申すること
分科会	全体会議の下に設定された専門分野の小さな会議のこと
オブザーバー	会議で，議決権を持たない出席者のこと（発言はできるが議決権を持たない出席者，あるいは発言権も議決権もない傍聴者）
キャスチングボート	可否同数となったとき，議長が行使できる決定権。キャスティングボートと表記されることもある

❺ 会議の形式

パネルディスカッション	テーマに沿って，専門家の討論者（パネリスト，パネラーともいう）が聴衆の前で討論する。その後，聴衆から意見や質問を受ける
シンポジウム	特定のテーマについて数人の専門家が講演形式で自分の意見を述べ，その後聴衆と専門家の間で質疑応答をする
ブレーンストーミング	アイデア収集のために行われる会議。他者の意見やアイデアを批判してはいけない
Web 会議	違う場所にいる人と，インターネットを通じて映像・音声のやりとりや資料の共有をする会議。リモート会議

Lesson 2 会議の準備から終了まで

上司が会議に出席する場合は，スケジュール調整と出欠連絡，交通などの手配が秘書の仕事です。上司が会議を主催する場合は，会場の手配，案内状や資料の作成，会議中の取り次ぎやお茶・食事の手配，場合により議事録作成など，一連の全てを行います。

Q 過去問題でポイントチェック！ POINT CHECK

秘書Aは上司（総務部長）から，「明日の部長会議は議題が多いので午後にずれ込む。準備を頼む」と言われた。次はこのときAが準備として考えたことである。中から不適当と思われるものを一つ選びなさい。

1）昼食を用意することにし，準備や後片付けに手間が掛からない幕の内弁当を手配する。

2）昼食の予定は12時だが，会議の進行具合で早まることもあるので15分くらい早くても対応できるように手配する。

3）長時間の会議なので，お茶はいつでも飲めるペットボトルのお茶にして，紙コップとともに机上に置いておく。

4）食事のときのお茶は温かいものを出し，食後にはコーヒーを出す。

5）午後何時までかかるか分からないのでお茶とコーヒーをそれぞれポットに入れ，部屋の隅に控えていてお代わりに対応する。

Answer CHECK

お茶とコーヒーのお代わりに対応しようと考えるのはよいでしょう。しかし，Aは会議のメンバーではないので，そのために部屋の隅に控えているなどは不適当です。連絡があったらいつでも出せるような態勢をとっていればよいということです。

不適当は 5)

長時間の会議

会議が長時間にわたる場合の気遣いとしては，ペットボトルのお茶を机上に用意する，会議室の後方に冷水のポットを置いておく，お茶やコーヒーのポットを置いてセルフで飲めるようにしておく，などがあります。また，お茶や食事を出すときに，室温の調節や換気などにも気を使います。秘書は会議のメンバーではないので，会議に「同席する」ことはできません（議事録作成を指示された場合は別）。

❶ 上司が主催する会議の準備

上司が会議を主催する場合は，上司の指示に従って，以下の手順で準備します。

①参加予定者名簿の作成

②会場の手配

- 人数，座席のレイアウト，スクリーンや音響機器など必要な機器や備品，社外であれば予算や交通の便など，上司の意向に沿う会場の候補を挙げる。
- 上司の了承を得て，会場を予約する。

③外部講師の有無を確認

- 上司の指示により，外部講師に講演依頼をする。

④資料の準備

- 開催通知に同封するか，当日配布かを確認し，作成する。
（開催通知に同封する資料は，当日持参を忘れる出席者のために予備を用意しておく。当日配布資料も，急な出席者などを想定して少し多めに用意する）
- 外部講師を招く場合は，講師のプロフィルを資料（プログラム）に載せるかどうか，上司に確認する。
- 外部講師のプロフィル：氏名，肩書，経歴，資格，所属団体，主な著書，研修実績など

⑤開催通知と出欠確認

- 開催通知（案内状）を作成し，参加者に送付する。
- 出欠を確認し，出席者名簿を作成する。

会議の開催通知に記載する事項

① 会議の名称
② 開催日時
③ 開催場所（交通案内）
④ 議題
⑤ 出欠の連絡方法と締切日
⑥ 主催者名と連絡先（担当者）
⑦ 駐車場の有無
⑧ 食事の有無，会議後の懇親会の案内
⑨ その他，資料や注意事項など

⑥ その他の確認

- 席順の確認と机上札・名札の準備。
- お茶と食事。
- 会議中の電話の取り次ぎ。
- 当日の役割分担（受付，機器の操作など）。
- 必要機器や備品類（マイク，プロジェクター，スクリーン，パソコン，ポインター，ホワイトボードなど）

> **＊ポインター**
> 指示棒の代わりにレーザー光を利用したもの。
> 離れた所からスクリーン上の１点を指し示すことができる。

- 議事録の必要と記録者。
- 宿泊の手配の有無。
- 会議後，懇親会を行う場合は，懇親会の開始・終了時間と飲食の内容など。

❷ 会議当日の秘書の仕事

会議当日は，会議が円滑に進むようにさまざまな目配りをします。

①会場設営

- 照明，音響，空調などを調節する。
- 机上札を置く。

②受付と出欠確認

- 出席者名簿に基づいて出欠確認をする。
- 定刻になっても現れない出席予定者に，電話などで確認する。

❸ 議事録を取る場合

議事録を取るように上司に指示された場合は，次のように準備します。

①録音してよいか上司の了承を得ておく。

②会議の議題を事前に確認し，配布資料に目を通して，必要な用語，固有名詞（品名，人名，地名など）を理解しておく。出席者名を把握しておく。

③会議中は誰がどの発言をしたかメモを取るので，出席者の顔が見える席を設けて座る。ただし，出席者の目障りにならない場所を選ぶ。

④議事録に記載する内容

- 会議名と開催日時・場所
- 議長名，出席者名と人数（委任状の数）
- 議題，発言者と発言の主な内容
- 決議事項または継続審議事項
- 配布資料
- 議事録作成者
- 定例会議の場合は次回の予定，など

C H A L L E N G E

演習問題

1 次は秘書Aが後輩に，会議について教えたことである。中から不適当と思われるものを一つ選びなさい。

1）会議出席者と委任状を合わせた数が定足数に達していれば，会議は成立する。

2）委任状は，誰に委任するかの箇所を空欄にして出しても議決権を行使できる。
3）オブザーバーは，普段は議決権を持たないが，可否同数となったときは議決に加わることができる。
4）ブレーンストーミングでは，他の出席者が出したアイデアを批判したり否定したりしてはいけない。
5）投影した資料を説明する際，指し棒はスクリーンに届かなかったり投影の邪魔になったりするので，レーザーポインターを使うのがよい。

2　秘書Aは上司（営業部長）から，「今度の営業所長会議は午前と午後にまたがるのでそのつもりで準備を頼む」と言われた。次はその会議の準備についてAが考えたことである。中から不適当と思われるものを一つ選びなさい。

1）お茶は始まる前と昼食時に出すが，午後にはコーヒーなどを出すことにしようか。
2）長時間にわたるので，会議室の後方に冷水のポットを置いておき，いつでも飲めるようにしておこうか。
3）昼食は12時の予定だが，会議の進行具合で早まることもあるので，15分前には出せるようにしておこうか。
4）人数も多く長時間にわたるので，時折会議室に入ってしばらく同席し，室温の調節や換気をすることにしようか。
5）昼食は，配膳にも片付けにも手間が掛からない幕の内弁当にし，お茶のお代わりはセルフで飲めるようにポットに入れて置いておこうか。

解答解説

1＝3)
「オブザーバー」とは正式なメンバーでない出席者のことで，発言はできるが議決権はない人，または，発言権もない傍聴者のことです。従って，可否同数となったときでも議決に加わることはできません。

2＝4)
人数が多く長時間の会議では，室温の調節や換気などは大切なことです。しかし，会議のメンバーでないAが，そのために時折入ってしばらく同席するなどは不適当ということです。

2 ビジネス文書の作成

Lesson 1 文書の種類

ビジネス文書には，社内でやりとりされる「社内文書」と取引先など社外宛ての「社外文書」があります。「社外文書」には，事務的な内容の文書の他，「社交文書」（あいさつ状や見舞状など儀礼的・社交的な文書）が含まれます。

過去問題でポイントチェック！
POINT CHECK

次は文書の名称と，直接関係する用語の組み合わせである。中から不適当と思われるものを一つ選びなさい。

1）念書　——　確認
2）覚書　——　合意
3）趣意書　——　忠告
4）委任状　——　代理
5）照会状　——　質問

Answer CHECK

「趣意書」とは，何かをしようとするとき，そのことに賛同を得るために目的や理由などを書いた文書です。「忠告」とは，相手を思って過ちや欠点を直すように言うことで，直接関係がないので組み合わせとして不適当ということです。

不適当は 3)

文書の種類をきちんと確認するには

「趣意書」は，会社や団体の設立，イベントなどの企画，また，寄付の募集の際などに作成されます。ビジネス文書の種類を覚えるときは，どのような場合に使われるものなのかについての理解が必要です。インターネットなどで各文書のひな型を見ておくのもよいでしょう。

❶ 社内文書の種類

社内文書には，会社の決定事項を社員に知らせる通知文や各種案内を伝える案内文の他，以下のものがあります。

報告書	出張報告書や研修報告書，日報など，事実や経過を報告する文書
稟議書(りんぎしょ)	案件について，上役や関係者に順に回して，最後に決裁権を持つ上の人に決裁，承認を仰ぐ文書
上申書	部下が上司に意見などを述べた文書
始末書	過失や事故のいきさつを説明し謝罪する文書
伺い書	上役や上部機関に指示を請う文書
進退伺	責任を取って辞職すべきかどうかの判断を上司に仰ぐ文書

その他，議事録や社内規定，各種届け書も社内文書です。

❷ 商取引に関する社外文書の種類

社外文書は，取引先など社外に対して発信する文書で，「商取引に関する文書」と「社交文書」に分けられます。商取引に関する社外文書には，以下のものがあります。

通知状	相手に情報を伝える文書。会議の開催，書類の授受，営業所の移転など
案内状	新商品や新製品の発表など，情報を案内する文書
依頼状	何かをお願いする文書。送付や紹介，調査の依頼など
断り状	相手の依頼を引き受けられないとき，わびて断る文書
照会状	不明点や疑問点を問い合わせて確かめる文書。在庫の有無や信用状態の問い合わせなど
回答状	問い合わせ（照会状など）に対して答える文書
紹介状	自分の知り合いを，よそに引き合わせるための文書
催促状	約束したことが実行されていないときに，催促する文書。支払いや納品などの催促
督促状	約束したことが催促をしても実行されなかったときに，改めて催促する文書
わび状	不手際などがあったとき，相手に迷惑を掛けたことをわびる文書
見積書	代金が幾らになるかなどを，あらかじめ知らせる文書
注文書	物品などの購入を申し込む文書。発注書
請け書	注文などを引き受けた印(しるし)に相手に渡す文書。注文請書
納品書	販売した物品を納めるとき，その内容を確かめてもらうための文書
請求書	販売した物品の，代金の支払いを求める文書

領収書	販売した物品の代金が支払われたとき，代金を受け取ったことを証して相手に渡す文書
念書	約束などをしたとき，後日の証拠として作成し相手に渡しておく文書
趣意書	ある物事を始めるとき，その動機，目的などを書いた文書。寄付の趣意書など

❸ 社交文書の種類

社交文書は，社外文書のうち，社交的·儀礼的な文書で，特に格調を重んじた文書です。社交文書には，以下のようなものがあります。

祝い状	相手の慶事を祝う文書（手紙）
悔やみ状	相手の弔事に際し，弔意（哀悼の意）を伝える文書
見舞状	病気や災害を見舞う文書
あいさつ状	役職者の異動，社長交代，担当者の転勤・着任，事務所移転，開店などを知らせる文書
招待状・案内状	会合やパーティー，式典などへの参加を求める文書
礼状	相手の尽力や厚意に対して，感謝の意を伝える文書

その他，年賀状や暑中見舞状などもあります。

2 文書の形式と書き方

ビジネス文書には，形式（レイアウト）や慣用表現などの「型」があります。後輩や新人に的確な指導をするためにも，社内文書・社外文書・社交文書，それぞれの文書の型を再確認しておきましょう。

Q 過去問題でポイントチェック！
POINT CHECK

次は秘書Aが，社交文書を書いたり出したりするときに行っていることである。中から不適当と思われるものを一つ選びなさい。

1）招待状には，日時と場所などを書き，会場案内図を同封している。
2）役員交代のあいさつ状は，前任者と後任者のあいさつを1枚の用紙に続けている。
3）悔やみ状は，頭語や時候のあいさつは書かずに悔やみを述べ，結語も書かないでいる。
4）上司が出張で世話になった取引先への礼状は，個人宛てでも，会社に対する礼を書き添えている。
5）取引先の被災などに出す見舞状に時候のあいさつは書かないが，日ごろの取引の礼は最初に述べている。

Answer CHECK

被災への見舞状は，被災を知ってすぐに書いたという気持ちを表すために，あいさつなどは省略して主文から書き出すのがよいとされています。従って，日ごろの取引の礼は最初に述べているというのは不適当です。

不適当は 5)

悔やみ状や見舞状は「取る物も取りあえず」出すもの

悔やみ状も見舞状も，その報に接してすぐ，相手の心情に心を沿わせて書くものです。落ち着き改まって日ごろの礼を述べているような余裕はない，ということから，時候のあいさつなどを省いて主文から書き出します。

❶ 社内文書の形式と書き方

人発第○○号 ❶
令和○年4月1日 ❷

新任課長各位 ❸

人事部長 ❹

本年度新任課長研修の実施について ❺

標記の研修を下記の通り実施するので，業務を調整の上，全員出席してください。 ❻

記 ❼

1　日時　4月15日（水）　9時から17時まで ❽
2　場所　第1研修室

なお，終了後に懇談会を行います。 ❾

添付　新任課長研修プログラム　1部 ❿　　以上 ⓫

担当　人事部　中村 ⓬
（内線321） ⓭

❶ 文書番号……　整理・保管の必要がある文書に付ける。
❷ 発信日付……　年・月・日を記す。西暦で記すこともある。
❸ 受信者名……　社内文書では，職名だけでよい。　例「総務課長」（「様」や「殿」を付けない）
複数に宛てる場合は「各位」を使う。「各位」の後に「様」や「殿」を付けてはいけない。
❹ 発信者名……　職名だけを書く。
❺ 表題（件名）
❻ 本文……　文章は短く，簡潔に書く。「～です」「～ます」「～してください」など，丁寧語で書く（尊敬語，謙譲語は原則使わない）。
頭語や結語，あいさつ文は書かない。
「標記の」は，「上記のタイトル（表題）の」という意味。文を簡潔にするために使う。上の例の場合は，表題の字数が多くないので，「標記の」とせずに「本年度新任課長研修を下記の通り～」のように書くのでもよい。
日時や場所などは，本文に「下記の通り」と書いて，下の「記」書きに具体的なことを書く。
❼ 記（記書き）……　中央に「記」と書き，その下に必要項目を箇条書きにする。
❽「9時から17時まで」は，「9時～17時」のように書いてもよい。「～」は「○から○まで」の意。従って，「9時～17時まで」と書いてしまうと「9時から17時まで＋まで」になってしまい不適当。なお，時間の表記は「17時」でも「17:00」でもよい。
❾「なお」書き……　注意事項を加える場合は，記書きの箇条書きの下に書く。「なお，」から始める。
❿ 添付……　添付資料。複数ある場合は，番号をふって箇条書きにする。
⓫ 以上……　文書の終了を示す。
⓬ 担当
⓭ 連絡先……　内線電話番号。メールアドレスを書く場合もある。

❷ 社外文書の形式と書き方

> ❶
> 令和○年11月10日 ❷
>
> 役員各位 ❸
>
> ○○振興協会 ❹
> 理事長　山田　一郎
>
> 臨時役員会開催のご通知 ❺
>
> a［拝啓　ますますご清祥のこととお喜び申し上げます。平素は格別のご高配を賜り，厚く御礼申し上げます。
> b［　さて，下記の通り臨時役員会を開催いたしますので，ご出席くださいますよう，お願い申し上げます。
> c［　まずは，ご通知申し上げます。　敬具❻
>
> 記 ❼
>
> 1　日時　11月30日（水）13時から15時まで
> 2　場所　○○会館　3階会議室
> 3　議案　設立30周年記念事業について
>
> なお，ご出欠は11月24日までに，事務局担当者までお知らせくださいますよう，お願いいたします。❽
>
> 同封　議案資料一式 ❾　以上 ❿
>
> 担当　事務局　中村 ⓫
> 電話　03-3200-6675 ⓬

❶ 文書番号……　整理・保管の必要がある文書に付ける。文書管理上，番号を付ける必要がなければ，社外文書でも文書番号を付けなくてよい。
❷ 発信日付
❸ 受信者名……　略称は使用せず，正式名称を用いる。
・官公庁や会社宛て　「御中」　例「○○株式会社総務部御中」
・職名宛て　「様（殿）」　例「株式会社○○　人事部長殿」
・個人宛て　「様」　例「○○株式会社　人事部長　○○○○様」
・複数に宛てる場合　「各位」　例「株主各位」
❹ 発信者名……　社名，職名，氏名，印　（印は省略することが多い）
❺ 表題（件名）
❻ 本文……　尊敬語や謙譲語，慣用語句を用いて，相手への敬意を表す。「前文」「主文」「末文」で構成される。
a「前文」…「拝啓」などの頭語から始める。1字空けて，時候のあいさつや先方の繁栄を祝う言葉を書く。
例「拝啓　○○の候，ますますご清祥のことと～」
商取引の事務文書では，時候のあいさつを省略したり，「時下」を使うことが多い（p.237）
例「拝啓　貴社ますますご発展のことと～」
例「拝啓　時下ますますご清祥のことと～」
b「主文」…用件を述べる部分。改行し，「さて，」で書き始めるのが一般的。
c「末文」…終わりのあいさつと結語。
例「まずは，ご案内申し上げます。　敬具」
「敬具」などの結語で本文を終わる。結語は，本文の最終行の行末に書く。
事務文書では終わりのあいさつを省くことがあるが，その場合でも結語は必要。
❼ 記（記書き）
❽「なお」書き
❾ 同封物　…　「同封」や「添付」として，内容を書く。
❿ 以上　…　文書の終了を示す。
⓫ 担当
⓬ 連絡先　…　電話番号。メールアドレスを書く場合もある。

❸ 社交文書の形式と書き方

社交文書は，取引先などとの「付き合い」の文書です。
書式は縦書きが一般的ですが，担当者転任のあいさつ状などは横書きにする場合もあります。文書番号や表題は書きません。
社交文書を作成する際は，それぞれ次のようなことに注意します。

- 悔やみ状……頭語や前文（時候のあいさつや日ごろの礼）は書かずに，すぐに主文を始める。
  忌み言葉（縁起がよくないとして避ける言葉。弔事では「ますます」「重ね重ね」など,繰り返しを連想させる言葉）を使わないように気を付ける。
- 見舞状……災害や病気を見舞う場合は，前文を省き，すぐに主文を始める。
  （頭語を書く場合は「前略」や「急啓」「冠省」などとし，結語は「草々」とする）
- 慶事のあいさつ状……格式を重んじる社交文書では，句読点を付けないことがある。
  役員就任あいさつ状などは，角の丸いカードに縦書きで印刷し，白の洋封筒で送る，宛て名を筆文字にするなど，特に格式を重んじる。また，社長交代などのあいさつ状は，前任者と後任者のあいさつを１枚の用紙に続けることもある（二つ折りのカード紙を使い，右に前任者，左に後任者）。
- 祝賀会の招待状の日付……周年記念式典など，「令和〇年〇月吉日」と書く。
- 年賀状の日付……「令和〇年元旦」と書く。元旦とは１月１日の朝，という意味なので，「一月元旦」は「１月」の意味が重複した間違い。
- 暑中見舞状の日付……「令和〇年　盛夏」と書く。盛夏とは７月から８月初めの暑い盛りという意味。「七月」の意味が重複するので「七月盛夏」とは書かない。

社交文書（縦書き）のレイアウト

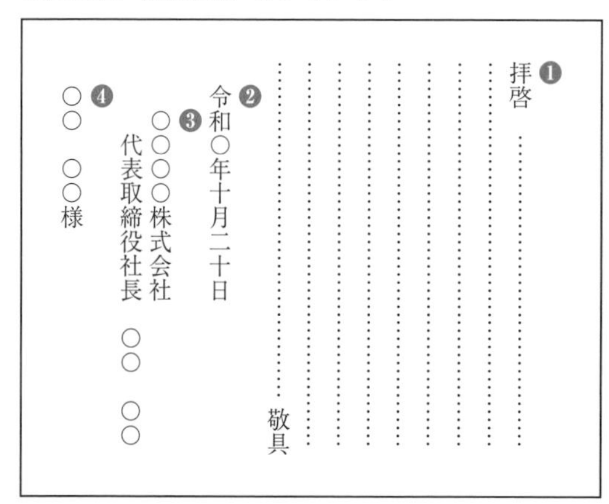

❶ 本文……頭語から始め，結語で締める。
❷ 発信日付……本文の後，行を改めて書く。縦書きの場合，日付の数字は漢数字で書く。
❸ 発信者名……名前の最後の字が行末にそろうように書く。
❹ 受信者名……最後の行の行頭に書く。

社交文書の本文の例

担当者転任のあいさつ状や中元・歳暮などの簡単な送り状・礼状などには，はがきを用いることもあります。

中元・歳暮などの送り状や礼状をはがきに書く場合，スペースに限りがあるので，裏面は発信者名と受信者名を省略して本文（頭語から結語まで）のみ書くこともよくあります。

個人宛ての歳暮のあいさつ例（はがき）

❶拝啓　❷初冬の候、❸ますますご健勝のこととお喜び申し上げます。❹平素は格別のお引き立てにあずかり、厚く御礼申し上げます。
❺つきましては、日ごろの感謝の印として、別便にて○○をお送りいたしました。粗品ではございますが、何とぞご笑納くださいますようお願いいたします。
❻まずは、略儀ながら書中をもってごあいさつ申し上げます。
❼敬具

❶ 頭語……拝啓，謹啓など
❷ 時候のあいさつ
❸ 個人宛ての場合は，相手の健康を祝う言葉（ご健勝，ご清祥など）。会社宛ての場合は繁栄を祝う言葉（ご隆盛，ご発展など）。
❹ 日ごろの礼
❺ 主文……改行して書く。
❻ 末文……改行して書く。
❼ 結語……頭語に応じた結語を，末文の最終行の行末に書く。

見本を一つ覚えることが上達の早道

上の文例を，贈答のあいさつ（送り状）の見本として覚えてしまいましょう。例えば，中元のあいさつであれば，時候のあいさつを7月のものに変えるだけでこのまま使えます。慣用語句だけでなく，頭語の後の1字空け，本文の改行，末文の改行，結語の位置などの体裁（型）も大切です。歳暮への「礼状」の場合は，④は場合により省略し，⑤は「さて，このたびは大変結構なお品をご恵贈くださり，誠にありがとうございます。～」などとします。（「～」の部分は品物についてや相手の健康を願う言葉など）⑥末文の「ごあいさつ」を「御礼」に変えれば出来上がりです。

Lesson 3 社外（社交）文書の慣用語句

社外（社交）文書を書く際は，敬語に加え手紙に用いられる慣用語句を，文書の内容や相手との関係に応じて選ぶ必要があります。秘書の文章作法は上司の品格，印象に大きく影響しますので，しっかりと習得しましょう。

過去問題でポイントチェック！

POINT CHECK

次は手紙に用いられる言葉について述べたものである。中から不適当と思われるものを一つ選びなさい。

1）「同慶」は「どうけい」と読み，「自分も同じように喜ばしい」という意味。
使用例は「ご同慶の至りに存じます」など。

2）「衷心」は「ちゅうしん」と読み，「心の底」という意味。
使用例は「衷心よりおわび申し上げます」など。

3）「賢察」は「けんさつ」と読み，「察する」という意味。
使用例は「事情をご賢察いただき，あしからずご了承ください」など。

4）「私儀」は「わたくしぎ」と読み，「私個人のことについて申し上げる」という意味。
使用例は「さて，私儀，このたび○○に任命され着任いたしました」など。

5）「高見」は「こうけん」と読み，「見る」という意味。
使用例は「カタログをお送りいたしましたのでご高見くださるようお願い申し上げます」など。

「高見」は「こうけん」と読みますが，「意見」という意味なので不適当です。なお，「見る」という意味の使用例は，「ご高覧くださるよう～」になります。

不適当は 5)

慣用語句は，単に意味を知るだけではなく，例文を覚えるようにしましょう。例えば「高見」は，「ご参集いただきご高見を拝聴いたしたいと存じます」（＝お集まりいただいてご意見をお聞きしたいと思います）などの例文で覚えておけば，上の問題で迷うことなく正解できます。

❶ 頭語と結語の組み合わせ

本文は，「頭語」で始め，「結語」で締めます。文書の内容による使い分けを確認しておきましょう。

	頭　語	結　語
一般的な文書	拝啓	敬具
返信の文書	拝復	敬具
格式の高い文書	謹啓	敬白，謹白，敬具
前文を省略するとき	前略	草々
	冠省（かんしょう）	草々，不一（ふいつ（ふいち））
急用のとき（前文は省略）	急啓	不一，草々

出張先で世話になった人に，帰社後すぐに簡単な礼状を出す場合，頭語を「前略」にすることもあります。その場合は，時候のあいさつや前文を省略して本文を書き，結語を「草々」にします。

[例]

前略　先日の貴地出張に際しましては，ご多用中にもかかわらず，格別のご高配を賜り，厚く御礼申し上げます。おかげさまで所期の目的を達することができましたばかりでなく，思いがけぬおもてなしにあずかり，誠にありがとうございました。
　まずは，略儀ながら書中をもって御礼申し上げます。　　　草々

❷ 時候のあいさつの例

1月	初春の候，新春の候，厳寒の候
2月	余寒の候，向春の候
3月	早春の候，春暖の候
4月	陽春の候，晩春の候
5月	新緑の候，薫風の候
6月	向暑の候，初夏の候，梅雨の候
7月	盛夏の候，猛暑の候，炎暑の候
8月	残暑の候，晩夏の候
9月	初秋の候，新秋の候
10月	仲秋の候，秋冷の候，秋色の候
11月	晩秋の候，向寒の候，霜降の候
12月	初冬の候，歳晩の候，師走の候
いつでも	時下

社交文書では，「候」を「みぎり」とすることもあります。
例：「向春のみぎり」

「時下」は，「このところ」「今現在」という意味で，季節を問わず使えます。

［例］　○拝啓　時下ますますご隆盛のこととお喜び申し上げます。

×拝啓　向暑の候，時下ますますご隆盛のこととお喜び申し上げます。

意味が重複していて不適当

❸ 前文と末文の慣用表現

① 前文の例

会社宛て：　貴社（におかれましては）ますますご発展のこととお喜び申し上げます。

（ご隆盛，ご繁栄，ご清栄）

「貴社」を省くこともある。

個人宛て：　貴殿（におかれましては）ますますご清祥のこととお喜び申し上げます。

（ご健勝）

「貴殿」は省くことが多い。

<続けて，日ごろの礼を述べる場合の例>

平素は	格別の（格段の，特段の） ひとかたならぬ，多大なる	ご高配（ご厚情，ご愛顧） お引き立て	を賜り， にあずかり，

厚く御礼申し上げます。

「平素は」＝日ごろは　「格別の（格段の，特段の）」＝特別の
「ご高配」＝お心遣い　「ご厚情」＝心からの親切　「ご愛顧」＝ひいき
「ひとかたならぬ」＝普通ではない　「お～にあずかる」＝目上の人の厚意や恩恵を受ける

② 末文の例

まずは，	略儀ながら 取りあえず（取り急ぎ）	書中をもって（書面にて）ごあいさつ申し上げます。 用件のみ申し上げます。 御礼かたがたごあいさつ申し上げます。

「略儀ながら」＝（本来はお会いして申し上げるべきところ）略式ですが
「書中をもって」＝文書（手紙）の文中で
「取りあえず」＝ひとまず
「かたがた」＝～を兼ねて，～がてら

❹ 社外文書で使われる敬語

	自分側	相手側
会社	当社，弊社，小社	貴社，御社
土地・地域	当地	貴地，御地

住宅	拙宅・小宅	貴宅，御宅
意見	愚見，私見	ご高見，貴見，ご高説
品物	粗品，心ばかりの品	結構なお品，佳品
受領，受け取り	拝受，頂戴	ご査収（書類の場合） お納め，ご笑納（贈答品の場合）
訪問	参上，伺う，お訪ね	ご来訪，おいで，お越し，お見え，ご来社
見る	拝見，拝読	ご高覧，お目通し
推察	拝察	ご賢察，ご高察
息子	息子	ご子息（様），ご令息（様）
娘	娘	ご令嬢（様），ご息女（様），お嬢様

❺ よく使われる慣用表現の例

①贈り物の送り状

日ごろのお礼の印として，別便にて○○をお送りいたしました。

粗品ではございますが， 心ばかりの物ですが，	ご笑納 （お納め）	くだされば幸甚に存じます。 くだされば幸いに存じます。 くださいますようお願い申し上げます。

「幸甚に存じます」＝　嬉しい，ありがたい

②贈り物への礼状

このたびは結構なお品をご恵贈くださいまして，	誠にありがとうございます。 厚く御礼申し上げます。

「ご恵贈」＝　お贈り

③上司の著書を贈るとき

拙著を謹呈（献呈）いたします（させていただきます）。　×ご謹呈

「謹呈（献呈）」＝　謹んで差し上げる

※社史や上司の著書を贈るときは，「謹呈」と書いたしおりを挟むのが一般的です。

④資料などの送付状

資料をご送付いたしますので，	ご査収願います。 ご査収くださいますよう ご査収のほど，	 お願い申し上げます。

「ご査収」＝書類などの内容をよく確認して受け取る

カタログをお送りいたしましたので，ご高覧くださるようお願い申し上げます。

⑤資料を受け取ったことを伝えるとき

資料を拝受いたしました。

※「拝受」は，任命された役職を「引き受ける」などのときに「拝受（拝命）いたします」のようにも使われます。

⑥式典などの招待状

つきましては，下記の通り小宴を催したいと存じますので，ご多用（ご多忙）のところ誠に恐縮でございますが，万障お繰り合わせの上，何とぞ，

ご来臨（ご臨席，ご来席，ご列席）	を賜りたく くださいますよう	お願い申し上げます。

「小宴」＝ささやかな宴会　「ご多用（ご多忙）のところ（ご多用中，ご多忙中）」＝忙しい中
「万障」＝いろいろの差し支え　「お繰り合わせの上」＝やり繰りして都合をつけて
「何とぞ」＝何とか，どうか　「ご来臨（ご臨席，ご来席，ご列席）」＝ご出席

⑦紹介状

ご引見	賜りますよう くださいますよう のほど，	お願い申し上げます。

「ご引見」＝面会する

⑧会議の招集状

ご参集いただきご高見（ご高説）を	拝聴（拝聞）いたしたいと 賜りたく	存じます。

「ご参集」＝集まって　「拝聴（拝聞）」＝聞く

⑨面会を申し込むとき

委細（詳細）は拝顔（拝眉）の上，申し上げます。

「拝顔（拝眉(はいび)）の上」＝お会いして

⑩断り状

遺憾ながら貴意に沿いかねます。

「遺憾ながら」＝残念ですが
「貴意」＝あなたの望み
「沿いかねる」＝従うことができない，応えられない

事情ご賢察（ご高察）の上，ご了承くださいますよう，お願いいたします。
事情をご賢察（ご高察）いただき，あしからずご了承ください。

「ご賢察（ご高察）の上」＝察して，推察して
「あしからず」＝悪く思わないで，よろしく

⑪ わび状

衷心よりおわび申し上げます。
重ね重ねおわび申し上げます。

「衷心（ちゅうしん）より」＝心の底から
「重ね重ね」＝繰り返し

⑫ 悔やみ状

衷心より哀悼の意を表します。
本来なら参上すべきところを～

「参上」＝訪問

⑬ 病気の見舞状

ご病気のためご入院との由を聞き及びまして，大変驚いております。
ご無理をなさらずご静養（ご養生）ください。
ご療養にご専念くださいますようお願いいたします。

「ご静養（ご養生）」＝休養
「ご療養」＝治療

⑭ 着任，就任のあいさつ状

さて，私こと（私儀），このたび営業部長を命じられ，過日着任いたしました。
さて，私こと（私儀），このたび株式会社〇〇代表取締役社長に就任いたしましたので，ここに謹んでごあいさつを申し上げます。

「私こと（私儀（わたくしぎ））＝私のことについてですが，私に関して」
「過日」＝先日

微力ながら新任務に専念いたす所存でございます。
もとより浅学非才の身ではございますが，専心努力いたす所存でございます。
鋭意努力いたす所存でございます。
一意専心社業に精励いたす所存でございます。

「微力ながら」＝力はあまりないが，及ばずながら
「所存」＝考え，～するつもり
「もとより」＝もともと
「浅学非才（せんがくひさい）の身」＝大した学識は持ち合わせていない
「専心」「一意専心」＝心をそのことに集中すること
「鋭意」＝一生懸命
「精励いたす」＝懸命に努め励む

前任者同様，格別のご指導ご厚情を賜りますよう，お願い申し上げます。
何とぞ一層の（倍旧の）ご支援を賜りますようお願い申し上げます。

「同様」＝同じように
「倍旧の」＝これまでよりも一層の

⑮ 相手の栄転への祝い状

拝啓　新緑の候，ますますご健勝のこととお喜び申し上げます。
　さて，このたびは大阪支店長にご栄転との由，誠におめでとうございます。
　本社にご在勤中は格別なご厚情を賜り深く感謝いたしております。今後も変わらぬご指導を賜りますよう，お願い申し上げます。
　くれぐれもご自愛の上，一層ご活躍なさいますようお祈りいたします。
　まずは，略儀ながら書中をもってお祝い申し上げます。　　　　　敬具

「～の由」＝～の様子，～とのこと，～と聞きました
「ご自愛」＝ご自分を大切に

⑯ 相手側の慶事への祝い状

さて，承りますれば，このほどめでたく古希を迎えられた由，慶賀の至りに存じます。
このたび，御社の新社屋ご完成とのこと，ご同慶の至りに存じます。

「承りますれば」＝伝え聞いたところ
「慶賀の至りに存じます」＝この上なく喜ばしい
「ご同慶の至りに存じます」＝自分にとってもこの上ない喜びである

⑰ 心配してくれている相手に「心配無用」と伝えるとき

元気にしておりますのでご休心ください。
他事ながらご休心ください。
無事に済みそうですのでご放念ください。
○○の件は解決しましたのでご放念ください。

「ご休心ください」＝ご安心ください
「他事ながら」＝あなたのことではない話（こちらの話）で（恐縮で）すが
（※自分の側の出来事や様子をへりくだって言うときに用いる）
「ご放念ください」＝気に掛けないでください，忘れてください

⑱ 主文の終わりによく使われる表現

末筆ながら，貴社のさらなるご発展をお祈りいたします。
末筆ながら，残暑厳しき折，ご自愛のほど，お祈り申し上げます。
時節柄，くれぐれもご自愛ください。

「末筆ながら」＝最後になるが，手紙の書き終わりで恐縮だが
（気遣いのあいさつが最後になってしまうが）
「時節柄」＝時期が時期だから，今はこのような季節だから

CHALLENGE

演習問題

1　次は秘書Ａが上司から指示されて書いた文書の一部である。中から書き方が不適当と思われるものを一つ選びなさい。

1）招待状で，出席してもらいたいということを「ご臨席賜れば幸甚に存じます」と書いた。
2）紹介状で，会ってもらいたいという依頼を「ご引見くださるようお願い申し上げます」と書いた。
3）見舞状で，無理をしないで休んでもらいたいということを「しばらくはご休心ください」と書いた。
4）祝い状で，祝いの品を贈ったことを「心ばかりの物ですが，ご笑納くだされば幸いに存じます」と書いた。
5）手紙の返事で，仕事の件で気遣ってくれたことに「○○の件は解決しましたのでご放念ください」と書いた。

2　秘書Ａは先輩から教えられて，次の社外文書の下線部分の用語を，それぞれ『　』内のように直した。中から不適当と思われるものを一つ選びなさい。

1）悔やみ状の「参上すべきところ」を，『訪問』にした。
2）病気見舞状の「ご治療にご専念を」を，『ご療養』にした。
3）わび状の「繰り返しおわび申し上げます」を，『重ね重ね』にした。
4）断り状の「遺憾ながらお望みに沿いかねます」を，『貴意』にした。
5）要望を受け入れてもらった礼状の「うれしく存じます」を，『幸甚に』にした。

解答解説

1＝３）
「ご休心ください」は「ご安心ください」という意味です。「みんな元気でいますからご休心ください」のように使う言葉なので，言葉遣いが違っているということです。「無理をしないで休んでもらいたい」を言うなら，「ご無理をなさらずご静養ください」などになります。

2＝１）
「参上」とは，行くことをへりくだって言う言葉です。従って，この場合は参上のままでよいので直したのは不適当ということです。

文書の取り扱い

Lesson 1 文書の受信と「秘」文書

文書の受信と「秘」文書の取り扱いについて，具体的に注意すべき点を確認しましょう。文書の受信は，①雑事で上司の手を煩わせない，②上司のプライベートに立ち入らない，という基本に照らして考えます。また，「秘」文書については，他の人に見られないようにする配慮，さらに他の人の注意を引かないようにする配慮を具体的に考えます。

過去問題でポイントチェック！

POINT CHECK

次は秘書Aの，上司宛てに届いた郵便物の処理の仕方である。中から不適当と思われるものを一つ選びなさい。

1）差出人がAの全く聞いたことのない個人名だったので，開封して中身を確認し上司に渡した。
2）出席と返事をした懇親会費の請求書だったので，経理に回して上司にはついでのときに報告した。
3）同封されていた書類の枚数が添え状と違っていたので，先方に確認し訂正してから上司に渡した。
4）白い洋形封筒で宛て名も差出人も毛筆で書かれていたが，取引先からだったので開封して上司に渡した。
5）会議の通知状だったが，その日時には他の予定が入っていたので，そのことを書いたメモを付けて上司に渡した。

Answer CHECK

Aが全く聞いたことのない名前でも差出人が個人名なら，私信として扱うのがよいことになります。となると，そのまま渡さないといけないので，開封して中身を確認するなどは不適当ということです。

不適当は 1）

私信の取り扱い

差出人が個人名の場合は，私信として扱います。差出人が全く聞いたことのない名前だったり，封筒が分厚かったりなど，どのような条件が付いていても，「個人名のものは開封しない」が原則となります。

❶ 受信した文書の，上司への渡し方

① 開封しないで上司に渡す文書

- 私信
  - 差出人が個人名
  - 社用の封筒だが，社名が消してある
- 私信か業務用文書か不明な封筒
- 業務用の封筒だが，「親展」の表示がある場合
- 業務用の封筒だが，「書留」で届いたとき

書留の受信

（1）郵便配達人から受け取るときに受領印を押す。
（2）職場の「受信簿」（受信記録）に差出人と日付を記入する（内容の公私に関係なく，受信の記録を残す）。
（3）業務用の文書でも，開封しないで上司に渡す。
※書留は公私を問わず，全て受信簿に記録して，開封せずに上司に渡します。差出人が個人名でも，どのような人からであっても，「書留は受信簿に記録」します。

② 開封した文書の渡し方

業務用文書には目を通して，重要度と緊急度を判断し，以下の要領で上司に渡します。

- 開いた文書の下に封筒をクリップで留め，重要・至急など優先度の高い文書を上から順に重ねて上司の机上に置く。
- 請求書や見積書は計算チェックをしておく。
- 同封物がある場合は，照合と確認をしておく。
- こちらからの文書への返信には，往信（こちらから出した文書）のコピーを添付する。
- 必要に応じて文書の要点をメモにして添付したり，重要箇所にラインを引いたりする。
- 会議の招集通知やパーティーの案内などは，上司のその日の予定をメモにして添付する。
- DM（ダイレクトメール）や広告物など上司に見せる必要のないものは処分する。
- 上司宛てだが担当者が対応する内容のものは，担当者に渡す。

過去問 brush up

Q 次は秘書Aの,「秘」文書の取り扱い方である。中から不適当と思われるものを一つ選びなさい。

1）貸し出すときは使用目的を確認し，貸出簿に記入して管理している。
2）社内の人に配布するときは，本人に直接手渡すときでも受領印をもらっている。
3）文書に赤色で「秘」の印を押し，秘文書であることがすぐに分かるようにしている。
4）コピーするときは必要部数のみにして，ミスコピーは上司に報告せずその場で文書細断機にかけている。
5）他の文書と一緒にファイルするときは，内容が分からないように封筒に入れ，封をしてからフォルダーに入れている。

A 「秘」文書は他の文書とは別にして，鍵の掛かるキャビネットなどに保管するのが基本です。封筒に入れて封をしても，他の文書と一緒にファイルしたのでは見られる恐れがあります。取り扱い方が間違っていて不適当ということです。

不適当は 5)

秘文書には赤色で「秘」,封筒には「親展」

「秘」文書は，関係者以外の人の目を引かないようにしますが，関係者本人には「秘」文書であることを意識してもらわないといけないので，文書には3）のように赤色で「秘」の印を押します。

❷「秘」文書の取り扱い方

①社内での取り扱い

- 机上で取り扱うとき……短時間でも席を外すときは，引き出しの中にしまう。
- 配布するとき……文書に「秘」の印を押す→封筒には「秘」ではなく「親展」と表示して封をする→文書受渡簿に記入しておき，渡すときに受領印をもらう。
  複数に配布する場合は，文書に通し番号を付け配布先を記録しておく。
  秘書がいる人の場合は（上司から「本人に手渡しで」という指示がなければ），秘書に渡す。
  秘書の付かない人に渡す場合，届けに行ったが不在のときは，持ち帰って出直す（周囲の人に預けてはいけない）。
- コピーを取るとき……人がいない時間に行い，原紙は忘れずに持ち帰る。コピーは必要部数だけ取る。ミスコピーはシュレッダー（文書細断機）にかけて廃棄する。
- 廃棄するとき……シュレッダーにかける。
- ファイルするとき……一般の文書とは別にして，鍵の掛かるキャビネットで管理する。
- 貸し出すとき……貸し出してよい相手（社外秘なら社員，部外秘なら部員，関係者外秘なら関係者）のみに貸し出す。返却日を確認して貸出簿にサインをもらう。必要に応じて使用目的を尋ねる。

②社外に発送するとき

- 文書発信簿に記録する。
- 封筒は，中が透けて見えないものにするか二重封筒にする。中の文書に「秘」の印を押し，二重封筒の場合は内側の封筒にも「秘」の印を押す。外側の封筒には「親展」と表示する。
- 簡易書留で郵送し，できれば送る前に受信者に電話やメールで連絡しておく。

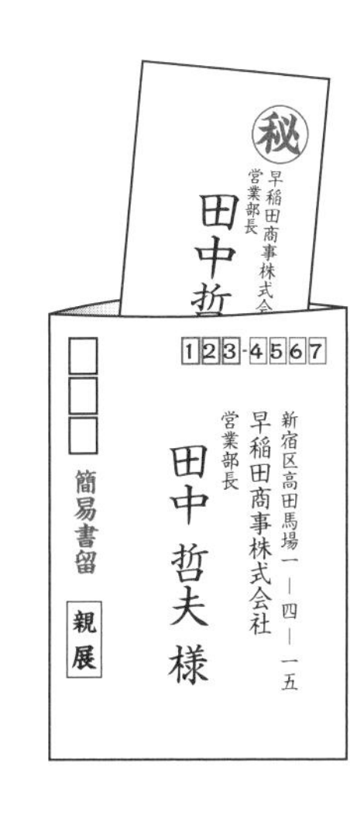

Lesson 2 郵便の知識

郵便については，２級などで学んだ基本を再度確認しましょう。郵送方法は，目的に応じたものの中でより料金の安いもの，事務作業を省けるものを選びます。ただし，社交文書は効率よりも礼儀，丁重さを重んじることに注意しましょう。

過去問題でポイントチェック！
POINT CHECK

秘書Aは出張で「ワールドホテル」に滞在している上司（山田一郎）に，頼まれた書籍を送ることになった。このような場合，一般的に宛て名はどのように書くのがよいか。次の中から**適当**と思われるものを一つ選びなさい。

1）ワールドホテル　御中
　　山田一郎 様
2）ワールドホテル　気付
　　山田一郎 様
3）ワールドホテル　内
　　山田一郎 様　宛
4）ワールドホテル
　　山田一郎 様　気付
5）ワールドホテル　様方
　　宿泊者　山田一郎 様

Answer CHECK

「気付（きづけ）」とは，その人が，例えば旅行などで立ち寄っている場所に，郵便物などを送るときに使う用語です。従って，この場合はホテル名に付ける2）がよいということになります。

適当は 2）

「ホテル名＋気付　名前＋様」

上司が宿泊している部屋が分かっている場合は，「ワールドホテル 気付　○○○号室　山田一郎 様」とするのもよいでしょう。立ち寄っている場所に「気付」を付けて，相手の名前に「様」を付けます。

❶ 宛て名の敬称

・会社宛てのとき……「＋御中」
　例：「◇◇株式会社御中」「◇◇株式会社総務部御中」
・個人宛て（会社に送付）のとき……「社名・部署名・役職名・名前＋様」
　例：「◇◇株式会社　営業部長　○○○○様
　　「◇◇株式会社　営業部　部長　○○○○様」
・会社の中に特別に設けた会や事務局宛てのとき……「社名·部署名＋内·会名＋御中」
　例：「◇◇株式会社営業部内 △△記念イベント実行委員会御中」
（※担当者が分かっているときは，
　「◇◇株式会社営業部内 △△記念イベント実行委員会　○○○○様」）
・実家や親戚宅などに寄宿している人宛てのとき……「寄宿先＋様方・名前＋様」
　例：「◇◇様方 ○○○○様」

過去問 brush up

Q 秘書Aは上司（山田和夫）から，学生時代の先輩（佐藤真一）に会社の求人の件で世話になったので礼状を出してもらいたい，と原稿を渡された。Aはこれを清書して送るが，このような場合，「宛て名（先輩の名前）」「上司名」「使う封筒」はどのようにするのがよいか。次の中から，その組み合わせとして**適当**と思われるものを一つ選びなさい。

1）「佐藤真一様」　「山田和夫 拝」　「白色の洋封筒」
2）「佐藤真一先輩」　「山田和夫」　「一般的な事務封筒」
3）「佐藤真一様」　「山田和夫」　「会社名の入った封筒」
4）「佐藤真一先生」　「山田和夫」　「私信用の和紙の封筒」
5）「佐藤真一殿」　「山田和夫 印」　「私信用の白色の封筒」

A 上司の学生時代の先輩であっても会社の求人の件でお世話になったのですから，この場合の礼状はビジネス上の社交文書になります。従って，宛て名や上司名はビジネスの場合と同じように書き，封筒もビジネスで使うものがよいということです。

適当は 3)

懇意にしている相手にも,ビジネスの件なら社用の封筒

学生時代の先輩や友人など個人的な付き合いのある人でも，仕事の件での書状は会社対関係者の体裁で送ります。一方，個人的な内容の書状の場合は，社名の入らない私信用の封筒を使います。白色の洋封筒は，私用だけでなく社用でも，例えば役員交代のあいさつ状や記念式典の招待状など，格式を重んじてカードに印刷するような場合に用います。

必要とされる資質　職務知識　一般知識　マナー・接遇　技能　面接

❷ 大量郵便物の発送

郵便物を大量に送る場合は，以下のような方法で発送すると，切手を貼る手間が省けて効率的です。

料金別納(べつのう)郵便	同時に 10 通以上出すときに利用する。郵便料金ごとに仕分けして差し出す。
料金後納(こうのう)郵便	毎月 50 通以上の郵便物を出すときに利用する。1 カ月分の料金を翌月に一括払いできるので，経理業務を省力化できる。

役員交代のあいさつ状，祝賀会の招待状など，格式を重んじる内容の儀礼的な文書は，料金別納や料金後納にせず，１通ずつ切手を貼ります。多くの場合，慶事用切手を使用します。

◀過去問○×チェック！▶

○ 取引先 30 社へ資料を送るとき，切手の購入と貼る手間を省くため「料金別納」で送った。

× 上司の賀寿祝賀会の招待状を送るとき，通数がかなり多かったので料金別納郵便で送った。

※賀寿祝賀会の招待状には格式が必要なので，手間が掛かっても，１通ずつ慶事用の切手を貼ります。

❸ アンケート調査

① **調査用紙**……「料金別納郵便」にすると，切手を貼る手間が省けます。

② **返信用封筒**……「料金受取人払」にすれば，返信を受けた分だけの郵便料金と手数料を支払えばよいので，経費を抑えることができます。

◀過去問○×チェック！▶

× アンケートの協力を1,000人に依頼するとき，相手に送料の負担をかけないよう，切手を貼った返信用封筒を同封した。

※アンケートはどのくらいの人が協力してくれるか分かりません。従って，返信用封筒に切手を貼るのは手間も費用も無駄になる恐れがあるので不適当です。

❹ 郵便の各種サービス

普通郵便（主に，手紙とはがき）のうち，手紙はサイズ・重さにより定形郵便と定形外郵便に分かれます。普通郵便の他にも様々な郵送方法がありますが，秘書が日々の業務で使うものは大体以下のサービスです。サイズや重さにより，定形外郵便に比べて割安なものを選び，経費を削減します。秘書検定では，それぞれのサービスについて，具体的な料金を問うような出題はありませんが，場合に応じた郵送方法の適否を問うものは出題されます。

ゆうパック	郵便小包。重さ25kgまで（重量ゆうパックは30kgまで）。	サイズ，地帯により料金が異なる。 特定のコンビニからも送れる。 添え状や送り状以外の手紙は入れられない。
ゆうメール	１kgまでの冊子（印刷物）やCD,DVDなどの電磁的記録媒体を送れる。	ゆうパックより安価。料金は全国均一。 ポストに投函できる。書籍や商品カタログを送るのに適している。 手書きのもの，手紙は送れない。
レターパック	Ａ４サイズ，４kgまで。 レターパックプラス：対面で配達。 レターパックライト：郵便受けに配達。厚さ３cm以内。	専用封筒を使用する。料金は全国均一。 ポストに投函できる。 手紙を送ることができる。追跡サービスがあり，配達状況を確認できる。 請求書，パンフレットやカタログ，業務用サンプルなどの発送に適している。

※１kgを超える冊子は，レターパックで送るとよい。

◀過去問○×チェック！▶
○ 取引先へ社史を送るとき，謹呈のしおりを入れて「ゆうメール」で送った。

❺ 特殊取扱郵便

郵便物の引き受け，運送，配達方法などについて，特別の取り扱いを付加するものです。郵便料金に，特殊取扱料金が加算されます。

速達	急ぐ場合に利用する。 封筒表面の右上部に赤い線を表示する。 ポストに投函できる。

<table>
<tr><td>書留</td><td>引き受けから配達までの記録が残る。
万一届かなかった場合に，実損額の賠償が受けられる。
一般書留：有価証券（商品券，手形，小切手など）を送るときに利用するとよい。
簡易書留：記録は引き受けと配達のみ。賠償は５万円まで。一般書留と比べて割安。
重要書類や原稿，５万円までの有価証券を送るときに利用するとよい。
現金書留：現金を送れる。
現金封筒（郵便局で購入）を使用する。硬貨も送れる。手紙も同封できる。
祝儀袋，不祝儀袋の入る大きいサイズの現金封筒もある。遠方へ祝い金や香典を送るときに利用する。</td><td rowspan="4">郵便局の窓口に差し出す。ポストには投函できない。</td></tr>
<tr><td>配達証明</td><td>一般書留とした郵便物を配達したことを，日本郵便が証明するサービス。
（例）契約解除の通知を送るとき</td></tr>
<tr><td>配達日指定</td><td>配達日を指定できる。
（例）誕生日にカードなどを送るとき</td></tr>
<tr><td>内容証明</td><td>一般書留とした郵便物について，いつ，どんな内容の文書を誰から誰へ差し出したのかということを，日本郵便が証明するサービス。
（例）債権回収の督促状を送るとき</td></tr>
</table>

◀過去問○×チェック！▶

○ 上司が手数を掛けた人に礼として商品券（１万円）を送るとき，礼状を同封して簡易書留で送った。

× 世話になった人へお礼に商品券を送るとき，金券なので「現金書留」で送った。

※「現金書留」は現金を送るための郵便です。商品券は現金ではないので不適当。適切な郵送方法は，簡易書留（５万円を超えたら一般書留）です。

○ 上司の友人の葬儀に香典を送るとき，悔やみ状と香典袋を現金書留の専用封筒に入れて送った。

○ 祝い状を送るとき，祝い事の日に届く必要があったので「配達日指定」で送った。

特殊取扱郵便には，他にも，「代金引換」（配達の際，受取人から代金を預かり，差出人の金融口座に送金する）などがあります。
郵便についての知識を得て，業務の効率化や経費削減，顧客や取引先へのサービスに生かしましょう。

1 ファイリング・名刺管理

文書や名刺は，関係者が必要なときにすぐに取り出せるように，管理の仕方を工夫します。部内や社内での共有など，効率性や経済性を考えることも求められます。

過去問題でポイントチェック！

POINT CHECK

次は秘書Aが，ファイル用のフォルダーに文書を収納するとき注意していることである。中から不適当と思われるものを一つ選びなさい。

1）納める文書量が多くなったらフォルダーを分けるようにしている。
2）二つ折りにしてある文書は，折り目を下にしてフォルダーに入れている。
3）フォルダー内の文書は大きさに関係なく左肩をそろえるようにしている。
4）折らないとフォルダーに納まらない文書は，表面が見えるように折っている。
5）フォルダーを開けたとき，新しい文書や使用した文書が一番上になるように入れている。

Answer CHECK

文書の折り目を下にしてフォルダーに入れておくと，次に文書を入れるとき折り目の間に誤って入れてしまう恐れがあります。従って，2）の入れ方は不適当です。

不適当は 2)

文書を探すときの動作をイメージしてみる

フォルダーに文書を納めるときは，後で文書が必要になったときに，すぐに取り出せるように（文書が簡単に探せるように）気を使います。具体的にはどのような気遣いが必要かを，上のそれぞれの選択肢を思い浮かべ（逆の状態も想像し）て確認してみるとよいでしょう。

フォルダー：厚紙を二つ折りにした書類挟み

❶ 文書の集中管理

文書の集中管理とは，文書を個人で持たず，部内や社内で管理して共有する仕方です。
集中管理のメリット

① 情報を共有できる。文書の私物化を防げる。
② 誰もが文書のある所が分かる。担当者が不在でも，文書を探し出せる。
気付かずに他の人と同じような文書を作る無駄がなくなる。
③ 個々人が同じ文書のコピーを持つ必要がなくなり，文書量が減るので，文書の保管スペースが少なくて済む。（クラウドなどの web システムを活用すれば，さらにペーパーレス化が可能）
④ 保存期間を明確に定めることにより，不要になった文書を捨てやすくなる。

❷ 貸し出しガイドの使い方

書類を貸し出すときは，貸し出す書類のあった所に「貸し出しガイド」を入れておきます。

記入事項：文書名，貸出日，貸出先（部署名，名前），
返却予定日

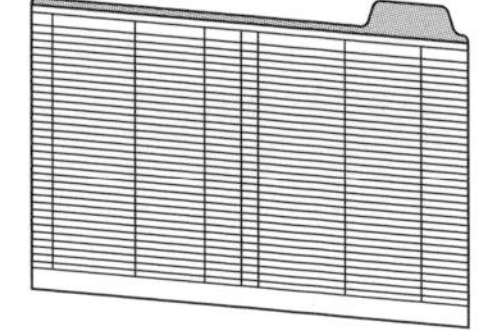

貸し出しガイド

❸ 名刺の整理・管理

① 受け取った名刺には，日付や用件，その人の特徴などをメモする。
② 上司の友人などの個人的なものは，業務関係のものと別に管理する。
③ 事務所移転による住所変更，昇進や異動による肩書の変更などの際は，すぐに名刺を訂正する。
④ 1年に1回ぐらいは名刺を点検し，不要な名刺は破棄する。

❹ 名刺の整理用具

名刺は，受け取ったら，また肩書などが変わったら，日を置かずに整理して常に最新のデータが得られるようにしておきます。整理用具の特性を理解し，業務に適した方法で整理します。

名刺整理簿	帳簿式の台紙（名刺用のファイル）に名刺を収納する	○ 一覧性があり見やすい ○ 整理する名刺が少ない場合は便利である	× 差し替えが面倒なので，名刺が増減したときの整理には不便である
名刺整理箱	細長い箱に名刺を立てて整理する	○ 整理簿より多くの名刺が整理できる ○ 名刺の出し入れや追加，差し替えが楽である	× 一覧性がない × かさばるので，保管スペースが必要
パソコン管理	名刺管理用のアプリケーションソフトなどで整理する	○ 社内，部内で情報共有ができる ○ 増減，訂正が簡単にできる ○ 検索が簡単にできる	× 名刺をもらうたびにスキャンするなどしてソフトに情報を取り込む必要がある

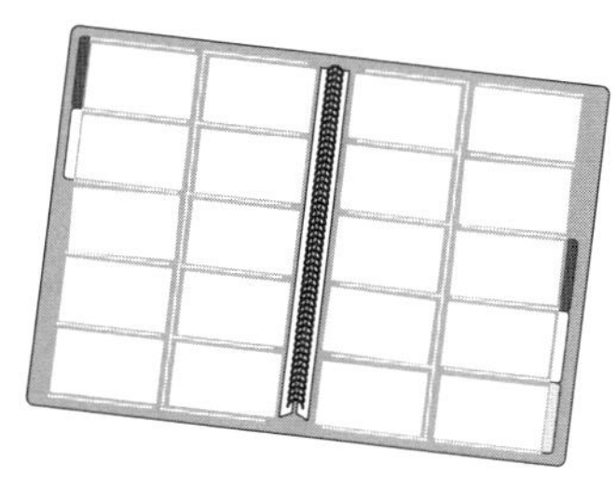

名刺整理簿
名刺ファイル（名刺フォルダー）

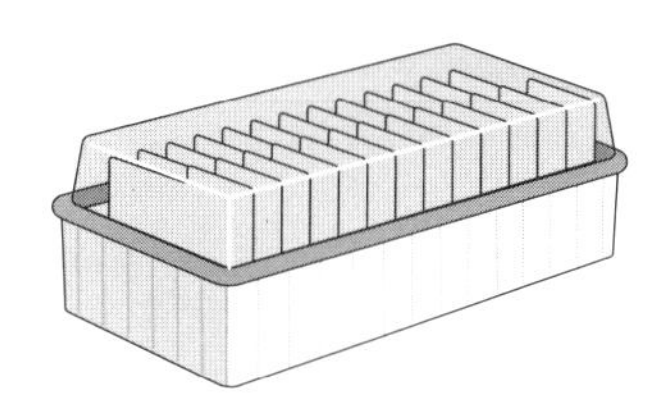

名刺整理箱

- もらった名刺は，ガイド（五十音順の見出し）のすぐ後ろに差す。
- 抜いて使った名刺は元の所に戻さず，該当するガイドのすぐ後ろに差す。
（使った名刺がいつも一番前に来る。使わなかった名刺は後ろになるので，古い名刺を整理しやすい）

Lesson 2 出版に関する用語

秘書は，新聞や雑誌の整理の他，必要な書籍や資料を探して取り寄せるなど，出版物に関わる機会が多くあります。また，上司が著書を出版するような場合には，その手伝いにも関連知識が必要となります。

過去問題でポイントチェック！
POINT CHECK

次は，出版物などに関する用語とその説明の組み合わせである。中から不適当と思われるものを一つ選びなさい。

1）業界紙 ＝ 特定の業界に関する情報を専門に扱う新聞。
2）名鑑 ＝ 関連のある人や物の名を集めて分類した名簿。
3）官報 ＝ 裁判所が出した判決を一般に知らせる報告書。
4）白書 ＝ 各省庁が行政活動の現状と展望を述べた報告書。
5）会社四季報 ＝ 企業の概要や財務状況などをまとめた季刊の刊行物。

Answer CHECK

「官報」とは，法令やその他，国民に知らせるべき事項を掲載する国の日刊機関紙のことです。

不適当は 3)

単に暗記するのではなく，ぜひ実物を

このような出版物は，実物を一度見ておくと説明が理解しやすくなります。業界紙も名鑑も，さまざまな分野のものが出版されています。白書も各省庁からいろいろ出されています。身近にない場合は，インターネットで検索してみるとよいでしょう。官報は，同じ内容のものがインターネット官報として30日間無料で閲覧できます。

❶ 出版に関する用語

隔月刊	２カ月に１回発行すること
旬刊	月に３回，上旬・中旬・下旬に（10日に１回）発行すること
季刊	季節ごとに年４回発行すること
バックナンバー	定期刊行物の既に発行された号
白書	政府（各省庁）が発行する，行政活動や各界の現状と展望を述べた報告書
官報	法令など，政府が国民に知らせる事項を掲載した日刊の機関紙
名鑑	関連のある人や物の名を集めて分類した名簿
会社四季報	企業の概要や財務状況などをまとめた季刊の刊行物
奥付（おくづけ）	本の終わりにある，著者，発行者，発行日などを記した部分のこと
索引	その本で使われた語句の所在ページを示した表のこと
機関紙（誌）	団体が会員の情報交換や活動内容のＰＲのために発行する新聞（雑誌）などのこと
乱丁	本などのページの順番が乱れていること
落丁	本などのページが抜け落ちていること
帯（おび）	本の表紙などに巻く宣伝用の細い紙のこと
装丁（そうてい）	印刷した紙をとじ，表紙を付けて本の形にすること。また，本の表紙，外箱などの外装やそのデザインのこと
合本（がっぽん）	数冊の本を合わせて１冊にしたもの
再版	過去の出版物をそれと同じ体裁で再度出版すること
改訂	既に出版した本の内容を変更し，新しい本として出版すること
増刷	発行した部数が足りなくなり，同じ版（内容）で再度発行すること
重版	発行した部数が足りなくなり，内容を一部訂正して再度発行すること
絶版	一度出版した本の版を廃棄して発行を終了すること
業界紙	特定の業界に関する情報を専門に扱う新聞
タブロイド判	普通の新聞の半分の大きさの型のこと
縮刷版	版を縮小して作成した印刷物のこと
紀要	大学や研究所が定期的に発行する研究論文集

5 日程管理

Lesson 1 日程の組み方と予定変更への対処

スケジュールを組むときは，上司の忙しさや健康状態，上司の私的な予定も考慮に入れます。上司が予定通りスムーズに業務を行えるようサポートするとともに，予定の変更には柔軟に対応します。

過去問題でポイントチェック！

POINT CHECK

次は秘書Aが，上司のスケジュール管理に関して配慮していることである。中から**適当**と思われるものを一つ選びなさい。

1）会社の行事や定例の会議などは，他の予定より優先させている。
2）上司の体調がよくないときは，来訪者との面談時間を一律にしている。
3）上司が出先などで決めてきた予定は，他に予定があっても調整して優先させている。
4）上司が不在中の面会予約の申し込みは，前例を参考にしてどうするかを決めている。
5）上司の私的な予定は自分の手帳に控えておき，スケジュールを調整するときはそれも見るようにしている。

Answer CHECK

上司の私的な予定は基本的に仕事に関係ありませんが，スケジュールが重なることもあります。従って，自分の手帳に控えておき，調整するときに見るのは配慮として適当ということです。

適当は 5）

私的な予定は，社内公開の予定表に書き入れず，別に管理する

上司の予定表は，部内の関係者も見ることができるので，私的な予定は書き入れません。予定表に記載がなくても予定は入っているので，スケジュールの重複ミスを防ぐために5）の対応をします。

<その他の選択肢（不適当）の説明>

1），3）：既に決まっている予定でも，また，上司が決めてきた予定でも，他の予定と重なったときは，どちらを優先するかを，用件の重要度により改めて上司が判断します。4）：上司が不在の場合，面会予約の申し込みには日時の希望などを聞いておき，上司に伝えて決めてもらいます。前例を参考にすることもありますが，秘書が決めるのは不適当です。2)：上司の体調がよくないときは，上司の意向に沿って面談を減らす，時間を短くする，などの調整をしますが，面談内容はそれぞれなので，時間を一律にすることはできません。

❶ 日程を組む際の留意点

上司の予定を入れる際には，上司の意向に沿うこと，上司の了解を得ることが基本です。日程を組む際には，以下のことに留意します。

① できるだけ予定を入れないのがよいとき

- 出社直後，退社直前
  出社直後は，その日の予定を確認し，準備をする時間。また，朝一番の急ぎの仕事が入ることも多い。
  退社直前は，一日の仕事の整理や翌日の準備をする時間。また，取引先との会食などに出掛ける直前のこともある。
- 会議や打ち合わせの直前直後
  直前に入れた予定が長引けば，会議への出席が遅れる。予定を会議の直後に入れた場合，会議が長引けば予定に支障が出る。また，会議の直前直後は上司が考えをまとめるなどの時間でもある。
- 昼食時間の直前直後
  直前の予定が長引くと，昼食を取る時間が無くなるなどの支障が出る。昼食時間の直後は，上司の戻りが遅れることもあり得る。
- 来客や出張・外出の直前直後
  直前は，準備や連絡で慌ただしい時間。また，予定が長引いた場合，来客を待たせたり，出発が遅れたりすることになる。場合により予定を中断せざるを得なくなる。
  来客や出張・外出の直後は，事後処理や連絡で忙しい場合がある。また，上司が疲れていることもある。
- 仕事が立て込んでいるとき。
- 上司の体調が悪いとき。

② スケジュールにはゆとりを持たせる

- 出先での交通渋滞や交通機関の事故，遅延などへの対応のため。
- 会議や面談などが当初の予定より長引いたときの対応のため。
- 上司が考え事をしたり，次の予定の準備をしたりする時間をつくるため。
- 上司の健康への配慮のため。

③秘書が勝手に優先することのないよう，注意が必要な予定

予定が重なったときは，どちらの予定を優先するかを上司に尋ねます。上司がそれぞれの重要度を考慮して判断します。次のような予定が他の予定と重なったときも，どちらを優先するかは上司が決めます。秘書が勝手に判断してはいけません。

- 会社の行事や定例の会議。
- 既に出席が決まっている業界の会議や行事。
- 上司が外出先や出張先で決めてきた予定。
- 上司が既に予定している私的な用事。
- 予定が決まっている日時に入ってきた急な用件。

❷ 上司の仕事が予定通りに進むようにするための気遣い

- 上司が出社したら，その日のスケジュールを確認する。終業時間の前には，できれば翌日のスケジュール確認もする。特に，朝一番の予定は，前日の退社前に確認しておく。
- 上司がスケジュールにない外出をしようとするときや，「ちょっと」と言って外出するときは，帰社予定時間を確認したり次の予定を口頭で伝えたりする。
- 上司が出先で予定を決めてくることもあるので，それとなく尋ねたり小まめに確認したりする。
- 上司の私的な予定は自分の予定表やノートに控えておいて，他の予定を決めるときの参考にする。（社内の関係者に公開している上司の予定表には，私用は書き入れない。パソコンのスケジュール管理ソフトを使う場合などは，用件を上司と秘書以外には非公開にしておくのもよい）
- 小耳に挟んだ上司の私的な予定は特に確認せず，自分の予定表やノートに書き留めておく。

❸ 予定の変更と調整

こちらの都合や先方の都合で面会予約を変更する場合があります。予定を変更したらすぐに，上司と秘書それぞれの予定表を修正します。上司の予定表を配布している関係者にも漏れなく連絡します。

① 相手から予定変更の申し入れがあった場合

- 上司に伝え，上司の意向を尋ねて，相手に候補日を伝える。相手から新日程の連絡が来たら，速やかに上司に報告する。

② こちらの都合で面会予約を変更する場合

- 相手に，差し支えない理由を言ってわび，希望の日時を二，三聞く。
- 上司に相手の希望日時を伝え，上司が決めた日時を相手に連絡する。

●差し支えない理由：「急な都合で」などと言えばよい。具体的な理由（内部事情）を言うものではない。

●上司から，「日時を変更して決めておくように」と言われた場合

1. 上司の空いている日時を確かめておく。
2. 相手に電話し，「急な都合で面談ができなくなった」とわび，予定の変更を頼む。具体的な理由は言わない。
3. 相手の都合のよい日時を二，三尋ね，上司の空いている日時と合わせて，新たな面談の日時を決める。

以上の手順で日時を決める。1．で上司の都合をあらかじめ確認しておくことが必要。

※ 上司から「決めておくように」とは言われていない場合，上記3．は「相手の都合のよい日時を二，三尋ね，改めて電話させてもらうと言う。上司に伝えて日時を決めてもらい，相手に電話して，決まった日時を伝える」となる。

Lesson 2

出張事務

上司が出張する際は，上司の希望を確認しながら一連の準備を行います。出張中や帰社後の補佐業務にも，秘書の機転や気遣いが求められます。

過去問題でポイントチェック！

POINT CHECK

営業部長秘書Aは上司から，「来月の第1月曜日から4日間で，営業所を視察して回るので出張の準備を頼む」と指示された。次はこのとき，Aが上司に言ったことである。中から不適当と思われるものを一つ選びなさい。

1）回る営業所と同行する人は決まっているか。
2）回る順番は回りやすいようにこちらで組んでみようか。
3）視察の予定を入れない方がいい日はあるか。
4）必要な資料は決まったら指示してもらいたい。
5）場所によっては，営業所に車を手配してもらうのでよいか。

Answer CHECK

視察するために出張すると言う上司に対して，視察の予定を入れない方がいい日はあるかと言うなどは，見当違いで不適当です。なお，長期の出張であれば休みの希望を尋ねることはあります。

不適当は 3)

上司の指示に呼応した準備の仕方をする

「営業所を視察して回る」ということですから，通常の出張に加え視察に必要なことを準備します。上司への確認もその範囲内ですることになります。上司の指示から外れたことや余計なことは言わない，ということです。

❶ 出張について，まず，上司に確認すること

① 出張期間と目的地
- 支社への出張の場合は，支社における主な予定
- 営業所を視察して回るのであれば，回る順番の希望

※秘書の役割は，出張に必要な準備をすること。出張の詳しい目的や事情など，準備をする上で必要のないことは，秘書から尋ねたりしない。

② 同行者の有無
③ 交通機関や宿泊ホテルの希望
④ 用意する資料
⑤ 仮払いの金額
⑥ 手土産の有無
⑦ スケジュールの調整
- 出張日程と重なる他の予定の延期，欠席など。
- 出張先で行動を共にする人，面会する人などの確認，面会予約など。

❷ すぐに必要な手配

① 交通機関は，上司の希望や旅費規程，行動予定などから考えて上司に確認し，早めに予約する。
② 宿泊するホテルは上司の意向に沿って選び，上司に確認して予約する。
③ 旅程表を作成する。
出張中の全ての予定を一覧にした旅程表を作成する。
上司と秘書が１部ずつ持ち，必要に応じて関係先にも配布する。

❸ 出発前の準備

- 経理から仮払金を受ける。
- 必要な所持品を準備する。
旅程表，名刺，搭乗券や切符，旅費，資料や関係書類など。
資料が多い場合は，宿泊先など（支社への出張の場合は支社）へ送る。
必要に応じて手土産を購入する。

❹ 出張中

- 上司が出張している間は手の空いた時間ができるので，日ごろできていないファイリングや室内の環境整備などを行う。
- 日々の出来事や伝言などをメモにまとめる。
- 長期出張などで定時連絡をするときは，その時間までに報告内容をまとめておく。
- 上司の留守中に緊急事態が発生した場合は，出張先の上司に連絡を取って指示を仰ぐ。上司に連絡が取れない場合は代行者の指示を受ける。

❺ 出張後

出張中の報告と出張に関する事後処理をします。

- 留守中に届いた手紙類を整理して渡す。
- 留守中の来訪者や電話，面会申し込みなど，留守中のことについて報告し，必要に応じて上司の指示を仰ぐ。
- 上司が出張先で世話になった人宛ての礼状を作成する。お礼の品を送ることもある。
- 出張費精算や持ち物の整理をする。
- 上司が持ち帰った名刺や資料の整理をする。
- 上司の指示があれば，出張報告書の作成を手伝う。

環境整備

Lesson 1 事務用品に関する知識

上司の仕事にも秘書の仕事にも事務用品は欠かせません。補充したり発注したりする際などに必要な知識を確認しましょう。

❶ 用紙サイズ

用紙のサイズは，基本的にはＡ判とＢ判があり，オフィスでよく使われる用紙はＡ４判です。Ａ４判を二つ折りにしたものがＡ５判，Ａ４判を２倍の大きさにしたものがＡ３判です。一般のコピー機で使われる用紙は，小さいものから順にＢ５＜Ａ４＜Ｂ４＜Ａ３です。

用紙と列番号の関係

A2
A4
A3
A6
A5

用紙の列番号の寸法

Ｂ判	
列番号	寸法（mm）
B0	1,030 × 1,456
B1	728 × 1,030
B2	515 × 728
B3	364 × 515
B4	257 × 364
B5	182 × 257
B6	128 × 182

Ａ判	
列番号	寸法（mm）
A0	841 × 1,189
A1	594 × 841
A2	420 × 594
A3	297 × 420
A4	210 × 297
A5	148 × 210
A6	105 × 148

定形最大の封筒（長形（ながかた）３号）はＡ４判の用紙を三つ折りしたものが入るサイズです。「長（なが）３」とも呼びます。用紙を折らずに入れる大型の封筒は，角形（かくがた）といいます（Ａ４判の用紙が折らずに入る封筒の大きさは角形２号）。

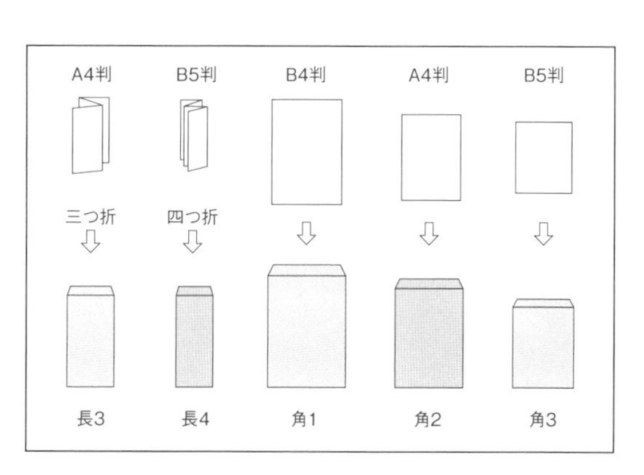

役員交代のあいさつ状や格式を重んじる式典の案内状は，角の丸いカードに印刷し，洋形の封筒で送ります。

洋形封筒

❷ 事務用品に関する認証マーク

認証マークは，商品やサービスの品質，性能，安全性などを証明するために使用されます。認証マークの使用は，それぞれの分野の標準を策定する団体や業界団体が，テストや監査を行って認可しています。
事務用品や文房具に付いているマークについては，購入する際の参考として覚えておくとよいでしょう。
（認証マークについては，一般常識として「一般知識」の領域で出題されることもあります）

事務用品や文房具に付いている主な認証マーク

<table>
<tr><td></td><td>ＪＩＳマーク
日本産業規格。
「ＪＩＳ」は Japanese Industrial Standards の略。
日本の産業製品に関する規格や測定法などを定めた日本の国家規格のマーク。</td></tr>
<tr><td></td><td>エコマーク
「生産」から「廃棄」にわたるライフサイクル全体を通して環境への負荷が少なく，環境保全に役立つと認められた商品に付けられる環境ラベル。</td></tr>
<tr><td></td><td>グリーンマーク
古紙を原料に利用した製品であることを識別できる目印として制定されたマーク。</td></tr>
<tr><td></td><td>Ｇ（グッドデザイン）マーク
グッドデザイン賞を受賞したことを示すシンボルマーク。</td></tr>
</table>

Lesson 2 ものの数え方

備品を購入する際，文書作成の際，また，社内外の人たちとの会話の中などで，助数詞が頻繁に使われます。一般常識として知識を確実なものにしておきましょう。

過去問題でポイントチェック！
POINT CHECK

次の「　」内の物の数え方の中から不適当と思われるものを一つ選びなさい。

1）創業50周年記念式典に届いた祝電は，全部で「50通」だった。
2）系列会社の役員の葬儀に，役員一同として生花を「1基」届けることにした。
3）社内でエコ対策懸賞論文を募集したところ，予想以上に集まって「18編」あった。
4）今年度の株主総会に提案されている議題は，「5件」であると総務課長が伝えてきた。
5）会社が各種の功労で表彰された表彰状のうち，「1幅」を選んで額に入れ会議室の壁に掛けた。

Answer CHECK

表彰状の数え方は「枚」です。なお，「幅」は床の間に飾る掛け軸などの数え方です。

不適当は 5)

同じものでも数え方が変わる

表彰状の数え方は「枚」ですが，筒に入っているときは「本」とも数えます。床の間などに掛かった状態の掛け軸は「一幅（いっぷく），二幅（にふく）」と数えます（巻いた状態のものは「一軸（ひとじく）」や「1本」）。花は，切り花は「本」，（丸い）花が一つ咲いている状態なら「輪」，花束は「束」，鉢植えは「鉢」のように数えます。葬儀に供える生花はスタンドや花かご，花輪など大型のもので，「基」と数えます。このように，助数詞はそのものの置かれた状態，大きさ，用途などによって変わるので，注意が必要です。

ものの数え方

数えるもの	数え方
封書	通
封筒	枚
はがき	用紙は「枚」，郵便は「通」
電報	通・本
本	冊・部・巻
資料，パンフレット	部・点
新聞	数は「部」，種類は「紙」，ページは「面」
論文，詩・小説	編
和歌	首
俳句，川柳	句
賞状	枚，通。筒に入っているときは「本」もよい
絵画	枚，美術品としては「点」
額	面・枚
掛け軸	幅，巻いた状態は「軸」「本」，美術品としては「点」
鏡	面，枚
機械，パソコン	台
花	本・輪，束，鉢植えは「鉢」，葬儀の生花は「基」
樹木	本・株
電話	機械は「台」，通話は「本」「件」
箸，飯	膳
ビル	棟
エレベーター	基・台
スーツ	着・組・揃い
椅子	脚
机	脚・台・卓
履物	足
議案・議題	件
電車・飛行機のダイヤ	本
寄付	口
茶わん，コーヒーカップ	個，商品としては「点」，接客用や特別な機会のために揃えているものは「客」
囲碁の試合，手合わせ	局，戦。連続する試合は「番」
はさみ	丁
粉薬	包・服
錠剤	錠・粒

Lesson 3 オフィスレイアウト

上司の部屋は，上司が仕事を効率よく行えるように，また，社内外の人を迎え入れる際の動線や印象を考慮して，オフィス家具などを配置します。

❶ 上司の部屋のレイアウト

- 上司が集中して執務できるように配慮したレイアウトにする。
  （上司の動線を考える。秘書の動きが邪魔にならないような配置にする）
- セキュリティー（機密保持）を考慮する。
- 来客を迎えられるような部屋にする場合は，上司の職位にふさわしい格調ある空間にする。応接セットや装飾など，デザイン性や清潔感も考え合わせてコーディネートする。
- 秘書との連携を取りやすい配置にする。

❷ 上司の執務机の配置

- 上司の仕事の機密性が確保できる配置（出入口から見えない位置）にする。
- 採光に（左または後ろから光が入るように）配慮する。
- 冷暖房の風が直接当たらないように配置する。
- 秘書の動きが気にならない（秘書と向かい合わせにならない等）ように配置する。

❸ 秘書の机の配置

- 来客が通る場所に配置する。（上司の部屋の前など。上司の部屋内の場合は入り口近く）
- キャビネットが使いやすい場所に配置する。
- 上司の執務の邪魔にならないよう，上司の部屋内の場合はついたて（パーティション）を立てる。

※ 近年は，ソファータイプの応接セットに代わり，ＩＣＴ（p.101）を装備した打ち合わせテーブルを配置するケースも増えている。

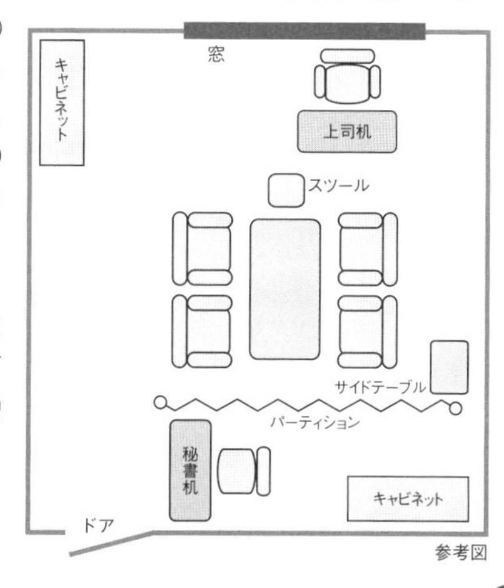

参考図

❹ オフィス家具

- パーティション…部屋の中を仕切ったり，目隠しにしたりするついたて。間仕切り。パーテーションともいう。
- ブラインド………窓からの光を入れたり遮ったりする，すだれのようなもの。
- キャビネット……ファイリングフォルダーを収納する，たんすのようなもの。
- スツール…………応接セットに，補助として置く背もたれのない腰掛け。
- サイドテーブル…応接室などで，お茶を出すときにお盆などを一時置く台。

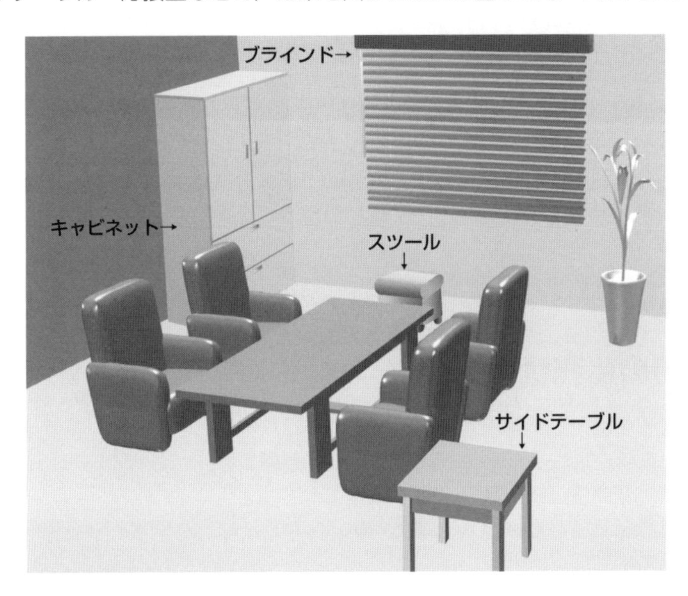

❺ 日々の環境整備

快適なオフィス環境を整えるためには，照明，室温，空調，防音などへの気配りが必要です。

掃除をするときの留意点

- ソファは，布張りの場合はブラシで汚れを取り，革張りの場合はから拭きするか専用のクリーナーで拭く。
- 置物は，羽根ばたきでほこりを払うか，から拭きする。
- 観葉植物は，枯れ葉を取り除き，固く絞った布で葉の部分を軽く拭く（濡れたティッシュペーパーでもよい）。
- 油絵は，時々，筆などでほこりを払う。

7 記述問題対策

「技能」の領域では，記述式の問題は３問出題されます。
会議や文書，郵便などに関する用語は，漢字の書き間違いがないように十分注意して覚えましょう。

Lesson 1 会議についての問題

過去問題でポイントチェック！
POINT CHECK

Answer CHECK

次は会議に関する用語の説明である。それぞれ何というか。（　　）内に答えなさい。

1）会議の成立に必要な最小限の出席者数。
（　　　　　　　　）

2）会議中に出される予定外の議案。
（　　　　　　　　）

3）上位の機関から尋ねられたことへの返答。
（　　　　　　　　）

解答
1）定足数　2）動議　3）答申

会議用語を書けるようにしておく

会議用語については，説明が示す「用語」を書く形式の問題が過去に出題されています。上記の他,「採択」「オブザーバー」など,本書の「会議に関係する用語」の項（p.222）の用語を確認しておきましょう。

必要とされる資質
職務知識
一般知識
マナー・接遇
技能
面接

過去問 brush up

Q 秘書Aは上司から，全国営業所長会議を行うのでPホテルの会議室を予約しておくようにと指示された。このような場合，Pホテルの会議室を予約できるものとして開催日時，予算の他に，上司に確認しなければならないことを箇条書きで三つ答えなさい。

A 解答例

1．使用機器
2．食事，茶菓，飲み物などの希望
3．宿泊の手配

解答例の他に，「会場のレイアウト」「会議終了後の予定（懇親会などの有無）」などもよいでしょう。

会場の手配に必要な確認事項をまとめておく

全国から営業所長を集める会議なので，「3．宿泊の手配」の確認が必要です。問題文に「開催日時，予算の他に」とあるので，これらを答えないように注意します。箇条書きで答える形式の問題は，会場手配の他，「外部講師のプロフィルの内容」「議事録に記載する必要事項」などについて出題されています。p.224 ～ 226 で確認しておきましょう。

Lesson 2 文書の種類についての問題

過去問題でポイントチェック！

POINT CHECK

次の文書はどのようなものかを簡単に説明しなさい

1）照会状

2）始末書

3）趣意書

Answer CHECK

解答例

1）不明点や疑問点を問い合わせるための文書。

2）過失や事故のいきさつを説明し，謝罪するための文書。

3）何か事を始めるとき，その動機，目的などを書いた文書。

Point here! ここがポイント！

文書名⇔説明，双方向で覚える

文書の種類については，この問題のように内容を簡単に説明する形式の他，「次のそれぞれの文書を何というか。□内に漢字を1文字ずつ書き入れて答えなさい」のように文書名を書かせる形式が出題されています。どちらの形式でも答えられるように，p.228～230で確認しておきましょう。また，会議の知識として学んだ「委任状」についても短文で説明できるようにしておきましょう。

Lesson 3 文書の本文についての問題

過去問題でポイントチェック！

POINT CHECK

人事部長秘書A（中村）は上司から，「新入社員を対象にした電話応対の研修会を行う。各課長に文書を出して，業務を調整して新入社員全員を出席させるよう通知してもらいたい」と指示された。このような場合の下の文書の点線枠内に入る，適切な言葉を答えなさい。

人発第○○号
令和○年11月10日

課長各位

人事部長

新入社員電話応対研修会について

（点線枠）

記

1　日　時　　11月30日（水）　9時から17時まで
2　場　所　　第2研修室
3　資　料　　当日配布

以上

担当　人事部　中村
（内線×××）

解答例の他に，「標記の研修会を下記の通り実施するので，業務調整の上，全員を出席させてください」などもよいでしょう。

解答例

新入社員を対象に，下記の通り電話応対の研修会を行いますので，業務調整の上，全員を出席させてください。

社内文書は丁寧語で／必要事項を落とさず，言葉遣いを整える

日時などを記書きで箇条書きする際，本文には「下記の通り」という言葉を入れます。社内文書ですから，「～ください」のように丁寧語で簡潔に書きます。「業務を調整して全員」も必要事項です。「調整して」は「調整の上」とします。

過去問 brush up

次の枠内は着任のあいさつ状の一部である。下線部分を適切な文に直し，体裁の整ったあいさつ状にしなさい（頭語と結語は書かなくてよい）。

> そちらの会社が一層発展していることを喜んでいます。
> さて，私儀，このたび販売部長を命じられ，過日着任いたしました。
> もとより微力ながら新任務に専念いたすつもりですので，前任者と同じに指導と厚情をくれるようお願いします。略式ですが手紙であいさつをします。

解答例

> 貴社ますますご発展のこととお喜び申し上げます。
> さて，私儀，このたび販売部長を命じられ，過日着任いたしました。
> もとより微力ながら新任務に専念いたす所存でございますので，前任者同様ご指導ご厚情を賜りますようお願い申し上げます。
> まずは，略儀ながら書中をもってごあいさつ申し上げます。

末文は改行して書く

社交文書の本文ですから，敬語や慣用語句など，細部まで改まった調子の表現に直します。「賜り」などの漢字も正しく書かなければなりません。また，末文の「まずは，～申し上げます」は改行して書きます。問題文は，「適切な文に直し，体裁の整ったあいさつ状に」するよう指示しています。単に言葉を丁寧に書き換える問題ではない，ということです。

Lesson 4 文書で使われる慣用表現についての問題

過去問題でポイントチェック!

POINT CHECK

次の下線部分の内に，その下の（　　）内の意味から考えて該当する漢字を書き入れなさい。

1）別便にて＿＿＿＿をお送りいたしました。
（つまらないもの）

2）ご＿＿＿＿くださいまして，ありがとうございます。
（贈ってくれて）

3）暑さ厳しき折，ご＿＿＿＿のほど お祈りいたします。
（体を大切にするよう）

4）＿＿＿＿ながら，ますますのご活躍をお祈り申し上げます。
（最後に）

5）＿＿＿＿は 格別のお引き立てにあずかり，厚く御礼申し上げます。
（日ごろは）

解答例

1）粗品　2）恵贈　3）自愛　4）末筆　5）平素

問題文の漢字指定と（　　）内の意味を見落とさないように

用語の穴埋め形式の問題は頻出です。p.238 ～ 242 の例文は，言葉の意味を確認しながら習得するようにしましょう。漢字指定なので，1）は，「心ばかりの品」では意味が合っていても正解になりません。また，4）は，下線部分の直後の「ながら」だけを見て「略儀」と誤答する例も見受けられます。文を最後まで読み，（　　）内の意味を必ず確認するよう気を付けましょう。

過去問 brush up

Q 次は社交文書の一部である。□の中に適切な漢字１文字を入れて文章を完成させなさい。

1）ご栄転の□，誠におめでとうございます。

2）末永くご愛顧を賜りますよう，□にお願い申し上げます。

3）仲介の□をお執りくださり，誠にありがとうございます。

4）その□は大変お世話になりまして，ありがとうございました。

解答例
1）由　2）切　3）労　4）節

漢字1文字を使う慣用句は,まとめて覚えてしまう

「～の由」は「～とのこと」（～と聞きました）という意味。「切に」は「非常に強く」，「～の労を執る」は「骨を折る，尽力する」，「その節」は「あのとき」という意味です。このような，漢字１文字を使う慣用句については，まとめて覚えてしまうのが効率的です。この他には，「ご来臨の栄を賜りますようお願い申し上げます」（「ご来臨の栄を賜る」は，「ご出席いただけるという栄誉を頂く」の意）の「栄」，「これを機に一層のご発展を遂げられますようお祈り申し上げます」（「これを機に」は，「今回のことをきっかけに」の意）の「機」も覚えておくとよいでしょう。

5 電報の打ち方についての問題

電報については「マナー・接遇」の領域でも触れましたが,「技能」の領域でも出題されています。電報を申し込む前に上司に確認する事柄と,電文の書き方(祝電,弔電それぞれ)について確認しておきましょう。

過去問題でポイントチェック!
POINT CHECK

秘書Aは上司から,取引先会長の喜寿の祝賀会に出席できないので,祝電を打っておいてもらいたいと言われた。このような場合,電報を打つために上司に確認することを,「祝賀会の日時」以外に三つ答えなさい。

解答例
1. 差出人名
2. 文面(定型文でよいか)
3. 台紙の種類

Answer CHECK

解答例の他に,「祝賀会の会場名と所在地」などもよいでしょう。

電報を打つ前には上司に,台紙の種類も確認する

取引先の人宛ての場合,確認事項の「1. 差出人名」は,上司の名前にするのか,社長名にするのか,ということです。問題文に,取引先だが上司の友人でもある人宛てとある場合は,「社名や肩書の有無」についての確認も必要となります。

電報会社には,様々なケースに応じた定型文例が用意されていますが,文章を自由に考えることもできます(文字数で料金が変わります)。従って,「2. 文面(定型文でよいか)」が確認事項となるわけです。弔電についてなどで問題文に「電文は一般的なものでよい」と指示された,とある場合は,この項目は答えられなくなります。

電報の台紙は,安価なものから,押し花付き,刺繍付き,漆塗りなどの高価なものまで,さまざまです。相手との関係や電報の内容などにより,ふさわしいものを選びます。選ぶに当たっては,上司への確認が必要です。

過去問 brush up

Q 次は秘書Aが，上司の指示で打った電報である。それぞれの電文の空欄に入る言葉を漢字で答えなさい。

1）取引先会長の長寿（80歳）を祝う会の招待状をもらったが，出席できないとき（「長寿」以外で）。
「（　a　）のお祝いを申し上げ，ますますのご（　b　）をお祈りいたします」

2）上司と個人的にも親しい取引先のN氏の母親が亡くなったとの知らせを受けたとき。
「ご（　a　）のご（　b　）を悼み，謹んでお悔やみ申し上げます」

解答例
1）a　傘寿　　b　健勝
2）a　母堂様　b　逝去

賀寿の祝いと弔事の用語を再確認

賀寿の祝電についての問題では，相手の年齢が示され，それに応じた賀寿の祝いの名称が問われます。「マナー・接遇」の領域（p.168～169）を再度確認しておきましょう。また，弔電については，相手の父，母，妻の言い方とともに，「逝去」や「悼み」「謹んで」「お悔やみ」「ご冥福」など弔事の用語（p.178～179）を書けるようにしておきましょう。

	弔電でよく使われる言い方
父	ご尊父様，お父上様
母	ご母堂様，お母上様
奥様	ご令室様

Lesson 6 グラフの書き方についての問題

グラフについては，書き方が不適切なグラフの直す点や書き足すことを箇条書きで答える問題の他，示された表を適切なグラフにする問題が出ています。

過去問題でポイントチェック！

POINT CHECK

次は，「2020年度の営業所別の売上高」をグラフにしたものだが，グラフの書き方としては不適切である。これを適切なグラフにするために直すことや書き足すことを，箇条書きで四つ答えなさい。

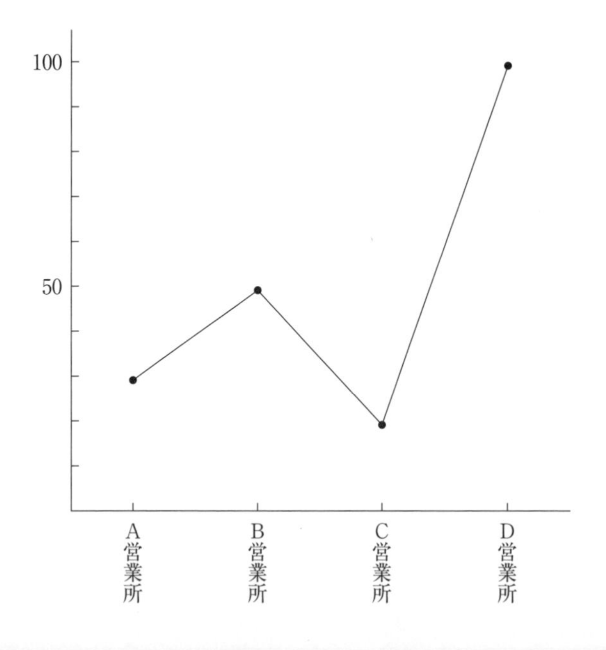

解答例

1. 棒グラフにする。
2. タイトルを入れる。
3. 売上高の単位を入れる。
4. 基点の0を入れる。

内容に合った効果的なグラフかを，まずは確認する

細かい所をチェックする前に，そもそも内容に合った形式のグラフかを確認します。
棒グラフ……棒の高さで数量を比較する。
折れ線グラフ……量の増減の推移を表す。
円グラフ……構成比を表す。
帯グラフ……構成比（同じ項目）を比較する。
上の問題は，売上高（数量）の比較なので，「直すこと」は「1．棒グラフにする」ことです。
また，どのグラフにも必要なのは，タイトル，単位です。棒グラフと折れ線グラフには，基点の０，数値（目盛り）も必要です。

◇ 棒グラフの特徴と書き方

棒グラフは，数量の比較に用います。タイトル，基点の０，目盛り（数値），単位を書き入れます。
縦軸の最小値と基点の間が空き過ぎているときは中断記号を用います。

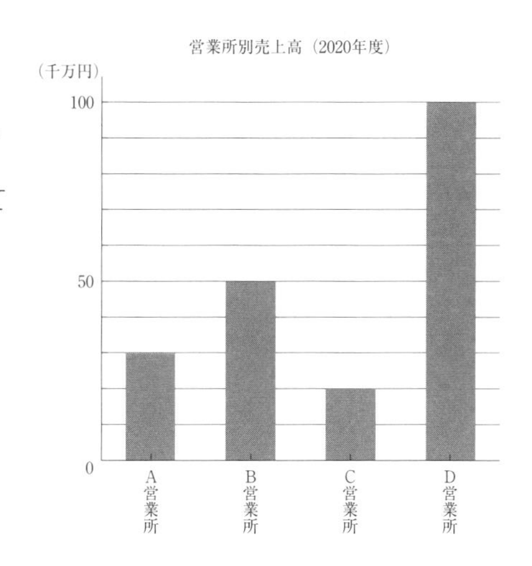

◇ 折れ線グラフの特徴と書き方

折れ線グラフは，推移を見るときに用います。
タイトル，基点の０，目盛り（数値），単位を書き入れます。
縦軸の最小値と基点の間が空き過ぎているときは中断記号を用います。
複数の折れ線を一つのグラフ内に収める場合は，それぞれの項目名を書き入れ，線の種類を変えます。

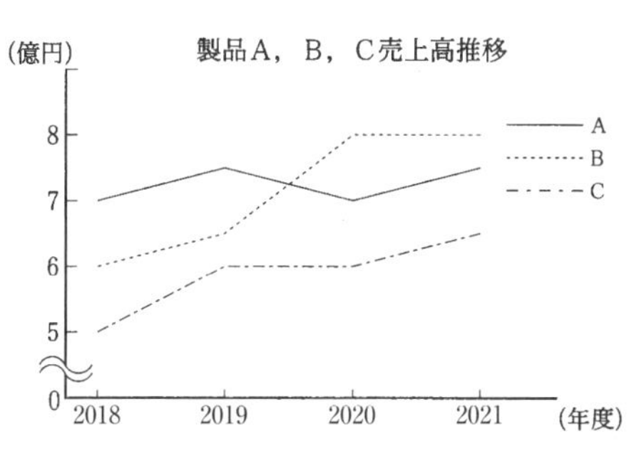

◇ 円グラフの特徴と書き方

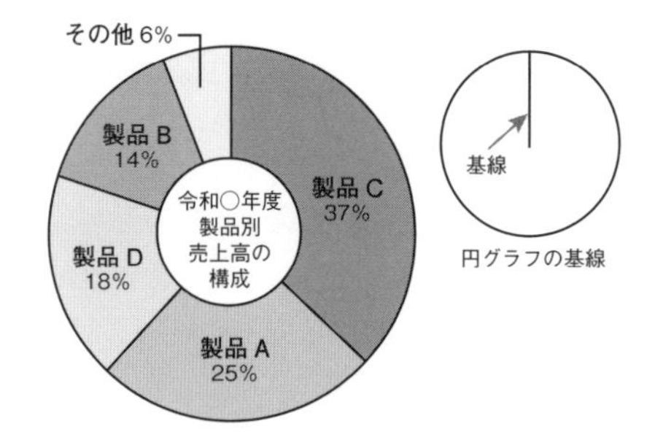

円グラフは，構成比を表すときに用います。

円周の全体を 100%として，項目の構成比を扇形の大小で表します。

まず，円を描き，基線（円の頂点と中心点を結ぶ線）を書き入れます。構成比率の大きい項目から右回りに書きます。

ただし，アンケート調査の場合は，「非常によい」→「よい」→「ややよい」→「どちらともいえない」→「やや悪い（あまりよくない)」→「悪い（よくない)」→「非常に悪い」→「その他」の順に書きます。「その他」は割合が大きくても，必ず最後に表示します。

タイトル，項目名とパーセントを書き入れます。

タイトルは，円の上部に書く場合と，グラフの内側に同心円を書いてその中に入れる場合があります。

◇ 帯グラフの特徴と書き方

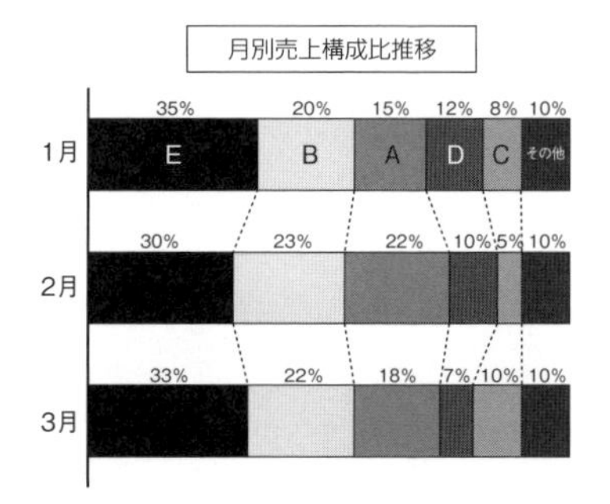

帯グラフは，帯の長さを 100%として，項目の構成比を表します。

同じ項目の帯グラフを並べることにより，比較しやすくなります。

一番上の帯グラフの項目は，比率の大きい順に左から並べます。

タイトル，項目名とパーセントを書き入れます。「その他」の項目がある場合は，一番右に書きます。その下の帯グラフは，項目の順番を一番上の帯グラフと同じにして，各項目の境を点線で結びます。項目名は，２番目以下のグラフでは省略して構いません。パーセントは，グラフ全部，全ての項目に書き入れます。

過去問 brush up

Q 次の表は，製品別売上高構成比の推移を年度別に示したものである。これを見やすいグラフにしなさい（定規を使わないで書いてよい）。

	製品A	製品B	製品C	その他
2018 年度	50%	25%	10%	15%
2019 年度	35%	35%	20%	10%
2020 年度	20%	40%	20%	20%

A 解答例

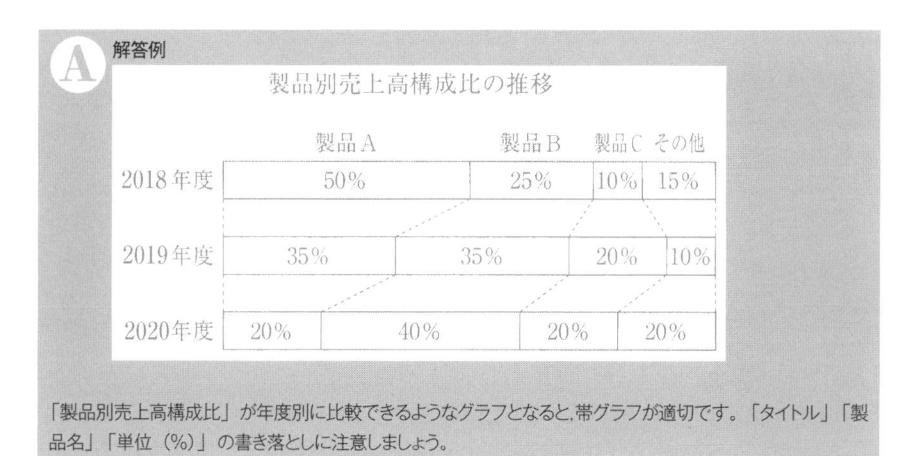

「製品別売上高構成比」が年度別に比較できるようなグラフとなると，帯グラフが適切です。「タイトル」「製品名」「単位（%）」の書き落としに注意しましょう。

PLUS UP

グラフの問題は,美しさよりも必要事項

「技能」領域の記述問題は，試験問題の最後に出題されます。試験時間の後半にこのようなグラフ作成の問題に取り組むことになるので，気持ちが焦り細かい点を落としがちです。まず，タイトルを書いてから，落ち着いて書き進めましょう。「グラフの種類」は適切か，「タイトル」「単位」「項目名」「数値（または目盛り）」が書けているか，棒グラフと折れ線グラフは「基点の０」が書けているか。以上を確認するだけでも高得点につながります。

Lesson 7 「秘」文書の取り扱いについての問題

「秘」文書の取り扱いについては，「秘」文書をコピーするときの注意点，郵送する際の手順などについて出題されています。

過去問題でポイントチェック！
POINT CHECK

秘書Aは上司から「秘」の印が押してある書類を渡され，G支店長に送るようにと指示された。この場合の送り方で注意することを箇条書きで三つ答えなさい。

Answer CHECK

解答例の他に，「送ることを支店長秘書に連絡する」「インターネット（郵便追跡サービス）で到着の確認をする」などもよいでしょう。

解答例
1. 封筒は，中が透けて見えないものにするか二重にする。
2. 封筒の表面に「親展」の印を押す。
3. 簡易書留で送る

一連の具体的な手順を押さえる

送り方の具体的な手順を答えます。他の人に見られないように，という点と，間違いなく届くように，という点から，具体策を答えます。発送方法として「封筒」「親展」「簡易書留」が挙がりますが，それに関連するフォローとして「先方への連絡」「到着確認」も答えとなります。

日程管理についての問題

日程管理については，時間に余裕を持たせてスケジュールを組む理由，予定を入れない方がよいときについて，また，こちらの都合により面会予約を変更する場合の手順についてなどが出題されています。p.259 ～ 261 で確認しておきましょう。

過去問題でポイントチェック！
POINT CHECK

秘書Ａは上司から，「明日，急な会議が入ったので，予定されているＹ氏との面談の日時を変更して決めておくように」と指示された。このような場合，Ａはどのようにして面談の日時を決めればよいか。順を追って箇条書きで答えなさい。

Answer CHECK

こちらの都合で，既に決まっている面談の変更を頼むのですから，新たな面談日時は相手の都合に合わせます。また，内部事情は相手に言ってはいけません。

解答例

1. 上司の空いている日時を確かめておく。
2. Y氏に電話で，急な都合で面談ができなくなった，すまないとわび，予定の変更を頼む。具体的な理由は言わない。
3. Y氏の都合のよい日を二,三尋ね，上司の空いている日時と合わせて，新たな面談の日時を決める。

「理由を具体的に言わない」というポイントを落とさずに答える

予定を決める際は上司に尋ねて決めてもらうのが基本ですが，問題文に「日時を変更して決めておくように」という上司の指示があるため，３．は秘書ＡがＹ氏と日時を即決して終わることになります。通常の対応との違いを p.261 で確認しておきましょう。

２．は，相手に変更をわびることと具体的な理由を言わないことがポイントです。変更の理由は社内事情のため，外部の人に言ってはいけません。従って，「急な会議が入ったため」という理由は「急な都合で」程度に変えます。または，「具体的な理由は言わない」と書き添えるのでも得点できます。

Lesson 9 出張事務についての問題

上司が出張することになったとき，上司に確認することが，出題されています。p.263 で確認しておきましょう。

過去問題でポイントチェック！
POINT CHECK

秘書Aは上司から，「来週の月曜日から三日間の予定で支社に出張することになったので準備を頼む。今回は用意する資料はない」と言われた。このような場合，Aが上司に確認しなければならないことを箇条書きで三つ答えなさい。

Answer CHECK

解答例の他に，「仮払いの額」「スケジュールの調整」などもよいでしょう。

解答例

1. 支社における主な予定
2. 同行者の有無
3. 交通機関や宿泊ホテルの希望

問題文の「上司の指示の言葉」をきちんと読む

上司が出張することになったとき，まず確認することはp.263の通りです。この問題では，問題文に「用意する資料はない」とありますから，資料以外の準備について答えなければなりません。過去には，「交通機関と宿泊ホテルを確認したが，それ以外に～」という問題文で出題されたこともあります。問題文に書かれている条件を見落とさないように注意しましょう。

Lesson 10 用紙の判型についての問題

用紙の判型については，オフィスでよく使われるものを問われます。p.265 で確認しておきましょう。

過去問題でポイントチェック！
POINT CHECK

次は「大きさ」などについて述べたものである。［　］の中に適切な文字を書き入れなさい。

1）※この問題用紙１ページ分の大きさは，［　｜　］判である。

2）Ｂ４判の大きさを半分にしたものは，［　｜　］判である。

3）封筒はその寸法によって，［　］形，角形，洋形などと呼ばれている。

4）Ａ３判を［　］つ折りにして入れるとちょうどよい封筒の大きさは，角形２号という。

※本書を開いたときの左右２ページ（見開き）の大きさと同じ。

Answer CHECK

解答例
1）A4　2）B5　3）長　4）二

秘書検定の問題冊子は1ページのサイズがA4判。見開きはA3判

秘書検定の問題用紙1ページ分の大きさは,オフィスで(ビジネス文書で)一般に最も多く使われているA4判です。サイズが2倍になると番号の数字が一つ減り,サイズが半分になると番号の数字が一つ増えます(B4判のサイズの半分=B5判)。角形2号は,A4判の用紙が折らずに入る封筒の大きさです。A4判はA3判の半分のサイズですから,4)は「二つ折り」ということになります。

実際に過去問題を解いてみよう

⊙チェック！ □□□

1
難易度ランク ★★★

次は会議用語とその説明である。中から不適当と思われるものを一つ選びなさい。

1）「定足数」とは，会議の成立に必要な最小限の出席人数（株主総会では持ち株数）のこと。
2）「答申」とは，下部組織（付設の委員会など）が上位組織から求められて意見を述べること。
3）「動議」とは，議論が紛糾し収拾がつかなくなったとき，その議案を次回の会議に送ること。
4）「キャスチングボート」とは，可否同数となったとき，議長がどちらかに決することができる権限のこと。
5）「オブザーバー」とは，発言はできるが議決権を持たない出席者，あるいは発言権も議決権もない傍聴者のこと。

⊙チェック！ □□□

2
難易度ランク ★★

次は秘書Aが，ホテルで行う上司主催の営業所長会議の準備として行ったことである。中から不適当と思われるものを一つ選びなさい。

1）資料は事前に宅配便でホテルのフロント気付で送り，前日に到着確認をしておいた。
2）照明や室温の調整はこちらがすると言って，ホテルの人に調整の仕方を教えてもらった。
3）直前に欠席の連絡をしてきた人がいたので，机上札を外して席を詰めた。
4）フロントに出席者名簿を渡し，名簿の人あての電話は本人に直接取り次いでもらいたいと頼んだ。
5）昼食はホテル内のレストランに席を予約し，料理の注文は各人がすると伝えた。

⊙チェック！ □□□

3
難易度ランク ★★★★

次は秘書Aが，社外文書を作成するときに行っていることである。中から不適当と思われるものを一つ選びなさい。

1）見舞状は，時候のあいさつや日ごろの礼などを省いている。
2）文中に金額や数量などを書くときは，数字が２行にまたがらないようにしている。
3）縦書きの文書に相手の名前を書くときは，名前が行の最後にならないようにしている。
4）上司名で出す祝い状などを代筆するときは，上司名の脇に（代）と書くようにしている。
5）会議などの開催通知に日時や場所を書くときは，「記」と書いてから箇条書きにしている。

4

難易度ランク★★

チェック！

次は秘書Ａが，上司から指示されて文書を作成したときに書いた言葉である。中から不適当と思われるものを一つ選びなさい。

1）資料を「受け取った」ということを,「拝受いたしました」と書いた。
2）意見を「聞きたい」ということを，「拝聴したいと存じます」と書いた。
3）自分の著書を「差し上げます」ということを，「ご謹呈させていただきます」と書いた。
4）贈り物を「受け取ってもらいたい」ということを，「ご笑納くだされば幸いに存じます」と書いた。
5）紹介する人と「面会してほしい」ということを，「ご引見賜りますようお願い申し上げます」と書いた。

5

難易度ランク★★★

チェック！

次の「　　」内は，その下の（　　）内のことを社交文書で使われる慣用表現にしたものである。中から不適当と思われるものを一つ選びなさい。

1）「詳細は拝眉の上，申し上げます」
（詳しくはよく考えてから話す）
2）「本来ならば参上すべきところを」
（本当なら訪問しなければならないのに）

3）「ご笑納くだされば幸甚に存じます」
（受け取ってくれるとうれしい）
4）「もとより浅学非才の身ではございますが」
（もともと大した学識は持ち合わせていないが）
5）「一意専心社業に精励いたす所存でございます」
（一生懸命会社の仕事に励むつもりだ）

⦿チェック！ □□□

6
難易度ランク ★★★

次は秘書Aが，上司宛ての郵便物に関して行ったことである。中から<u>不適当</u>と思われるものを一つ選びなさい。

1）上司宛てだが課長が関わっている件だったので，そのまま課長に回した。
2）書留扱いだが上司の個人的なものだったので，受信記録はせずに開封しないで上司に渡した。
3）上司が返事を待っていた取引先からの手紙だったので開封し，他の郵便物の上に載せて上司に渡した。
4）開封したところ私用の払込通知書だったので，間違って開封したことをわびて渡し，払い込みしてこようかと尋ねた。
5）上司の出席が既に決まっているパーティーの招待状だったので,「出席することになっている」と念のため言って渡した。

⦿チェック！ □□□

7
難易度ランク ★★★

次は部長秘書Aが，秘文書の取り扱いについて最近行ったことである。中から<u>不適当</u>と思われるものを一つ選びなさい。

1）会議に配る資料のうち一部が秘文書だったので，他の文書と区別するためその文書に秘の印を押した。
2）他部署から借りていた秘文書を返したとき，封筒の表面に「返却秘文書」と書いて貸してくれた人に渡した。
3）秘文書をM支店長に郵送したとき，封筒に宛て名を書いた後，その横に「親展」と書いて「簡易書留」で送った
4）上司の指示で秘文書をY部長に届けに行ったとき，席を外していた

ので持ち帰り，Y部長の在席を確認して改めて届けた。

5）部外秘の文書を部下が貸してもらいたいと言ってきたとき，上司は不在だったので，返却日を確認して貸出簿にサインをもらって貸し出した。

8

難易度ランク ★★★★

チェック！

次は出版物に関する用語の説明である。中から不適当と思われるものを一つ選びなさい。

1）「落丁」とは，本などのページが抜け落ちていること。
2）「帯」とは，本の表紙などに巻く宣伝用の細い紙のこと。
3）「装丁」とは，写真イラストなど装飾のためのページのこと。
4）「索引」とは，その本で使われた語句の所在ページを示した表のこと。
5）「増刷」とは，発行した部数が足りなくなり，同じ版で再度発行すること。

9

難易度ランク ★★★

チェック！

次は秘書Aが，上司のスケジュール作成や管理について行っていることである。中から不適当と思われるものを一つ選びなさい。

1）上司がスケジュールにない外出をしようとするときは，帰社予定時間を確認している。
2）年間予定として組まれている業界団体の会議は，社内の行事や来客より優先させている。
3）部下との急な打ち合わせなど所要時間をあらかじめ決められないものは，見当で時間を予定している。
4）上司が出社したらその日のスケジュールを伝えているが，朝一番の予定は前日の退社前にも言うようにしている。
5）社外での会合などをスケジュール表に入れるときは，会合の終了時間だけでなく上司の帰社予定時間も記入している。

10 次の中から，文房具には付いていないマークを一つ選びなさい。

難易度ランク ★★★★

◉チェック！ □□□

1）エコマーク　2）ジスマーク　3）G（グッドデザイン）マーク

4）グリーンマーク　5）ジャスマーク

11 次の中から，「　　」内の数え方が不適当と思われるものを一つ選びなさい。

難易度ランク ★★

◉チェック！ □□□

1）会社の近くに高層ビルが「２棟」建つ予定だ。
2）観葉植物の鉢植えを，上司の部屋に「１基」置いた。
3）上司が知人から依頼された寄付は「１口」１万円だった。
4）同僚Ｃの結婚祝いに，茶わんと茶たくの「５客」そろえを贈った。
5）囲碁が趣味の客に上司が，今度「１局」お手合わせ願いたい，と言った。

記述問題編

12 難易度ランク★★ ◉チェック！□□□

秘書Aは，上司主催の社内会議の議事録を作成するように指示された。このような場合，議事録に記入する必要事項を，「会議名」「開催日時」「場所」の他に箇条書きで三つ答えなさい。

13 難易度ランク★★ ◉チェック！□□□

次のそれぞれの文書を何というか。□内に漢字を1文字ずつ書き入れて答えなさい。

1）問い合わせに対して答える文書　＝ □□状

2）不明な点を問い合わせて確かめるための文書　＝ □□状

3）後日の証拠として作成し相手に渡しておく文書　＝ □書

4）ある事柄を他人に代行してもらうことを意思表示するための文書

＝ □□状

14 難易度ランク★ ◉チェック！□□□

次の各文は社外文書の一部である。下線部分を適切な慣用表現に直しなさい。

1）委細は お会いして 申し上げたく存じます。
2）まずは，略式でございますが 書中をもってごあいさつ申し上げます。
3）何とかご都合をおつけいただき，ご来臨くださるようお願い申し上げます。
4）粗品ではございますが，お受け取り くださいますようお願い申し上げます。

15

◉チェック！ □□□

難易度ランク ★★

次のそれぞれは社外文書の一部である。各文中に１カ所，直した方がよい言葉がある。それを抜き出し，適切な慣用語に直しなさい。

1）努力いたす考えでございます。
2）御礼がてらごあいさつ申し上げます。
3）まずは，ひとまず用件のみ申し上げます。
4）どうか一層のご支援を賜りますよう，お願い申し上げます。

16

◉チェック！ □□□

難易度ランク ★★★

次は，新任の営業部長のあいさつ状の一部である。（　　）内に入る適切な手紙の慣用語を，漢字２文字で答えなさい。

さて，私こと，このたび営業部長を命じられ，過日（　a　）いたしました。
（　b　）ながら新任務に専念いたす（　c　）でございますので，前任者同様，（　d　）のご指導ご厚情を賜りますよう，お願い申し上げます。

17

◉チェック！ □□□

難易度ランク ★★★

次は，Ｇ社の広告の印象について，アンケート調査をした結果の構成比を表したものだが，グラフの書き方としては不適切である。これを適切なグラフにするために直すことや書き足すことを，箇条書きで四つ答えなさい。

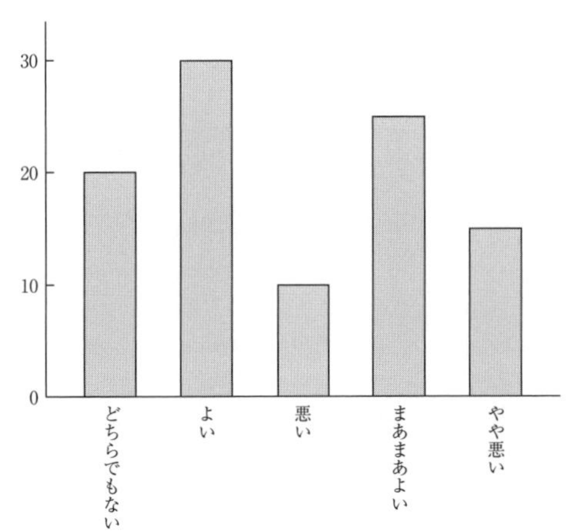

18

◉チェック！ □□□

難易度ランク ★

秘書Aは上司から，秘印の押してある資料を渡され，「午後からの会議で使うので，出席者分をコピーしてもらいたい」と言われた。コピーするに当たってAが注意しなければならないことを，箇条書きで三つ答えなさい。

19

◉チェック！ □□□

難易度ランク ★★

秘書Aは新人Bから，「上司宛ての郵便物を受け取ったとき，開封しないで上司に渡すのは私信以外にどのようなものがあるか」と聞かれた。この場合，Aはどのように答えるのがよいか。箇条書きで三つ答えなさい。

20

◉チェック！ □□□

難易度ランク ★

秘書Aは上司から，「500人を対象にアンケート調査をする。返信はがきを同封して発送するが，回収率はおおよそ２割と考えている。手間や経費がなるべく掛からない方法で頼む」と指示された。この条件を満たす仕方として，次のことに答えなさい。

①アンケートを発送するときは，どのような郵送方法にするのがよいか。
②同封する返信はがきは，どのようなはがきにするのがよいか。

21

◉チェック！ □□□

難易度ランク ★

「名刺整理簿」と「名刺整理箱」を使用する上での特性を，それぞれ簡単に説明しなさい。

22

◉チェック！ □□□

難易度ランク ★★★★

秘書Aの同僚Bが退職することになり，AがBの仕事を引き継ぐことになった。引き継ぎの文書（資料）の中には，Aが持っている資料と同じものがあった。そこでAは，このようなことにならないよう部全体の文書管理を考えることにした。①Aはどのような方法で管理をするのがよいか。また，②その利点を箇条書きで三つ答えなさい。

◉チェック！ □□□

23 難易度ランク★★★★

秘書Aは上司のスケジュールを組むとき，時間に余裕を持たせた組み方をしている。その理由として，どのようなことが考えらえるか。箇条書きで二つ答えなさい。

◉チェック！ □□□

24 難易度ランク★

部長秘書Aは上司の指示で，D（部員）の送別会の世話役をすることになった。Aの部署ではこのようなときの指示は部長がするが，実際に取り仕切るのは課長である。Aは課長から，いつにするか日にちを決めるように指示された。Dに話すといつでもいいと言う。このような場合，Aはどのようにして日にちを決めればよいか。順を追って箇条書きで答えなさい。

◉チェック！ □□□

25 難易度ランク★★★★

次のようなオフィス家具を何というか。適切なカタカナの名称で答えなさい。

1）部屋の中を仕切ったり，目隠しにしたりするついたて。
2）窓からの光を入れたり遮ったりするすだれのようなもの。
3）応接室などに置き，茶を出すときに盆などを一時置く台。
4）ファイリングフォルダーを収納する，たんすのようなもの。
5)）応接セットに，補助として置いてある背もたれのない腰掛け。

■ 解答 ◎ 解説 ■

1 ＝3）
「動議」とは，会議中に予定以外の議題を出すこと，または，その議題のことです。

2 ＝4）
上司主催の会議で出席者あてに電話があれば，フロントからはAが連絡を受けAが取り次ぐのが一般的です。フロントに名簿を渡して，本人に直接取り次いでもらいたいと頼むなどは不適当ということです。

3 ＝4）
忙しい上司に代わって秘書が代筆するケースはよくあることです。この場合は，上司名で出す祝い状ですから，内容は上司からの祝いの言葉ということになります。それを，わざわざ代筆したと知らせるなどは不適当ということです。

4 ＝3）
「謹呈」は謹んで物を差し上げるという意の謙譲語で，「ご謹呈する」とは言いません。従って，「ご謹呈させて〜」は不適当ということです。この場合は，「謹呈いたします」「謹呈させていただきます」などと言うのがよいでしょう。

5 ＝1）
「拝眉の上」は，会ってからという意味の慣用表現です。よく考えてからという意味ではないので不適当です。

6 ＝2）
書留類は受付から配達まで記録される重要な郵便物です。受け取ったら公私に関係なく受信記録をするのが適切な扱い方なので不適当ということです。

7 ＝2）
秘文書は関係者以外の目に触れないように取り扱うのが基本です。封筒に入れて返却するのはよいですが，表面に「返却秘文書」と書いたのでは，周囲の人に秘文書が入っていると教えているようなもの。そのような返却の仕方は不適当ということです。

8 ＝3）
「装丁」とは，印刷した紙をとじ，表紙を付けて本の形にすること。また，本の表紙，外箱などの外装やデザインのことです。

9 ＝2）
年間予定として組まれている業界団体の会議なら，出席を前提に予定することになります。それと社内の行事や来客が重なった場合は，上司が重要度などによってどうするかを決めます。上司に尋ねることなく業界団体の会議を優先させているなどは不適当ということです。

10 ＝5）
JAS（ジャス）は日本農林規格の略称。国が定めた規格・基準に合格した農，林，水，畜産物やその加工品などに付けられるもの。従って，ジャスマークは文房具には付いていない。
※「JAS」は Japanese Agricultural Standards の略。

11 ＝2）
鉢植えの数え方は「鉢」です。

12
1．議題
2．決定事項
3．出席者名

【解説】 議事録というのは，会議の全容を，後々分かるように記録しておくものです。この場合は設問に三つの事項が示されているので，全容が分かるために必要な残りの事項が答えになります。解答例の他に，「配布資料」「議事録作成者名」などもよいでしょう。

13
1）回答（状） 2）照会（状）
3）念（書） 4）委任（状）

14
1）拝顔の上・拝眉の上
2）略儀ながら
3）万障お繰り合わせの上
4）ご笑納・お納め

15
直した方がよい言葉 適切な慣用語
1）（ 考え ）→（ 所存 ）
2）（ がてら ）→（ かたがた ）
3）（ひとまず）→（取りあえず）
4）（ どうか ）→（ 何とぞ ）

16
a 着任 b 微力
c 所存 d 格別

17
1．円グラフにする。
2．タイトルを入れる。
3．単位（%）を入れる。
4．よい，まあまあよい，どちらでもない，やや悪い，悪い，の順にする。

【解説】 4．は，「よい，まあまあよい，やや悪い，悪い，どちらでもない」の順もよいでしょう。

18
1．必要数以上のコピーはしない。
2．ミスコピーが出たら，シュレッダーで細断する。
3．渡された資料をコピー機に置き忘れないようにする。

【解説】 解答例の他に，「近くに人がいないときを見計らってコピーする」などもよいでしょう。

19
1．封筒に「親展」と書いてあるもの。
2．書留郵便のもの。
3．業務上の文書か私信か判断しかねるもの。

20
① 料金別納郵便
② 料金受取人払の手続きをしたはがき

21
「名刺整理簿」は一覧性があり見やすいが，名刺が増減したときの整理に不便である。「名刺整理箱」は容易に出し入れでき，多量の名刺を整理するのに便利である。

22
①文書の集中管理
②1．誰もが文書のある所が分かる。
2．同じものを作って持つ無駄がなくなる。
3．スペースが少なくて済む。

【解説】 ①部全体の文書を管理するのだから，一括して管理するのがよいことになります。②個人がそれぞれ資料を持っている場合と文書を集中して管理する場合との違いが答えになります。解答例の他に，「情報を共有できる」などもよいでしょう。

23

1．交通機関の事故，遅延などへの対応のため。
2．会議，面談などの時間延長への対応のため。

【解説】 解答例の他に，「上司の健康への配慮のため」などもよいでしょう。

24

1．部長の都合のよい日を聞いて課長に伝え，候補日を二，三挙げてもらう。
2．その中から部員全員が出られる日にちを選び，Dに日にちを伝える。
3．全員が出られる日にちがない場合は，部長と課長の都合を優先させる。

【解説】 この場合の送別会は部内行事で，主催者は部長と課長です。このような場合は，部長と課長に配慮して日にちを決めることになります。それらを順に答えればよいでしょう。

25

1）パーティション
2）ブラインド
3）サイドテーブル
4）ファイリングキャビネット
5）スツール

Perfect Master

第6章

面接

秘書検定準１級の面接試験はロールプレイング（役割演技）形式で行われます。受験者は秘書役を演じ，その立ち居振る舞いや話し方の調子，言葉遣いが秘書としてふさわしいかどうかが審査されます。筆記試験を終えたらすぐに，面接試験に向けて練習を始めましょう。

面接試験の概要

Lesson 1 面接試験の内容

❶ 秘書検定の面接は「ロールプレイング」

秘書検定準１級の筆記試験に合格したということは，相応の知識があるということです。しかし，秘書としての知識があっても，それが実際にビジネスの場で体現できなければ，役に立ちません。そこで，面接試験では，受験者に秘書役を演じてもらい，秘書技能（身だしなみ，基本的な動作，話し方，言葉遣いなど）が身に付いているかどうかを審査します。

❷ 面接試験の概要

◆試験は３人一組で行われます。
◆試験は一組が約 10 分です。（一人あたり約３分）
◆試験の内容は簡単なロールプレイング（役割演技）です。

❸ 面接試験の課題は①あいさつ ②報告 ③状況対応の三つ

「報告」と「状況対応」は，受験者それぞれ異なる課題が出題されます。

① あいさつ

面接番号と氏名を述べ，あいさつをする。

「面接番号○番，△△□□と申します。
よろしくお願いいたします」

② 報　告

事前に控室で覚えた内容（50字程度）を上司役の審査員に報告する。

「失礼いたします。
ご報告申し上げたいことがございますが，
ただ今お時間（は）よろしいでしょうか。
～とのことでございます。
～だそうでございます。
以上でございます」

③ 状況対応

審査員が示したパネルに記載された課題に従い，来客役の審査員に応対する。（2題）

〈例〉
「いらっしゃいませ。（お辞儀）
（前傾姿勢で言う）　山田はただ今席を外しております。
少々お待ちいただけませんでしょうか」

❹ 審査項目

面接試験では，次の項目が審査されます。

- **身だしなみ**（ビジネスの場にふさわしい服装，髪形，その他）
- **立ち居振る舞い**（きびきびとしていて，落ち着きのある丁寧な動作――入退室，歩き方，着席，立ち方，お辞儀，しぐさ）
- **表情，視線**（相手をきちんと見る，明るさ，柔和，親しみやすさ）
- **話し方**（丁寧で，生き生きとした調子――声の大きさ，速さ，抑揚，張り，滑らかさ）
- **言葉遣い**（敬語，接遇用語）

全体（入室から退室まで）を通して，これらが感じがよく，きちんとしていて丁寧かどうか，が審査され，合否が判断されます。

Lesson 2 面接試験に臨む前のポイント

試験に臨む前に，身だしなみを整え，立ち居振る舞いの基本を確認しましょう。

❶ 身だしなみ

服装は審査されませんが，全体の印象を左右する重要な要素です。スーツなどビジネスの場にふさわしいものにして，きちんとした印象を持たれるようにしましょう。

	項目	チェックポイント
1	髪形	お辞儀をしたとき，髪が前や横に垂れ下がらないよう，清潔感のある髪形にする
2	化粧	派手にならないように注意し，自然な感じに整える
3	服装（スーツ）	学生は制服でもよい。女性はスーツのボタンは全て留める 男性は一番下のボタンは開けてもよい 女性のストッキングは肌に近い色が好ましい
4	アクセサリー	控えめなものを着けるのはよいが，大振りで派手なものは好ましくない
5	靴	スーツに合わせたタイプがよい かかとの擦り減り，汚れなどは無い方が好ましい 女性は中ヒール程度のパンプスなどがよい ビジネスの場なので，ブーツやサンダル，スニーカーなどのカジュアルなものは不可
6	爪	長過ぎないように整える
		女性は，マニキュアをする場合，派手な色は避ける
7	その他	香水など香りの強いものは避ける

❷ 面接試験での立ち居振る舞い

立ち居振る舞いのポイントは以下の通りです。十分に練習しておきましょう。

①立ち方

横から見られたとき，耳，肩，手，くるぶしが一直線になっているようにする。背筋を伸ばし，肩を張って，膝裏を伸ばす。かかとをつけ，足のつま先は重心が安定する程度に開く。

よい例

悪い例

②歩き方

視線は前方に向け，地面にかかとから着け，直線上を歩くつもりで，膝を伸ばして歩く。

③座り方

椅子の前でいったん止まってから腰掛ける。椅子の背もたれと背中の間に少し空間を開け，背筋を伸ばして座る（寄り掛からない）。

女性：膝を合わせ，足をそろえる。手はももの上に重ねて置く。

男性：膝の間は，こぶし一つ分空けてよい。手を軽く握り，両ももの上に置く。

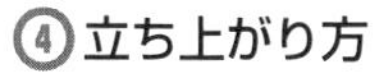

④立ち上がり方

立ち上がるときは，すっと一気に立ち上がり，足をそろえて，椅子を背にしたまま，いったん止まる。膝が伸びてから歩き出す。

⑤前傾姿勢

前傾姿勢とは，秘書が上司やお客さまの前に立つとき，体を少し前に傾ける姿勢（体の構え）のこと。上司やお客さまに対する謙虚な態度が表現されて，秘書らしい雰囲気になる。

審査員の前に立つときは，体を少し前（会釈程度）に傾け，手は体の前で重ねる。男性は，手を体の脇（ズボンの縫い目）に付け，指をそろえて伸ばすのでもよい。

手の位置・組み方の例

⑥お辞儀

頭から腰までが一直線になるように，首は曲げずに腰から上をさっと前に倒す（お尻を後ろに引くようにするとよい）。倒し切ったところで一度止まり，ゆっくりと体を起こす。

会釈	敬礼	最敬礼

お辞儀の角度は 15 度 「失礼いたします」	お辞儀の角度は 30 度 「よろしくお願いいたします」	お辞儀の角度は 45 度～ 60 度 「ありがとうございました」 「申し訳ございません」

あいさつは「語先後礼」

あいさつは「語先後礼」で行います。言葉を先に言ってからお辞儀を後にすると，表情が伝わります。お辞儀はテンポが大切です。さっと頭を下げたら，一度止まってから，ゆっくりと体を起こします。いったん止めることで丁寧な印象になります。いったん体を起こしてから，すぐに前傾姿勢を保ちます。明るく柔らかい表情も忘れないようにしましょう。

面接試験の実際

Lesson 1 面接試験の流れ

面接試験の流れと留意点を確認しましょう。

❶ 控室

面接会場の受付で受験票を係員に手渡し、控室で待機します。控室では空いている席に座り，落ち着いて待ちます。
試験の4分前になると係員から名前を呼ばれるので，貴重品（荷物）を持って「報告課題を読む席」に移動します。課題を2分間で読み，内容を覚えます。課題の内容は主に新商品の紹介です。
覚えるときは黙読。メモを取ることはできません。係員から声を掛けられたら指示に従って課題用紙を返却し，係員の誘導で面接室へ移動します。

❷ 面接室

面接試験室

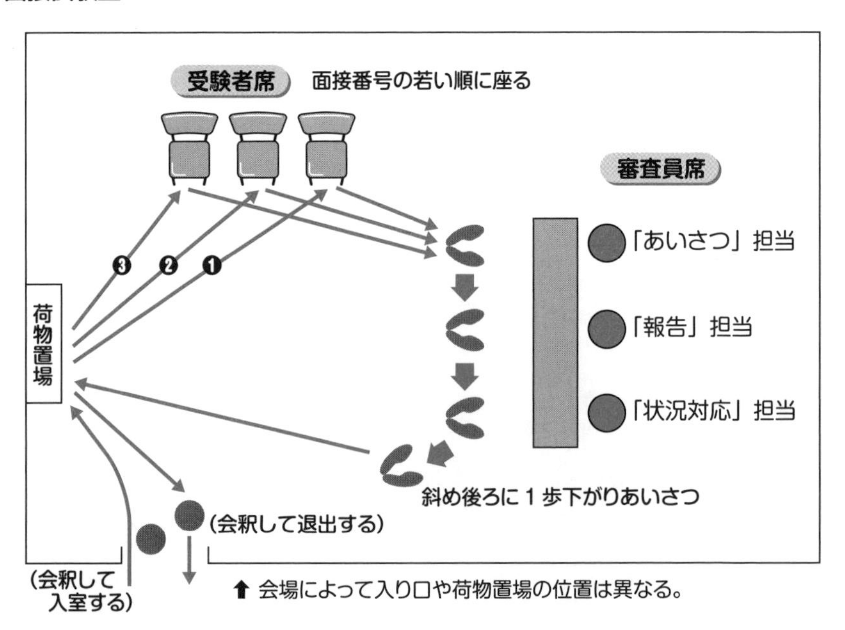

⬆ 会場によって入り口や荷物置場の位置は異なる。

①入室する

- ３人一組で係員の案内で入室する。
- 係員がドアを開けるので，面接番号順に入室する。一度立ち止まり，審査員に向かって「失礼いたします」と言って，会釈をし，荷物を所定の場所に置く。
- 面接番号順に審査員に近い席から着席する。
- 着席するときは，椅子の前で止まり，審査員に向かって会釈をしてから腰を下ろす。
- 着席したら，指示があるまで正面を向いて待つ。

②課題「あいさつ」

- 面接番号を呼ばれたら，返事をして立ち，「あいさつ」の審査員の前に行く。
  立ち位置は机から 1.5 mを目安にする。※「報告」,「状況対応」の立ち位置も同様。
- 面接番号と氏名を名乗り，あいさつする。
  「面接番号○○番，△△□□と申します。よろしくお願いいたします」と言って，お辞儀（敬礼）。
- 「次へどうぞ」などと言われたら，横を向き，「報告」の審査員の前に移動する。

③課題「報告」

- 「報告」の審査員に「失礼いたします」と会釈をし，控室で覚えた課題を，秘書が上司に話す言葉で審査員（上司役）に報告する。
- 「次へどうぞ」などと言われたら，横を向き，「状況対応」の審査員の前に移動する。

④ 課題「状況対応」

- 「よろしくお願いいたします」と言って敬礼をし，審査員が示すパネルに書かれてある課題を把握し，審査員（お客さま役）に応対する。課題は2題ある。

⑤ 退室する

- 状況対応が終わると，審査員から「アドバイスシート」が渡される（アドバイスシートはあくまでも参考。退出してから見るようにする）。
- アドバイスシートを両手で受け取ったら1歩下がり，審査員全員に向かって，「ありがとうございました」と言って最敬礼する。
- 荷物を持ち，ドアの前で審査員の方へ向き直り，「失礼いたします」と言って会釈をして退出する。

Lesson 2 課題のポイント

「あいさつ」「報告」「状況対応」の課題は，それぞれの担当の審査員の正面に立ち，その審査員一人を見て行います。他の審査員の方へ視線をそらしたりしないように注意しましょう。
「あいさつ」「報告」「状況対応」の3つの課題のポイントは次の通りです。

❶ あいさつ

「あいさつ」は，第一印象を決める大切な課題です。明るく元気よく行います。

① 審査員から「○番の方どうぞ」と言われたら，審査員の方向を向いて「はい」と明るい声と表情で返事をし，すっと立ち上がります。足をそろえてその場でいったん止まり，膝が伸びてから歩き出します。この「一呼吸おいた動作」で丁寧な印象になります。立ち上がると同時に歩き出すと粗雑な印象になるので注意しましょう。そして「あいさつ」担当の審査員の正面に行き，審査員の机から1.5ｍ程度離れた位置に立ちます。審査員に近づき過ぎると，審査員を見下ろすような感じになってしまいます。反対に，位置が遠過ぎると声が聞こえにくくなり，消極的な印象になります。一般的には1.5ｍ程度離れた所が適当な位置ですが，背の高い人はもう少し後ろに下がってもよいでしょう。

② かかとを付け，体が安定するよう，つま先を少し開きます。背筋を伸ばし，体の前で手を重ねます。男性は，両腕を体の脇に伸ばして手をズボンの脇縫いに沿わせるのでもよいでしょう。指は開かないように，指先まで気を入れてすっと伸ばします。片方の手を握ったり，親指を動かしたりしないように注意しましょう。

③ 着席している審査員への気遣いの前傾姿勢（謙虚さを表す姿勢）をし，「○○番△△□□と申します。よろしくお願いいたします」と言って敬礼をします。

④「（面接番号）○○番」，「<氏名>と申します」，「よろしくお願いいたします」のそれぞれの間には一呼吸入れて，早口にならないよう気を付けましょう。生き生きとした明るい声で，はっきりと名乗ります。

審査員が「次へどうぞ」などと言ったら，「はい，（失礼いたします）」と返事をしてから横を向いて進み，隣の「報告」の審査員の正面で立ち止まって向き直ります。
審査員の顔をきちんと見て，「失礼いたします」と言って会釈をし，前傾姿勢をとります。この「失礼いたします」は，上司（役）への報告のスタートです。

❷ 報告

「報告」の課題では，話し方の調子（声の大きさ，速さ，抑揚，張り，滑らかさ），話すときの態度（姿勢，立ち居振る舞い，表情，視線），上司に配慮した言葉遣いが審査されます。

課題例

粉末にした野菜でコーティングされたお米ができた。
ご飯を炊くだけで，簡単に栄養管理ができ重宝（ちょうほう）だという。

模範ロールプレイング例

失礼いたします。（会釈して，前傾姿勢をとる。最後まで前傾姿勢のまま）　←①
ご報告申し上げたいことがございますが，ただ今お時間（は）よろしいでしょうか。　←②

（審査員：「どうぞ」）
（一拍おく。または，「はい，かしこまりました」と返事をして一拍おく）　←③
粉末にした野菜でコーティングされたお米ができたとのことでございます。　←④
ご飯を炊くだけで，簡単に栄養管理ができ重宝だそうでございます。
以上でございます。　←⑤

① まず，「報告」担当の審査員の顔をしっかりと見て，「失礼いたします」と言って会釈をします。すぐに前傾姿勢をとります。前傾姿勢は報告が終わるまで崩さないように気を付けます。
②「ご報告申し上げたいことがございますが，ただ今お時間（は）よろしいでしょうか」と，上司の都合を尋ねます。「ご報告」の「ご」は必須です。「ご報告（いた）したいことが～」でも構いません。
このとき，「ご報告申し上げたいことがございますが」の部分は，「新製品についてご報告がございますが」と言ってもよいでしょう。
③ 審査員が「どうぞ」と言ってくれるので，一拍おいてから報告を始めます。「はい，（かしこまりました）」と答えてから報告を始めるのもよいでしょう。その場合も，報告内容に入る前に一拍おくと，丁寧な印象が高まります。
④「報告」の課題は，報告内容の構成を組み立て直したり，より分かりやすい言葉に言い換えたりしなくても十分に伝わるように簡潔に書かれています。従って，そのまま暗記して語尾を「～とのことでございます」「～だそうでございます」「～ということでございます」とすれば，報告の形に整います。また，名称や数量など内容を少々言い間違えても，評価が下がることはありません。暗記した内容を忘れないようにということに気を取られて，抑揚をつけずに一気に話したり，間違えないようにと目を宙に泳がせたりしないように気を付けましょう。審査されるのは，報告の「態度振る舞い」や「話し方の調子」です。きちんと審査員の目を見て報告しましょう。表情も声も，明るく生き生きとした印象になるよう心掛けます。また，話し方が早口だと，落ち着きがなく雑で，相手への敬意が感じられない一方的な印象になってしまいます。適切な速さで，聞き取りやすく話します。前傾した体の構えは最後まで動かしません。緊張すると手指が動きがちですが，手を握り込んだり指を動かしたり，無用なジェスチャーをしないように注意しましょう。
課題の文章は50字程度で，大体二つの文で出来ています。途中で緊張のあまり後半の文が出てこなくなってしまったときは，焦らず，審査員に「失礼いたしました」と言っている間に思い出すことも多いようです。どうしても思い出せない場合は，「申し訳ございません。ご報告の内容を失念いたしました。後ほど改めてご報告させていただいても，よろしいでしょうか」などのようにまとめます。
そのほか，言い間違いをしたときは，「失礼いたしました」と言って言い直します。多少の言い直しは構いません。ただし，50字程度の内容で言い直しが多過ぎる場合は，内容が伝わりにくい上に感じのよさも損なわれるので，合格基準に及ばなくなります。

⑤ 報告の最後に「以上でございます」と言って，報告を終えます。

すぐに「報告」担当の審査員が「次へどうぞ」などと言うので，「はい，（失礼いたします）」と返事をしてから横を向いて進み，隣の「状況対応」の審査員の正面で立ち止まって向き直ります。審査員の顔をきちんと見て，「よろしくお願いいたします」と言って敬礼をし，前傾姿勢をとります。

❸ 状況対応

「状況対応」の課題は，お客さまへの応対です。立ち居振る舞い，話し方，適切な敬語や言葉遣いなどが審査されます。

「よろしくお願いいたします」と言って敬礼をすると，「状況対応」の審査員が，「私をお客さまだと思って，こちらを適切な言葉に直して応対してください」と言いながら，パネルを示します。受験者は，前傾姿勢で，パネルに書かれた課題を黙読します。パネルに書かれた言葉を，お客さまに言う適切な言葉遣いに言い換えます。内容が理解できたら，「はい」と合図をします。審査員がパネルを伏せるので，審査員（お客さま役）を見て課題（ロールプレイング）を行います。

課題は2問出題されます。課題を一つ終えると，審査員が「次はこちらです」と言って，次の課題のパネルを示します。１問目と同様にロールプレイングを行います。

課題例１

前傾姿勢で言う	悪いが山田部長は外出中だ。どうするか。

模範ロールプレイング例

<前傾姿勢で言う>　あいにく（部長の）山田は外出中でございます。
いかがいたしましょうか。

解説

「悪いが」を「あいにく」と言い換えます。「申し訳ございません（が）」でも構いません。

「部長」などの役職名は名前の後ろに付けると敬称になるので，「山田部長」だと，お客さまと話しているのに，上司を敬う言葉遣いをしていることになってしまいます。「山田」と呼び捨てにするか，「部長の山田」と言い換えます。

「～だ」は「～でございます」に言い換えます。

「どうするか」は「いかがいたしましょうか」に言い換えます。

訪ねてくれた客に上司の不在をわびる状況設定ですから，表情や態度，話し方の調子に「申し訳ない」という気持ちを込めて，丁寧に，抑揚を付けて言います。敬語や接遇用語が正しくても，口先だけの印象では評価されません。

課題例2

来てくれてありがとう。 [お辞儀をする]
[書類を渡すしぐさをしながら] この書類を渡すよう言われている。

模範ロールプレイング例

お越しくださいましてありがとうございます。＜お辞儀をする＞（敬礼）
＜書類を渡すしぐさをしながら＞こちらの書類をお渡しするよう
申し付かっております。

解説

「来てくれて」を「お越しくださいまして」と言い換えます。「おいで（お運び，ご足労）くださいまして」でもよいでしょう。
お辞儀はしっかりと深くします。上体をさっと下げて一度止め，ゆっくり体を起こします。
「この」は「こちらの」，「渡す」は「お渡しする」（謙譲語「お～する」）に言い換えます。「言われている」は「申し付かっております」に言い換えます。
書類を渡すしぐさは，前傾姿勢で両手を胸の前に差し出します。手のひらを上に向けて，指をそろえます。物の受け渡しは，必ず両手で行います。差し出したら，そこで静止します。手をすぐに引っ込めずに動作を止めると，ポーズが決まり，丁寧な印象になります。
自分の手元に視線を落としたままにせず，お客さま（審査員）の顔を見て話しましょう。

動作の指示

動作の指示は，「前傾姿勢で言う」「お辞儀をする」のほか，上記の「書類を渡すしぐさをしながら」や「椅子を指し示しながら」なども出題されています。物を手渡すときは両手で行いますが，椅子や応接室の方向などを指し示すときは，片手をその方向に差し出します。このときも指は全てそろえて指先まで伸ばします。指(特に親指)を開かないように注意しましょう。

＜課題例＞

椅子を指し示しながら

こっちの椅子に座って待ってくれ。

PLUS UP

課題を忘れてしまったら

パネルを読んで「はい」と返事をし，審査員がパネルを伏せたところで，緊張のあまり課題を度忘れしてしまったときや，もう一度確認したいときは，慌てずに，審査員に「もう一度（拝見しても）よろしいでしょうか」と言いましょう。審査員はパネルを再度掲げてくれます。一，二回程度であれば審査に影響しません。ただし，何度もパネルを見せてもらうようでは対応力不足。課題は落ち着いて読み，どのように言い換えるか，求められている動作は何かを，しっかりと把握しましょう。

面接試験対策には，DVD『秘書検定準1級面接合格マニュアル』を併用すると，より効果的です。入室から退室までの各シーンの合格のポイントを映像で確認することができます。

即座に言えるようにしておくとよい接遇表現

普通の言い方（パネルの言葉）	接遇表現
いらっしゃい	いらっしゃいませ
○○さんだね	○○様でいらっしゃいますね
待っていた	お待ち（いた）しておりました
すまないが	申し訳ございませんが，恐れ入りますが，失礼ですが
本当にすまない	誠に申し訳ございません，大変申し訳ございません
誰か（相手に対して）	どちらさまでいらっしゃいますか
どこの○○さんか	どちらの○○様でいらっしゃいますか
名前を教えてもらえないか	お名前をお教え願えません（でしょう）か お名前をお聞かせいただけませんか
よければ名刺を預かれないか	よろしければお名刺をお預かりできません（でしょう）か
名前は何と読めばよいか	お名前はどのようにお読みすればよろしいでしょうか
どの部署を訪ねているか	どちらの部署をお訪ねでいらっしゃいますか
誰を訪ねているか	どの者をお訪ねでいらっしゃいますか
今，来る	ただ今，参ります
悪いが	あいにく，申し訳ございませんが
山田部長は席にいない	（部長の）山田は席を外しております
山田部長は一日中外出している	（部長の）山田は終日外出いたしております
忙しくて会えない	仕事が立て込んでおりましてお会いいたしかねます
仕方ない用事	やむを得ない用事
（私は）どうするか	いかがいたしましょうか
（あなたは）どうするか	いかがなさいますか
後で連絡したいと思うが	後ほどご連絡したいと存じますが
よいか	よろしいでしょうか

無理だと思うが，確認してくる	難しいと存じますが，確認してまいります
ちょっと待ってくれ	少々お待ちください（ませ）
待たせてすまない	お待たせして申し訳ございません
急ぎか	お急ぎでしょうか，お急ぎでいらっしゃいますか
戻ったらすぐに案内するので	戻り次第ご案内いたしますので
○○課長が話を聞くと言っている	課長の○○がお話を伺うと申しております
○○さんを呼んでくる	○○を呼んでまいります
別の日に来てもらえないか	日を改めてお越しくださいませんか
何の用か	どのようなご用件でしょうか
伝言を聞こうか	ご伝言を承りましょうか（伺いましょうか）
帰ってくれないか	お引き取りくださいませんか（願えませんか）
分かった	かしこまりました，承知いたしました
～だ	～でございます
～がある	～がございます
さっき	先ほど
無理を言って，本当にすまない	ご無理を申し上げて，誠に申し訳ございません
そういう	そのような
今日	本日
明日（あす，あした）	明日（みょうにち）
あさって	明後日（みょうごにち）
この前は	先日は
（上司から）言われている	申し付かっております
気を使ってもらって，ありがとう	お気遣いいただきまして，ありがとうございます
私には分からない	私には分かりかねます
忘れた	失念いたしました

Lesson 3 過去に出題された面接試験課題にチャレンジ

1

【あいさつ】
あいさつをしなさい。

【報　告】（課題は控室で示される）
次の内容を２分間で覚え，秘書が上司に話す言葉で報告しなさい。

> お守り型のメッセージカードができた。縁起がよいとされる柄（がら）を使い，合格祈願や縁結びなど８種類あるという。

【状況対応】（課題は審査員からパネルで示される）
私（審査員）をお客さまだと思って，適切な言葉に直して応対してください。

１問目

> [前傾姿勢で言う]　エレベーターで，５階の会場へ案内する。

２問目

> いらっしゃい。　[お辞儀をする]
> [前傾姿勢で言う]　さっき電話をもらった高橋さんだね。待っていた。

2

【あいさつ】
あいさつをしなさい。

【報　告】（課題は控室で示される）
次の内容を２分間で覚え，秘書が上司に話す言葉で報告しなさい。

> ペット用災害ジャケットができた。サイズは６種類あり，ポケットには避難時に必要なものが入っているという。

【状況対応】（課題は審査員からパネルで示される）
私（審査員）をお客さまだと思って，適切な言葉に直して応対してください。

1問目

この前は，世話になってありがとう。［お辞儀をする］

2問目

［前傾姿勢で言う］そういう用件は，断るように言われている。本当にすまない。［お辞儀をする］

3

【あいさつ】
あいさつをしなさい。

【報　告】（課題は控室で示される）
次の内容を２分間で覚え，秘書が上司に話す言葉で報告しなさい。

ブックマークにもなるダイヤ型のクリップができた。ジュエリーケースに入っていて，贈答用に人気だという。

【状況対応】（課題は審査員からパネルで示される）
私（審査員）をお客さまだと思って，適切な言葉に直して応対してください。

1問目

［前傾姿勢で言う］すまないが，よければ名刺を預かれないか。

2問目

待たせた。［お辞儀をする］［前傾姿勢で言う］今日は佐藤課長が話を聞くと言っている。どうするか。

合格のロールプレイング例

1

【あいさつ】

面接番号〇〇番，〇〇〇〇（氏名）と申します。よろしくお願いいたします。

【報　告】

失礼いたします。ご報告申し上げたいことがございますが，ただ今お時間よろしいでしょうか。

お守り型のメッセージカードができたそうでございます。縁起がよいとされる柄（がら）を使い，合格祈願や縁結びなど８種類ある，とのことでございます。以上でございます。

【状況対応】

１問目

（前傾姿勢で言う）エレベーターで，５階の会場へご案内いたします。

２問目

いらっしゃいませ。（お辞儀をする）

（前傾姿勢で言う）先ほどお電話を頂きました高橋様でいらっしゃいますね。お待ち（いた）しておりました。

2

【あいさつ】

面接番号〇〇番，〇〇〇〇（氏名）と申します。よろしくお願いいたします。

【報告】

失礼いたします。ご報告申し上げたいことがございますが，ただ今お時間よろしいでしょうか。

ペット用災害ジャケットができたそうでございます。サイズは６種類あり，ポケットには避難時に必要なものが入っているということでございます。以上でございます。

【状況対応】

１問目

先日は，お世話になりましてありがとうございました。（お辞儀をする）

２問目
（前傾姿勢で言う）そのようなご用件は，お断りするよう申し付かっております。誠に申し訳ございません。（お辞儀をする）

3

【あいさつ】
面接番号○○番，○○○○（氏名）と申します。よろしくお願いいたします。

【報　告】
失礼いたします。ご報告申し上げたいことがございますが，ただ今お時間よろしいでしょうか。
ブックマークにもなるダイヤ型のクリップができたそうでございます。ジュエリーケースに入っていて，贈答用に人気だそうでございます。以上でございます。

【状況対応】
１問目
（前傾姿勢で言う）恐れ入りますが，よろしければお名刺をお預かりできませんでしょうか。

２問目
お待たせいたしました。（お辞儀をする）
（前傾姿勢で言う）本日は課長の佐藤がお話を伺うと申しております。いかがなさいますか。

編集協力：田中　裕子
イラスト：中山　成子

秘書検定準1級 パーフェクトマスター

2021年4月20日　初版発行

編　者　公益財団法人 実務技能検定協会©
発行者　笹森 哲夫
発行所　早稲田教育出版
〒169-0075　東京都新宿区高田馬場一丁目4番15号
株式会社早稲田ビジネスサービス
https：//www.waseda.gr.jp/
電話　(03) 3209-6201